道教典籍選刊

真靈位業圖校理

〔梁〕陶弘景　纂
〔唐〕閭丘方遠　校定
王家葵　校理

中華書局

圖書在版編目(CIP)數據

真靈位業圖校理/(梁)陶弘景纂;(唐)閭丘方遠校定;王家葵校理. —北京:中華書局,2013.6(2025.5重印)
(道教典籍選刊)
ISBN 978-7-101-09120-5

Ⅰ.真… Ⅱ.①陶…②閭…③王… Ⅲ.道教-神仙-譜系 Ⅳ.B959.9

中國版本圖書館CIP數據核字(2012)第313407號

封面題簽:王家葵
責任編輯:朱立峰
封面設計:周 玉
責任印製:陳麗娜

道教典籍選刊
真靈位業圖校理
〔梁〕陶弘景 纂
〔唐〕閭丘方遠 校定
王家葵 校理

*

中 華 書 局 出 版 發 行
(北京市豐臺區太平橋西里38號 100073)
http://www.zhbc.com.cn
E-mail:zhbc@zhbc.com.cn
河北博文科技印務有限公司印刷

*

850×1168毫米 1/32 · 12⅞印張 · 2插頁 · 200千字
2013年6月第1版 2025年5月第9次印刷
印數:9301-10100冊 定價:59.00元

ISBN 978-7-101-09120-5

道教典籍選刊緣起

道教是我國土生土長的宗教，歷史悠久，可以溯源到戰國時期的方術，甚至更古的巫術，而正式形成於東漢時期。它是我國傳統文化的重要組成部分，對我國人民的思維方式、生活方式，對古代科學、技術的發展，都産生過重大影響，並波及社會政治、經濟等各方面。

道教典籍極爲豐富，就道藏而言，多達五千餘卷，是有待進一步發掘、清理和利用的文化遺産之一。爲便於國内外學術界對道教及其影響的研究，便於廣大讀者瞭解道教的概貌，我們初步擬訂了道教典籍選刊的整理出版計劃。其中既有道教最基本的典籍，也包括各種流派的代表作，有不少書與哲學、思想史關係密切。所有項目，都選用較好的版本作爲底本，進行校勘標點。

由於我們缺乏經驗，工作中難免有失誤之處，亟盼關心此項工作的專家和廣大讀者給以指導與幫助。

中華書局編輯部

一九八八年二月

目録

真靈位業圖蠡測（代前言）

正統道藏洞真部譜録類「騰」字號收録洞玄靈寶真靈位業圖〔一〕一卷，書前有序，署名陶弘景，書題之後則標有「梁貞白先生陶弘景纂，唐天台妙有大師玄同先生賜紫閭丘方遠校定」等字樣。然此書既不見於華陽隱居先生本起録、華陽陶隱居内傳，不見於唐宋書目，亦不見於元代茅山志卷九書目；甚至本書之序文，在宋人傅霄編輯華陽陶隱居集中也付之闕如，直到明代始被收入新編陶隱居集中〔二〕。因此，研究本書，首先需要弄清，此是陶弘景原著，還是後人僞託。並由此引出若干問題，如本書與其他道經之關係，上清派經書何以標題爲「洞玄靈寶」，唐代閭丘方遠對本書貢獻如何，流傳過程中有無篡改，等等。因資料局限，多數問題皆難獲得絶對之證明，聊備淺見如後。至於本書構建神靈譜系之宗教寓意，玄遠之論已多，不欲費辭矣。

〔一〕因洞玄靈寶真靈位業圖之「洞玄靈寶」來歷不明，本文提到此書，一般皆稱真靈位業圖。

〔二〕王京州陶弘景集校注附録版本第六，對歷代陶弘景集編輯情況考訂詳贍，專門指出，真靈位業圖序爲明天啟、崇禎間張燮編七十二家集之陶隱居集增收，稍後張溥漢魏六朝百三名家集因之。

一、陶弘景著述之可能性

不止一篇文獻對真靈位業圖陶弘景之著作權提出疑問，代表言論見王世貞弇州四部稿卷一百五十八「書道經後」，其略云：「靈寶真靈位業圖者，華陽陶隱居通明造，大概依約真誥所傳，而稍編次之。余疑以爲後人傅會書耳。而序辭頗質雅而不快爽，類陶筆。」又説：「考通明傳所載著書，在世者一百六十六卷，入山者五十七卷，都不載有此，終恐後人傅會耳。」四庫館臣亦有類似看法，稱此書「杜撰鑿空」，只是舊本「題」陶弘景撰而已。

客觀言之，前人有此懷疑，主要是不滿於本書將儒家聖人納入道教神仙體系，而且神位甚低，如四庫提要説：「以孔子爲第三左位太極上真公，顔回爲明晨侍郎，秦始皇爲酆都北帝上相，曹操爲太傅，周公爲西明公比少傅，周武王爲鬼官北斗君，則誕妄殆不足辨。」又覺得陶弘景雖然隱居修道，但兼通子史，不相信他會有如此荒謬之舉動，於是以「託名」、「附會」來爲其開脱〔一〕。

〔一〕如王士禎居易録卷六説：「真靈位業圖，世傳陶貞白所造，然荒唐謬悠可笑。」又説：「皆附會吾儒以自重，如釋氏以至聖先師爲儒童菩薩之類，尤可恨也。弇州固常駁其非通明作，然何物道流，敢於舞文侮聖如此，當墮泥犂地獄。或是林靈素、劉煉一輩所造作耳。」

儘管王世貞等人提不出非陶弘景創作之事實依據，但反過來，在早期文獻中，也很難尋覓支持陶弘景著作權之確切證明。

不特子史外書，道經亦少提到真靈位業圖，從梁至唐，僅找到一部道書即道門經法相承次序，可間接提供本書作者信息。道門經法相承次序借唐天皇〔一〕（即唐高宗）向上清派宗師〔二〕中嶽潘尊師（即潘師正）問道，將上清派教義、神仙、科儀等基本問題，條列成篇。該書卷中，唐天皇問：「道法在此天中爲極，爲當更有所在？」潘尊師答曰：「謹按登真隱訣真靈位業經云……」以下則是玉清、上清道君之名諱，其中部分與今本真靈位業圖相合。但引文中「登真隱訣真靈位業經」究竟是指登真隱訣與真靈位業經兩書，或是登真隱訣之真靈位業經一書，仍需要明確。

考察道門經法相承次序引書情況，同時引用兩書以上，有以下數處：「謹按靈寶諸經及

〔一〕據舊唐書高宗紀，上元元年（六七四）「皇帝稱天皇，皇后稱天后」，天皇之稱曇花一現，道門經法相承次序用此稱呼，可信度較高。

〔二〕據雲笈七籤卷五李渤撰真系，潘師正爲王遠知弟子，司馬承禎之師，永淳元年（六八二）卒，謚號體玄先生。顔真卿撰茅山玄靜先生廣陵李君碑銘稱：「隱居先生以三洞真法傳昇玄先生，昇玄付體玄先生，體玄付貞一先生，貞一付先生。自先生距於隱居，凡五葉矣。」由此明確潘師正上清派宗師身份。

三界圖籙」，「洞真及登真訣云」，「謹按靈寶本元經及太真科、諸天靈書度命經並曰」。此可見著者習慣用「及」來並列兩書及其以上，故推測上文「登真隱訣真靈位業經」，意指包含在登真隱訣中之真靈位業經。換言之，真靈位業經或真靈位業圖，爲登真隱訣之一部分〔一〕，由此亦可爲華陽隱居先生本起録等記載陶弘景著作，僅提到登真隱訣，而未提到本書做出解釋。

即便如此，登真隱訣「收録」真靈位業經，並不意味着一定是陶弘景「撰著」此經，登真隱訣乃是將上清派重要經典分類摘録，詳細注釋而成，故不排除真靈位業經或真靈位業圖早於陶弘景成書之可能。

今本真靈位業圖題「閭丘方遠校定」，閭丘方遠活動在晚唐，據吴越備史卷一，唐哀帝天祐三年（九〇六）二月「丁酉，玄同先生閭丘方遠卒」〔二〕。因道門經法相承次序爲初唐作品，已經提到真靈位業經，故基本排除此書爲晚唐閭丘方遠僞託之可能。

可以推想，經閭丘方遠校訂後，始有真靈位業圖單行本流行〔三〕，也開始有陶弘景之署

〔一〕登真隱訣二十四卷，今本真靈位業圖不足六千字，完全可以包含在登真隱訣中。

〔二〕據洞霄圖志卷五言，閭丘方遠「以天復二年（九〇二）二月十四日沐浴焚香端坐返真」，可備異説。

〔三〕必須承認，閭丘方遠校訂一事，同樣是孤證，無旁證可參，爲避免枝蔓，姑且采信。但無論如何，書中出現閭丘方遠之名，證明單行本問世於晚唐乃至宋初。

名。閭丘方遠屬於道教上清派，洞霄圖志卷六稱其爲「上清道士」，據續仙傳卷下，他受法籙於天台山玉霄宫葉藏質〔一〕，「守一行氣之暇，篤好子史群書，每披卷，必一覽之，不遺於心。常自言：葛稚川、陶貞白，吾之師友也」。

正因閭丘方遠屬於道教上清派，他所修訂之真靈位業圖，似不會特意增加「洞玄靈寶」四字。如南宋鶴林道士吕太古所集道門通教必用集卷五云：「真靈位業圖所載，召公、季子，皆爲南明、北明之公；齊桓、晉文，並領司命、都禁之職。元規、幼輿，爲左司禁〔二〕；元直、深源，爲侍帝晨。陶士衡爲西河侯，温太真爲監海伯。」内容與今本基本吻合，而引文仍稱真靈位業圖，並無「洞玄靈寶」四字。

明代正統道藏始以洞玄靈寶真靈位業圖爲書名，原因不詳。白雲霽道藏目録卷一解題説：「洞玄靈寶真靈位業圖，梁貞白先生陶弘景纂，内論上真仙聖，天人等級，分别宗源條目果位圖録。」並未對「洞玄靈寶」做出解釋。明代王世貞亦留心此書，在弇州四部稿卷一百五十八「書道經後」中有關於本書之題記，引文見前。萬曆年間由沈士龍、胡震亨重

〔一〕天台山是上清派宗師司馬承禎之道場，此亦間接證明閭丘方遠屬於上清派。

〔二〕據今本真靈位業圖，庾元規爲右禁監侍帝晨，謝幼輿爲右禁監。此可能是引用者誤右爲左。

校,收入秘册彙函叢書中,書首刊王世貞題記,胡震亨識,沈士龍引。王世貞題記,沈、胡刻書,皆稱靈寶真靈位業圖。另有説郛百二十卷本,約成於清初,第五十七卷收録本書,題名真靈位業圖,署梁陶弘景。經對勘,與秘册彙函本一樣,皆出自道藏本,僅改校少數文字。

二、關於無上秘要之真靈名單

真靈位業圖之源於真誥,此無所疑問,頃檢得陝西師範大學常金倉教授指導王娟二〇〇五年碩士學位論文道教神譜真靈位業圖神仙演化過程考察,指出真靈位業圖神仙來源有九,依次爲:元始上真衆仙記、真誥、登真隱訣、上清大洞真經、元始高上玉檢大籙、靈寶五符經、太平經、列仙傳、神仙傳〔一〕。其説固有可參之處,但將不同教派經典混爲一談,似非合理;尤其重要者,作者没有注意到,無上秘要卷八十三、八十四之内容,與本經高度吻合,此必須認真討論〔二〕。

〔一〕王娟道教神譜真靈位業圖神仙演化過程考察,西安:陝西師範大學碩士論文,二〇〇五年,頁一一—一九。

〔二〕石衍豐先生著有道教神仙譜系的演變,載陳鼓應主編道家文化研究第七輯,上海古籍出版社,一九九五年,頁八五—一〇二。文章提到南北朝時期道教三個神仙譜系,即真靈位業圖,無上秘要卷八十三、八十四,七域修真證品圖,但未能揭示前二者間之聯繫。

無上秘要卷八十三共有四品：得鬼官道人名品、得地仙道人名品、得地真道人名品、得九宫道人名品；卷八十四兩品：得太清道人名品、得太極道人名品。今本無上秘要卷八十五至八十六闕，據敦煌卷子伯二八六一無上秘要目録，知卷八十五應爲得上清道人名品、得玉清道人名品〔一〕。

真靈位業圖分七類，無上秘要則是八類（今存六類），經逐一比勘，真靈位業圖之第六，在無上秘要分爲得地仙道人名品、得地真道人名品，真靈構成並無根本變化。

兹取今本真靈位業圖第七與無上秘要卷八十三「得鬼官道人名」逐一對照，結果發現，除人物次序相反，兩份名單幾乎重疊，尊號亦完全相同。真靈位業圖第七多出者僅以下數條：五帝上相、四明公北斗君各有侍帝晨五人、脩門郎八人、西門郎十六人、（西河侯）長史、（盧龍公）長史司馬、趙叔臺、王世卿，此外，真靈位業圖鄰鑒兩見，無上秘要僅出現一次。除趙叔

〔一〕敦煌目録未標明卷帙，參合今本無上秘要，卷八十四得太清道人名品、得太極道人名品，與卷八十七尸解品之間，共有五品：得上清道人名品、得玉清道人名品、鬼官品、地下主者品、五練品，依内容歸類，卷八十五顯然包括得上清道人名品、得玉清道人名品，而鬼官品、地下主者品、五練品屬卷八十六。關於無上秘要目録尚有需説明者，敦煌本别有「真靈位行品」，今本無上秘要闕，比照今本卷帙，此品當在已闕之卷十至卷十四之間。因今存卷十五是衆聖本跡品中，則卷十四必爲衆聖本跡品上，真靈位行品應在卷十三。至於此品是否與本經有關，無絲毫線索可尋，姑附記於此。

臺、王世卿疑是無上秘要漏列外，五帝上相等皆屬有其職官，而具體人物未顯者。

真靈位業圖第三至第七之主要人物均可與無上秘要卷八十三、八十四對等，二者相關性昭然若揭，不勞費辭矣。然兩本孰先孰後，無上秘要本是否出於陶弘景之手，頗有討論之必要。

若干處細節顯示，無上秘要本並不符合陶弘景撰著特徵，舉證如下：

無上秘要卷八十四得太清道人名品云：「秦叔隱、馮翊，此二人華山仙伯。」據真誥卷一開列出埸真靈清單，其中有華山仙伯秦叔隱，小字注釋云：「馮翊人。」無上秘要本誤地名「馮翊」爲人名，遂令華山仙伯由一人變爲兩人。

無上秘要卷八十三得地真道人名品在鹿跡洞者九人，計謝稚堅、王伯遼、繁陽子、何苗、馮良、郎宗、王叔明、鮑元治、尹蓋婦，以繁陽子與何苗爲兩人，分别注釋云：「繁陽子，漢越騎校尉；何苗，字叔達，即何進弟。」真誥卷十四云：「鹿跡山中洞主有謝稚堅、王伯遼。繁陽子，號名耳，是漢越騎校尉何苗叔達也，進之同母弟。少好道，曾居河東繁山之南服食，故自號爲繁陽子。」真誥小字注釋對此亦無異議〔一〕，無上秘要本誤繁陽子與何苗爲兩人。

〔一〕真誥此段小字注釋只是對何進弟何苗事跡有不同看法，而未否定繁陽子爲何苗。

無上秘要卷八十三得九宫道人名品云：「協晨夫人、黄景華，此二人在易遷中。」據真誥卷十二，易遷館中「又有協辰夫人者，九宫之女也，太上往遣來教此等法，皆以保命授書，協辰夫人主教領之也。夫人，漢司空黄瓊女黄景華也，韓終授其岷山丹，服得仙」。無上秘要本誤協晨夫人與黄景華爲兩人。

無上秘要卷八十三得九宫道人名品云：「朱陵嬪、丁淑英、郗綜婦，此三人好行陰德。」按，此三名皆指丁淑英，無上秘要誤會爲三人。真誥卷八云：「郗綜婦丁淑英者，有救窮之陰德，又遇趙阜之厄而不言，内慈自中，玄感皇人，故令福逮於回，使好仙也。綜墓在東平，淑英今爲朱陵嬪，數遊三上，司命亦令聽政焉。」

以上諸處皆屬於無上秘要本誤解真誥及其注釋，真誥由陶弘景編輯，其中小字注釋多數出於陶之親筆，若由陶弘景「創作」真靈位業圖，應該不會有如此衆多之低級謬誤。而且，同類錯誤如此衆多，似非簡單傳抄錯誤，更應認爲原創者對真靈降辭之理解存在偏差。因陶弘景編輯真誥以前，一直有真靈降辭流傳，故此結論並不意味着真靈位業圖原本一定成書於陶弘景之後。

另一處證據或能回答此問題。無上秘要卷八十四得太清道人名品云：「正一真人三天法師張道陵學道，至漢安元年壬午歲五月一日，於鶴鳴山仙官來降，授以正一盟威之教，施化領民之法，流行以至於今，號天師。又妻亦得道，爲女師。至孫魯，傳襲道法，魏武拜爲鎮南將軍，真受云張鎮南之夜解者是，爲系師。」此即天師道創始人張道陵，亦稱張天師。可注意者，無上秘要本引「真受」云云，此是真靈降辭之另一種結集，據真誥卷十九，「真㖟四十餘卷，多楊書」。另據太平御覽卷六百七十一引登真隱訣云：「太清正一真人張道陵，沛國人，本大儒，漢延光四年始學道，至漢末於鳥鵠山仙官來降，授以正一盟威之教，施化領民之法，號天師，即真誥云奉張道陵正一平氣者是也。」由無上秘要本稱「真受」，登真隱訣稱「真誥」，應該能説明真靈位業圖原本可能更早於陶弘景〔一〕。

再從編輯體例來看，無上秘要本將真靈分八等級，名目清晰，等秩分明，從高到低依次爲：玉清、上清、太極、太清、九宮、地真、地仙、鬼官。而今本真靈位業圖則分爲七等，但除第一等級標明「玉清三元宮」外，其餘六等未專門提示等級名稱，其第二、三、四、五、七，根據其中位神祇尊號，尚可探知該等名稱，分別爲：上清、太極、太清、九宮、酆都。例外者是第六等，中位神祇爲右禁郎定録真君中茅君，看不出該等級名稱。據第六左位前三位神

〔一〕此外如栢成子高條、司馬季主條等，無上秘要亦引真授，而未引真誥。

祇，尊號前皆冠以「三官」〔一〕，檢真誥卷十二云：「保命府多女官司，三官官屬有七人，四女三男。」卷十三又云：「鬼帥武解，主者文解，俱仙之始也。度名東華，簡刊上帝，不隸酆宫，不受制三官之府也。」亦是三官、酆都相對。三官稱呼之來歷及其職司，見於卷十五，酆都有六天宫，「二天宫立一官，六天凡立爲三官。三官如今刑名之職，主諸考謫，常以真仙、司命兼以總御之也。並統仙府，共司生死之任也。大斷制皆由仙官」。故疑第六等級名爲三官。

變八等爲七等，大約與陶弘景對數字「七」之偏嗜有關，真誥叙録云：「仰尋道經，上清上品，事極高真之業，佛經妙法蓮花，理會一乘之致，仙書莊子内篇，義窮玄任之境，此三道足以包括萬象，體具幽明。而並各七卷者，當是璿璣七政，以齊八方故也。隱居所制登真隱訣，亦爲七貫。今述此真誥，復成七目，五七之數，物理備矣。」故真靈位業圖之七等，與真誥、登真隱訣之分爲七目〔二〕，乃是一脈相承。

〔一〕此三官似非道教常稱之天官、地官、水官。真誥卷十五「二天宫立一官，六天凡立爲三官」，陶弘景注：「道家常呼三官者是此也。」而消魔經云，岱宗又有左火官、右水官及女官，亦名三官，並主考罰。」且備異説。

〔二〕不特如此，陶弘景撰本草經集注分爲七卷，大約也是出於同樣考慮。

三、無上秘要本與今本真靈位業圖之比較

如前討論，無上秘要本恐爲陶弘景製作真靈位業圖之底本，儘管陶弘景之作已經閭丘方遠校訂，但將今本與無上秘要本對比，仍能有所發現。

無上秘要名單不僅由下而上，即由鬼官、地仙、地真、九宮，直至上清、玉清，不同於常規之自上而下〔一〕；更奇特者，同一等級内，真靈名單亦是由後往前排列。相對而言，每一等級内真靈從低向高之叙述方式，更加異於常規。兹取無上秘要現存鬼官至太極六等各前五人，標出在真靈位業圖中之位置，列作表一：

〔一〕上清衆經諸真聖秘引録早期神譜多種，如太清上經變化七十四方經，依次上元上真八景、上元中真八景、上元下真八景，中元上真八景……；高上元始玉皇譜録，依次爲高上、玉清、紫虚、紫清、高清、玉虚、上清、玄清、洞青、清微、太清。元始高上玉檢大籙，神號亦從高到低。例外者如七域修真證品圖，因叙述次第登真，故由低向高：第一初果，洞宫仙人；第二次果，名山之上虚宫地真人；第三次果，爲九宫真人；第四次果，證位爲太清上仙；第五，太極真人果位；第六果位，爲上清真人；第七極果，爲玉清聖人。

表一　無上秘要人物在真靈位業圖中之位置

無上秘要	真靈位業圖
鬼官	第七
1、鄧攸	1、右位倒數第一
2、王逸少	2、右位倒數第二
3、劉慶孫	3、右位倒數第三
4、馬融	4、右位倒數第四
5、杜瓊	5、右位倒數第五
地仙	第六
1、王延	1、右位倒數第四
2、范强	2、右位倒數第三
3、傅晃	3、右位倒數第二
4、徐衛	4、右位倒數第一
5、鮑靚	5、左位正數第九

續表

無上秘要	真靈位業圖
地真 1、真人樊子明 2、白水仙都朱交甫 3、杜陵朱夫人 4、宜安宋姬 5、九疑山女真羅郁	第六 1、左位地仙散位倒數第十九 2、左位正數第五 3、左位地仙散位正數第七 4、左位地仙散位正數第八 5、左位地仙散位正數第六
九宮 1、許肇 2、許副 3、右保召奭 4、孫登 5、糜長生	第五 1、散位倒數第二 2、散位倒數第一 3、右位正數第二 4、散位倒數第四 5、散位倒數第三

續表

無上秘要	真靈位業圖
太清 1、飛天丈人 2、太一中皇 3、玄上玉童 4、猛獸先生 5、西嶽丈人	第四 1、右位倒數四十三 2、右位倒數四十二 3、右位倒數四十一 4、右位倒數四十 5、右位倒數四十六
太極 1、韋編郎莊周 2、長桑公子 3、被衣 4、王倪 5、齧缺	第三 1、右位倒數第六 2、右位倒數第七 3、左位倒數十三 4、左位倒數十二 5、左位倒數十一

從表看出，無上秘要各品名單幾乎與真靈位業圖逆序。何以形成這種情況，我試圖提出一種假設：真靈位業圖之所以被命名爲「圖」，其原作並非今日所見之書册，而是八張圖表。原圖共有得玉清道人名品、得上清道人名品、得太極道人名品、得太清道人名品、得九宫道人名品、得地真道人名品、得地仙道人名品、得鬼官道人名品八幅。每幅列真靈姓字職官，排列如「朝班之品序」〔一〕；中位是主尊，左右兩序又有高低之别。無上秘要出於編輯方便，按條目轉抄，因古代卷子從右向左書寫，遂導致無上秘要抄寫者抄成一種特殊之逆序狀態。陶弘景將此圖收入登真隱訣時，不僅對内容、等級有所修訂，還改變了著録方式，即採用中位、左位、右位方式加以描述。

無上秘要得鬼官道人名品與今本真靈位業圖第七之間差别最小，正堪用來示意上述假説。玆按照無上秘要得鬼官道人名品叙述次第，復原爲圖一〔二〕。

圖一是重新推定之真靈位業圖八張圖之一，陶弘景與無上秘要編撰者皆曾面對此圖，各自將其改造成文本格式。

〔一〕真靈位業圖序語。

〔二〕限於篇幅，部分真靈未用包含尊號之全稱，此外，根據無上秘要提示，此圖尚有繁瑣注釋，想來也批註在圖上，復原圖仍未標出。

主非使者嚴白虎
殺鬼地殃日遊
部鬼將軍王廙
北帝執蓋郎顧和
周魴
期門郎王允之
王放
臧洪
周撫
田銀
虞諱
紀瞻

戴淵
公孫度
劉封
郭嘉

酆都北陰大帝

秦始皇
魏武帝

賓友晉宣帝
西明公周文王
中護軍周顗
右師晨許肇
賓友孫策
東明公夏啟
賓友漢高祖
南明公召奭
賓友荀彧
北明公吳季札

司馬韋遵
北彈方侯鮑勳
南彈方侯許副
司馬留贊

鬼官北斗君周武王
三官都禁郎齊桓公
水官司命晉文公
大禁晨漢光武帝
中禁顏懷

南山伯蔣濟
廬山侯魏釗
西河侯陶侃
長史蔡謨

靈關侯郄鑒
右禁監謝幼輿
司馬馮懷
侍帝晨庾元規
華歆
長史虞翻
司馬張繡
長史唐周
大將軍孔文舉
長史杜預
監海伯温太真

南巴侯何曾
東越大將軍劉陶
盧龍公曹仁
將軍顧眾
長史桓範
司馬曹洪
泰山君荀顗

殷浩
解結
李廣
何晏
王嘉
爰楡
龐德
徐庶

鄧攸
王逸少
劉慶孫
馬融
杜瓊
項梁成
趙簡子
楚嚴公

韓遂
劉備

圖一　無上秘要得鬼官道人名品復原圖

借助此圖可以理解無上秘要本之寫作方式：每等級内亦是從後向前抄，亦即從低向高〔一〕。鈔本從右位最末一行最末一人鄧攸開始，依次王逸少、劉慶孫、馬融、杜瓊、項梁成，至趙簡子、楚嚴公〔二〕；然後轉至上一行，從何曾至荀顗；再上行從蔣濟至陶侃及其長史蔡謨；右位循序往上，止于郭嘉。再回到左位左側最末之劉備、韓遂；上行徐庶至殷浩；循序往上，止於北帝太傅曹操、北帝上相秦始皇。最後記録中位炎慶甲爲酆都北大帝君。

而陶弘景則不同，先記録中位之酆都北大帝君；然後是左位神靈，從北帝上相秦始皇與北帝太傅魏武帝開始，西明公領北帝師周文王及其賓友晉宣帝，東明公領斗君師夏啟及其賓友孫策，依次向下，至北帝侍晨徐庶等八人，河北侯劉備等二人；再記録右位神靈，依然從高向低，以中厩直事戴淵等四人開始，至最末職位未顯之項梁成、杜瓊、馬融、劉慶孫、王逸少、鄧攸等六人結束。

圖一雖屬虚擬，但基本能調合今本真靈位業圖與無上秘要之真靈名單，其假設應有一定合理性。同法可以獲得無上秘要其他各品圖例，並與今本真靈位業圖作詳細比較，雖有

〔一〕太平御覽卷六百六十二引登真隱訣云：「三清九宫，並有僚屬，例左勝於右。」

〔二〕之所以認爲此處存在「轉折」，如此獲得之圖例方與今本真靈位業圖次序吻合。而後文提到徐庶至殷浩，劉備與韓遂，順序兩本相反，完全可能是無上秘要鈔本在此兩處順序有所顛倒。

參差，但大體不差。

四、見於道門經法相承次序之真靈位業經

陶弘景著登真隱訣時肯定修訂過一次真靈位業圖，但修訂本已經閭丘方遠之手再度修訂而成爲今本，原件未能流傳。尚能窺見陶本之本來面目者，唯有前揭道門經法相承次序卷中，潘師正引用登真隱訣真靈位業經中玉清、上清道君名諱。

十分遺憾，流傳至今之無上秘要恰好缺載得上清道人名品和得玉清道人名品之卷八十五，故無由探知陶弘景修訂以前之狀況；而潘引真靈位業經之上清部分只取道君，省略職位稍低之仙人及全部女真〔一〕。儘管如此，玉清道君之順序，上清道君之數目、位次，與今本真靈位業圖都有很大不同。

潘之引文非陶弘景本之全部，但涉及本經至關重要問題，即第一中位道君「上合虚皇道君應號元始天尊」〔二〕，是原本固有，或陶弘景修改，或閭丘方遠添加，尚有線索可尋。

〔一〕以女真爲例，無上秘要卷八十三、八十四皆無此等真靈名號，明其必在已亡佚之卷八十五中，亦即必在上清境。由此證明是潘師正節引，而非今本將上清以下真靈移入（有個别移入，另當别論）。

〔二〕真靈位業圖以元始天尊爲最尊，早期似乎是靈寶派專有之主張，但陶弘景是否採納包容，論者意見分歧，然皆難於確證。

據道門經法相承次序引登真隱訣真靈位業經，玉清道君共分四類，上元、中元、下元應指等秩高低，共同屬於「玉清三元宮」，高上道君之後，乃是玉清道君之雜號，等秩低於前三類。若如前製作爲圖例，中位應該是上元景四位道君，左位是中元紫清六道君，右位是下元高清六元君，其後之高上道君等玉清道君分列左右。

首先明確，中位並非只能容納一位真靈，如今本真靈位業圖太清境中位尚並列太清太上老君與上皇太上無上大道君兩位。而無上秘要卷八十四得太極道人名品最末（亦即最高位）説：「第一，中央黃老君，在左，最尊，已度上清。第二，紫陽左仙公中華公子石路虛成。第三，西梁子文。第四，安度明。此四人，太極金闕四帝君。後聖李君在左，最尊，已度上清。餘三帝是太極之天帝。」此或可理解爲無上秘要本太極境乃是金闕四帝共同居中，而以中央黃老君亦即後聖李君最尊，所以專門謂其「在左，最尊」〔一〕。

再看今本第一中位道君之尊號「上合虛皇道君應號元始天尊」，顯然是兩號拼湊而成，即上合虛皇道君與元始天尊。上合虛皇道君應該來源於陶弘景修改本玉清中元紫清六道君之第五位中元上合虛皇道君，故今本真靈位業圖將中元上合虛皇道君從玉清中元六道

〔一〕今本真靈位業圖第三則以後聖李君居中，卻又重出中央黃老君，尊號太極左真人，列左位第一。

君中擯除，其餘五位道君安排在左位前五。

元始天尊其實是今本第四左位第四之元始天王。陶弘景本如何處理元始天王不得而知，但據無上秘要卷八十四得太清道人名品描述，太清境以皇人、玄成清天上皇、元始天王爲「太清之尊位，不領兆民」，應該佔據中位。今本芟落皇人，貶低元始天王，原因不詳〔一〕。似乎可以這樣理解，閭丘方遠將陶本居於玉清左位第五之中元上合虛皇道君，提升至中位，仍覺未與當時代之道教神譜一致，遂又加注「應號元始天尊」，意即：上合虛皇道君便是元始天尊〔二〕。

仍據道門經法相承次序引文，可以發現今本真靈位業圖第一左位最末四條：「玉清上

〔一〕無上秘要卷八十四得太清道人名品將真靈分兩類分別叙述：首先一類是「略有位號，無姓名德業，或是世學所得，或是自然之神」，但以自然之神爲主者；另一類是「姓名事跡粗顯」者。又説九氣丈人、九老仙都君、天帝君、太上丈人、太上老君、南上大道君、上皇太上北上大道君七位，職位通過「學道所得」並「領理兆民者」；又説皇人、玄成清天上皇、元始天王「不領兆民」。但專門指出，前七位只是「太清之高真」，後三位方爲「太清之尊位」，故認爲後三位在無上秘要本中居中位。

〔二〕在登真隱訣輯校中，我曾認爲：「至於本篇没有列出玉清中第一大神元始天尊，顯然是因爲潘師正在前面對話中已經專門討論過此話題，故此處略過不提，非登真隱訣或真靈位業經於兹有所闕如也。」（頁一〇三，續前頁注）現予修訂，以今説爲定本。

元宫四道君（各有諱字）、玉清中元宫紫清六道君（各有諱字）、玉清下元宫高清四元君（各有諱字）、玉清中散位一十君（諱字不顯）。」乃是閭丘方遠將陶本之標目誤爲正文，至於「玉清下元宫高清四元君」，與道門經法相承次序説六元君不合，則是將其中兩位元君移入散位，故説「玉清中散位一十君」。

五、太玄金籙金鎖流珠引序與真靈位業圖

正統道藏太玄部有太玄金籙金鎖流珠引二十九卷，題「中華總真大仙王方平、張道陵、趙升、王長、司命李仲甫、茅盈、許玉斧等係代撰述，中華仙人李淳風注」，卷首有玄籙金鎖流珠引序，其中又包含太玄三清金鎖流珠譜序，題「中華仙人李淳風序並注」。按照道藏提要之説，此書「豈宋元間術士掇拾六朝以來術數家言，彙集成書耶？」〔一〕中華道藏則認爲：「約出於唐宋間。」〔二〕巴雷特（T. H. Barrett）撰金鎖流珠引年代考，將本經年代確定爲八世紀末至九世紀初〔三〕。

我注意到，太玄金籙金鎖流珠引序叙述本經之傳授次第，實本於今本真靈位業圖之神

〔一〕任繼愈主編道藏提要（修訂版），北京：中國社會科學出版社，一九九一年，頁七五四。

〔二〕張繼禹主編中華道藏第三十三册，北京：華夏出版社，二〇〇四年，頁一。

〔三〕［英］巴雷特著，吕鵬志譯金鎖流珠引年代考，宗教學研究二〇〇六年第二期，頁二一四。

靈譜系，序中提到諸神祇尊號，不僅可作爲真靈位業圖校勘之助，亦可以作爲金鎖流珠引成書年代之重要證據。兹摘録重要條文，注釋説明如下：

太上三五太玄金籙者，即元始天尊傳太上大道君也，號高聖太上玉晨玄皇大道君。

【按】序以元始天尊爲最尊，緊接其後之太玄三清金鎖流珠譜序有云：「前聖虚皇上帝大道君，即元始太上道君是也。」又云：「玉清之上帝曰虚皇大道君。注：元始之號。」此與今本真靈位業圖第一中位上合虚皇道君應號元始天尊完全吻合。太上大道君即上清中位之上清高聖太上玉晨玄皇大道君，真靈位業經與今本相同。

道君傳紫清太素高虚洞曜三元上道君，君傳紫晨太微天帝道君，君傳紫明太微九道高元玉晨道君，又傳太上老君。

【按】太上大道君以下，皆在上清道君中轉授。紫清太素高虚洞曜三元上道君，真靈位業經作紫微太素高虚洞曜三元道君，今本作紫清太素高虚洞曜道君，居第二左位第四。紫晨太微天帝道君，尊號兩本皆同，原書有注：「時號上清至真道尊，爲三十六天之主也。」以紫晨太微天帝道君爲三十六天之主，元始無量度人上品妙經四注卷三「玄中太皇，上帝高真」句，唐薛幽棲注：「上帝，太微帝君，三十六天帝最尊者。」紫明太微九道高元玉晨道君，今本居第二左位第八，真靈位業經作紫明太山九道高元玉晨道君。

太微天帝君之下，玉晨道君傳紫元太微八素三元玄晨元君，君傳紫微元靈龜臺九靈太真元君，君傳大靈上霄飛晨中央黄老君，君傳太元東霞搏桑丹林大帝上道君。

【按】紫元太微八素三元玄晨元君，真靈位業經作上清紫元太微八素三元道君，今本作紫元太微八素三元玄晨道君，居第二左位第九。紫微元靈龜臺九靈太真元君，真靈位業經作玄清紫元虚皇龜臺九靈太真元君，今本作紫微元靈白玉龜臺九靈太真元君，居第二女真位第一。太靈上霄飛晨中央黄老君，真靈位業經作太虚飛晨中央黄老道君，今本作太虚上霄飛晨中央道君，居第二作爲第五，小字注釋曰「赤松」。太元東霞搏桑丹林大帝上道君，真靈位業經作玄清太元東霞扶桑丹林太帝道君，今本作太微東霞扶桑丹林大帝上道君，居第二作爲第六。

紫晨太微天帝道君，傳上清太平金闕帝晨後聖玄元玉皇上道君。

【按】上清太平金闕帝晨後聖玄元玉皇上道君，真靈位業經作金闕帝晨後聖玄元上道君，今本作右聖金闕帝晨後聖玄元道君，居第二右位第一。

（後聖太上老君）傳二十卷與尹君，君號後聖大法師左上卿。卿傳方諸大真人，皆佐後聖。

【按】所謂「後聖太上老君」乃新出概念，與真靈位業圖無關。據本經：「前聖太上道君，稱萬道之主，號曰虛皇。後聖太上老君，稱萬道之君，號曰玉皇。」前文「又傳太上老君」處有注釋，云：「一云太上老君是太上道君弟子，非師大微天帝，應是傳太平金闕帝晨後聖玄元上道君也。」尹君即尹喜，在真靈位業圖演進中，尹喜地位逐漸增高。據無上秘要卷八十四得太極道人名品，尹喜在步綱二十七人名單中，居太極境最底層；另有文始先生，同在太極境，位秩亦不高。今本真靈位業圖則將二者合併爲無上真人文始先生尹喜，居第三左位第四，至於此處所稱「後聖大法師左上卿」，或本經新出概念〔一〕。方諸大真人，即下文之九微太真玉闕上相大司命高晨师东海玉明青华小童道君。

（後）聖又傳後聖太師太微左真保皇道君〔二〕，後聖又傳九微太真玉闕上相大司命高晨師東海玉明青華小童道君，後聖君又傳後聖上保司南極大丹元君紫元夫人。

〔一〕也有可能是今本真靈位業圖固有尊號，而在流傳過程中脱漏。因今本第三中位爲太極金闕帝君即「後聖」，依尹喜位秩，似亦符合「後聖大法師左上卿」之身份。

〔二〕此數句及後文諸尊號中，皆夾有小字注釋，中華道藏因不明真靈位業圖與本經關係，多在注釋處句讀、提行。例如本條之「後聖太師太微左真保皇道君」，道藏在「後聖太師」後夾注「注：天師是也」。中華道藏遂標點爲：「後聖太師，太微左真保皇道君。」後文此類錯誤甚多，不復注明。

【按】後聖太師太微左真保皇道君，尊號與真靈位業經及今本同，今本居第二左位第七。九微太真玉闕上相大司命高晨師東海玉明青華小童道君，真靈位業經作洞清九微太真玉寶上相青童道君，今本作九微太真玉保王金闕上相大司命高晨師東海王青華小童君，居第二右位第十。後聖上保司南極大丹元君紫元夫人，真靈位業經無此，今本作後聖上保南極元君紫元夫人，居第二女真位第二十三。

（後聖）君又傳白山太素真君，後聖君又傳後聖上宰西極總真王君。

【按】白山太素真君，真靈位業經無此，今本作後聖上傳太素元君，居第二女真位第二十四。後聖上宰西極總真王君，真靈位業經無此，今本作左輔後聖上宰西域西極真人總真君，此即王方平，居第二左位第三。

總真傳南極南嶽真人左仙公太虛上真赤君，又傳侍帝晨領五嶽司右弼王桐柏真人王君，佐後聖君。

【按】南極南嶽真人左仙公太虛上真赤君，真靈位業經無此，今本作左聖南極南嶽真人左仙公太虛真人赤松子，居第二左位第二。侍帝晨領五嶽司右弼王桐柏真人王君，真靈位業經無此，今本作右輔侍帝晨領五嶽司命右弼桐柏真人金庭宫王君，此即王子晉，居第二右位第二。

後聖君再授玄洲二十九真人。

【按】玄洲二十九真人，真靈位業經有洞清玄洲二十九真伯上帝司禁道君，疑有闕，今本無此，不詳是今本脱漏或本經新添。

後聖告正一真人及總真王君，金闕聖君又授紫微左夫人，又下教授二十四真人，昇天爲二十四玉京左右金闕上真宫御史臣。

【按】正一真人，原注：「張天師也。」真靈位業經無此，今本作正一真人三天法師張，居第四左位第一。紫微左夫人，真靈位業經無此，今本作紫微左宫王夫人，居第二女真第十八。

又使王君總真下校，授茅盈、李仲甫等爲司命君，令教合道之志者，當以教之。盈以訓二弟及二許、楊、左六人，盡以授修行此經也。

【按】茅盈，真靈位業經無此，今本作司命東嶽上真卿太元真人茅君，居第二左位第十三。李仲甫，真靈位業經無此，今本作西嶽卿副司命季（李）翼仲甫，居第三右位第十。茅盈二弟即茅衷、茅固，二許即許謐、許翽，楊即楊羲，左爲左慈。皆詳本書正文各條，需注意者，直至今本真靈位業圖，左慈地位皆低，居第六左位之地仙散位，而金鎖流珠引予以特别標舉，恐另有原因，非别本真靈位業圖左慈有此高地位也。

綜上所述，金鎖流珠引當成書於閭丘方遠校訂真靈位業圖以後，時間不得早於公元十世紀初，巴雷特説八世紀末至九世紀初成書，似未妥當。

六、餘　論

今本真靈位業圖與無上秘要本比較，還有多處改易〔一〕，則難於判斷出於陶弘景或閭丘方遠。其中多數問題，在本書相關條目按語中皆有討論，此不贅言。

校理真靈位業圖，費時一年有奇，此大出意外者；成稿以後撰寫前言，僅能陳列已知，記録未知，居然少有問題能夠確切結論，亦屬前所未有。此書之難，可見一斑，知見止此，敬俟覽者批評。

王家葵

二〇一二年二月二十三日於成都，十月七日修訂

〔一〕這種改易可分三類：校訂訛誤、增補神祇、調整神位。但客觀言之，今本真靈位業圖以外，僅見有無上秘要本，故並不排除三種相反之情況：原圖不誤，無上秘要傳抄出錯；原圖有此神靈，無上秘要刻意或偶然芟落；原圖神位在彼處，無上秘要移至此處。此皆難於證明，唯有拈出疑惑，備註説明。

校勘凡例

一、本經現存版本主要有三，正統道藏本（見道藏第三册，文物出版社、上海書店、天津古籍出版社影印，一九八八年）、秘册彙函本（見商務印書館叢書集成初編影印本）、説郛一百二十卷本（見説郛三種第五册，上海古籍出版社，一九八八年），書名分别爲洞玄靈寶真靈位業圖、靈寶真靈位業圖、真靈位業圖。　整理本取「真靈位業圖」爲書名，基於兩項理由：（一）本經爲上清派經書，與靈寶派關係不大；（二）唐　宋道書偶然引用，或稱真靈位業經，或稱真靈位業圖，皆無「洞玄靈寶」字樣。

二、經勘比，現存三個版本系統，篇章結構無大差别，文字略有出入。　整理本以道藏本爲底本，校以後兩本。

三、整理本由原文、按語、校勘三部分組成。　校勘皆以頁注方式出現，三本間文字、體例之異同的重要問題在按語中説明。　按語中引用其他道經，間有需要校勘説明者，亦使用頁注。

四、整理本尊重原書格局，如空格、提行、小字諸處。　凡修訂底本者，皆在按語中陳述理由。

五、本經屬於神譜，以神祇尊號爲條目。其大字部分眉目十分清楚，故不另加標點；小字爲該條注釋，常規標點。

六、每條皆有按語，叙述此條目在道教，尤其是上清派系統中之來龍去脈。部分真靈來源於古代真實人物，按語僅引道書爲據，若非必要，不枝蔓外書傳記。

七、如前言所論，道門經法相承次序、無上秘要卷八十三、八十四，與本經密切相關，意義略同於參校本；此外，本經爲上清派神譜，真誥是其製作依據。故以上諸書，凡與條目相關内容，皆在按語中全文引録。

八、真誥小字注釋多數出於陶弘景之手，此無可疑問，而本經小字注釋究竟是早期傳本之孑遺，或陶弘景添附，或閭丘方遠增補，多數不能確定，故按語一般以「小字注釋」呼之，涉及真誥注釋，間亦用此稱呼。

九、仙真名諱及尊號、人間及仙境地名、朝代、年號，皆加專名綫；鑒於神仙名諱、尊號、職官龐雜繁富，虚實掩映，難以判然區分，本書在專名綫方面採取寬泛原則，不刻意辨析名諱、尊號、仙職。

十、本次校理所徵引文獻中，道書基本依據道藏本，間或參校敦煌道藏（李德範輯，中華全國圖書館文獻縮微複製中心，一九九九年）、中華道藏（張繼禹主編，華夏出版社，二〇〇四年），概不一一列出。上述三種道藏之外的道書及其他外書的版本情況則臚列如後：

藝文類聚，唐歐陽詢編，汪紹楹校，上海古籍出版社，一九八一年；

太平御覽，宋李昉等編，商務印書館，四部叢刊三編，影印本；

太平廣記，宋李昉等編，中華書局，一九六一年；

抱朴子内篇校釋（增訂本），王明著，中華書局，一九八五年；

神仙傳校釋，晉葛洪撰，胡守爲校釋，中華書局，二〇一〇年；

陶弘景集校注，梁陶弘景著，王京州校注，上海古籍出版社，二〇〇九年；

真誥校注，吉川忠夫、麥谷邦夫編，朱越利譯，中國社會科學出版社，二〇〇六年；

真誥，梁陶弘景撰，趙益點校，中華書局，二〇一一年；

登真隱訣輯校，梁陶弘景撰，王家葵輯校，中華書局，二〇一一年；

莊子集釋，清郭慶藩撰，王孝魚點校，中華書局，一九六一年；

淮南鴻烈集解，劉文典撰，馮逸、喬華點校，中華書局，一九八九年；

史記，中華書局標點本，一九八二年；

漢書，中華書局標點本，一九六二年；
後漢書，中華書局標點本，一九六五年；
晉書，中華書局標點本，一九七四年；
隋書，中華書局標點本，一九七三年；
舊唐書，中華書局標點本，一九七五年；
古微書，明 孫瑴撰，商務印書館 叢書集成初編，影印本；
經典釋文，唐 陸德明撰，上海古籍出版社，一九八五年，影印本；
拾遺記，晉 王嘉撰，中華書局，一九八一年；
搜神記，晉 干寶撰，汪紹楹校注，中華書局，一九七九年；
世説新語箋疏，余嘉錫箋疏，上海古籍出版社，一九九三年；
文選，梁 蕭統編，唐 李善注，中華書局，一九七七年，影印本；
孟郊詩集校注，唐 孟郊著，華忱之、喻學才校注，人民文學出版社，一九九五年。

洞玄靈寶真靈位業圖序〔一〕

夫仰鏡玄精，覩景耀之巨細；俯眄平區，見巖海之崇深。搜訪人綱，究朝班之品序；研綜天經，測真靈之階業〔二〕。但名爵隱顯，學號進退，四宮〔三〕之内，疑似相參。今正當比類經正，讎校儀服，埒其高卑，區其宮域。又有指目單位〔四〕，上皇道君、五帝、七老〔五〕，如此比之類

〔一〕道藏本、秘册彙函本有序，説郛本無。道藏本華陽陶隱居集未收録此文，明張溥漢魏六朝百三名家集之陶隱居集有之，王京州陶弘景集校注亦收。本篇以道藏本爲底本，參校諸本，吸取王京州先生校注成果甚多，特此説明。秘册彙函本題爲「靈寶真靈位業圖序」，其下有「梁貞白先生陶弘景撰」字樣。

〔二〕四句依次説天、地、人、神，後二句以人間朝儀比擬天界神譜。所謂「位業」，據道教義樞卷一位業義第四云：「位業者，登仙學道，階業不同，證果成真，高卑有別，三乘七號，從此可明，十轉九宮，因兹用辯，此其致也。本際經云：神官位序，真聖階梯。靈寶經云：位登仙王。又云：功業無巨細也。」

〔三〕四宮　詳正文「玉清三元宮」條按語。

〔四〕指目單位　王京州校注：「指目：本義爲手指且目視之，此處引申爲稱引。單位：獨立位次。」從序文小字舉例來看，大致意思是指某類神靈群體，籠統用單一稱謂。

〔五〕七老　據王京州校注，正文未見，疑爲「八老」，即第三右位之八老元仙。所見甚是。

是矣。略説姓名，墨羽、孟卓之例是矣〔一〕。或任同秩異，金闕四帝〔二〕、太極四真〔三〕，及下教之例是矣。業均迹別者。諸步綱〔四〕之例也。如希林真人爲太微右公，而領九宮上相，未委爲北宴上清，當下

〔一〕矣　據秘册彙函本補，前後小字皆以「是矣」結束，文意較順暢。

〔二〕金闕四帝　王京州校注：查檢洞玄靈寶真靈位業圖全卷，僅見二帝，分列第二右位、第三中位。按，王説不妥。金闕四帝見無上秘要卷八十四得太極道人名品，依次爲：第一中央黄老君，第二紫陽左仙公中華公子石路虚成，第三西梁子文，第四安度明，並説：「此四人太極金闕四帝君，後聖李君在左，最尊，已度上清。餘三帝，是太極之天帝。」四人同爲「金闕四帝」，卻有在上清，有居太極者，故云「任同秩異」。

〔三〕太極四真　王京州校注：二左真居第三左位，二右真居第三右位。王意「太極四真」指太極左真人中央黄老君、太極左真人紫陽左仙公中華公子、太極右真人西梁子文、太極右真人安度明，果如其説，則不必云「任同秩異」矣。當據無上秘要卷八十四得太極道人名品云：「北極真人安期生、東極真人陵陽子明，此二人並赤君、王君，號爲四極真人。」赤君即南極真人赤松子，王君即西極真人王方平，皆在第二左位，位秩高於北極真人與東極真人，如此方符合「任同秩異」之説。

〔四〕步綱　王京州校注：同「步罡」，道士禮拜星宿、召遣神靈的一種動作，因其步行轉折，如同踏在罡星斗宿之上，故稱。此處意爲一般神靈。按，其説不妥。據洞真上清太微帝君步天綱飛地紀金簡玉字上經云：「被衣步綱，七精下游。翳缺步綱，上登天堂。王倪步綱，乘雲十天。黄帝步綱，精爲軒轅。許由步綱，鳳凰群翔。巢父步綱，上朝天皇。支離步綱，棲集閬風。華封步綱，體生玄雲。子州步綱，翠龍虎服。善卷步綱，乘嬌龍燭。石户步綱，飛行瀛州。北人步綱，玉女來遊。蒲衣步綱，遂入北斗。安公步綱，赤龍見負。桓成步綱，遂見文始，得友西歸，半車童子。二女步綱，俱濳白水，乃見金母，棲身東陛。卞隨步綱，駕龍泰清。務光步綱，身超紫庭。馬皇步綱，龍雲俱至。彭祖步綱，乃之流沙。老聃步綱，稱曰聖師，關令受教，俱會雲臺。郊間步綱，乘龍奔辰，放鈞棄綸，永爲上真。大項步綱，色反嬰兒。秦始步綱，神龍吐符。涓子步綱，河出靈魚，服挹玉液，遂升玄洲。蕭史步綱，隱逸秦樓，弄玉受教，俱到青丘。接輿步綱，夫妻俱仙，得治峨嵋，封掌山川。伯昏步綱，列爲水靈。庚桑步綱，遊行八冥。」步綱得仙者二十餘人，事跡不同，此或即「業均跡別」之本意。

親相識耶〔一〕？諸如此例，難可必證，謂其並繼其所領，而從高域。粗事事條辯，略宣後章〔二〕。輒以淺識下生，輕品上聖，昇降失序，梯級乖本，懼貽謫玄府，絡咎冥司。謹依誠陳啟，仰希照亮。若必不宜然，願垂戒告〔三〕。

今所詮貫者，實禀注之奧旨，存向之要趣。祈祝跪請，宜委位序之尊卑；對真接異，必

〔一〕此句中「當下親相識耶」，未獲確解。承孫齊先生意見，真靈位業圖正文及小字注釋尚有兩處使用「未委」一詞，其中宜安宋姬條說：「不書位號，未委何仙。」無上秘要卷八十三得地真道人名品則云：「不書位號，未知何仙真。」故「未委」確當是「未知」之意，此句是疑問句。並請參第二左位之「太微右真公領九宮上相希林真人燕君」條按語。

〔二〕此句亦費解，王京州點作「謂其並繼其所領，而從高域粗，事事條辯，略宣後章。」我意此句仍是以希林真人爲譬喻，從「如希林真人爲太微右公」以來，意謂：比如希林真人，其勳位是太微右真公，居上清境第二左位，職事官則是九宮上相，卻沒有在上清任職，或許是需要親自下教的緣故吧。類似的情況，難以獲得證明。（對希林真人而言，）或許是繼續他原來所領的職務，而勳位已昇入高品。對此只能粗略整理條貫，皆如後文。

〔三〕秘册彙函本缺「謹依誠陳啟，仰希照亮，若必不宜然，願垂戒告」。王京州點作：「……若必不宜，然願垂戒告。」此數句是陶弘景告誓神靈之辭，意謂：我以淺見凡俗之身份，率意地點品上仙真靈，如果昇降位次有誤，恐怕獲遣冥府，因此虔誠啟請上真原諒。若上真以爲這樣做（指編輯本書）確實不應該的話，懇請垂示。

究所遇之輕重。是以三君共辭先致學未體之尤。下班居上，智有不達之蔽〔一〕。雖同號真人，真品乃有數；俱目仙人，仙亦有等級千億。若不精委條領，略識宗源者，猶如野夫出朝廷，見朱衣必令史；句驪入中國，呼一切爲參軍。豈解士庶之貴賤，辯爵號之〔二〕異同乎。陶弘景序。

〔一〕秘册彙函本缺「是以三君共辭先致學未體之尤。下班居上，智有不達之蔽」。王京州點作：「是以三君共辭先致，學未體之尤；下班居上，智有不達之蔽。」「學未體之尤」句校記説：「此句疑有脱文，或當即『學無未體之尤』，與『智有不達之蔽』相對而言。其説甚是，從文意看，「下班居上，智有不達之蔽」，似應與前句駢聯，或原文爲「是以三君共辭，先致□□，學有未體之尤；下班居上，智有不達之蔽」。

〔二〕之　據秘册彙函本補，文意較順暢。

洞玄靈寶真靈位業圖

梁貞白先生陶弘景　纂

唐天台妙有大師玄同先生賜紫閭丘方遠　校定〔一〕

玉清三元宫

【按】真靈位業圖共分七個等級，從上往下前五級依次爲：玉清、上清、太極、太清、九宫。洞玄靈寶自然九天生神玉章經解卷中引登真隱訣云：「玉清、上清、太極、太清、九宫，並有官僚，公卿、大夫、侯伯。」即是此意。本經第六爲三官，右禁郎定録真君中茅君領之；第七爲酆都，酆都北陰大帝領之。道藏別有七域修真證品圖，亦立七品級，由低至高依次爲：第一初果，洞宫仙人；第二次果，名山之上虚宫地真人；第三次果，爲九宫真人；第四次果，證位爲太清上仙；第五，太極真人果位；第六果位，爲上清真人；第七極果，爲玉清聖人。其第三以後，皆與真靈位業圖相同。

〔一〕秘册彙函本尚有「明沈世龍、胡震亨重校」，津逮秘書本有「明胡震亨、毛晉重校」字樣。

今以玉清聖境、上清真境、太清仙境合稱「三清境」，真誥已經提到「三清」，卷四預言許謐將「策龍上造，浮煙三清」。陶弘景亦使用「三清」概念，太平御覽卷六百六十二引登真隱訣說：「三清九宮，並有僚屬。」本經則於上清、太清之間插入太極，原因不詳。檢核真誥，皆有「遊行玉清」（卷一）、「詣上清西宮」（卷二）、「上登太極闕」（卷四）、「得金液以升太清」（卷五）諸例句，此或早期上清派所獨創，陶弘景本經序提到「四宮之内，疑似相參」，其「四宮」應即指玉清、上清、太極、太清之宮。待後世「三清」成爲共識，相關道經不得不作調和之論。如道教義樞卷一引八素經曰：「太極者，此是太清境中之宮。」乃將太極、太清合二爲一，唐代上清派宗師潘師正答唐高宗問之道門經法相承次序，則徑以玉清、上清、太清爲三清矣。

本經首行爲「玉清三元宮」，此後各階「中位」之前皆未冠宮室，故殊顯突兀，亦不詳緣由。尤其令人費解者，除本經外，似無其他經典謂玉清境有三元宮。前引七域修真證品圖，言三元宮在太清境。另據洞玄靈寶自然九天生神章經稱九天生神章是「元始禁書，非鬼神所聞。竊之者風刀萬劫，魂死無生。依科遵奉，形神同仙。三元宮中，宿有金名，紫字刻書，來生應爲三清神仙之人，當得此文。」太真玉帝四極明科經卷二亦說，上皇玉籙、玉帝黄籙、紫書三卷「金闕帝君今封於三元宮中」。似皆非指玉清之三元宮。

據本經玉清境分别有上元宮、中元宮、下元宮，則所謂「玉清三元宮」，或係玉清境上、中、下元宮之合稱。又無量上品度人妙經四注卷二，唐薛幽棲注「三華離便，大有妙庭」句云：「三華宮即玉清三元宮也，上元玉華、中元金華、下元九華，皆三元上皇道君居之。」其説近此。

上第一中位

【按】本經後文第二至第七中位標目皆無「上」字。「上第一」或許是當時表强調之特殊用法，如上清太上開天龍蹻經卷四稱鬱單無量第一上天爲「上第一」；洞真太上太霄琅書卷一亦說「上第一天名鬱單無量天」。

上合虛皇道君應號元始天尊

【按】元始天尊是由靈寶派創立之最高神祇，如早期靈寶經元始五老赤書玉篇真文天書經言，上聖太上大道君、高上玉帝、十方至尊，諸天大聖、妙行真人，以及五帝神仙、桑林千真、獅子、白鵠、虎豹、龍麟等，「上詣上清太玄玉都寒靈丹殿紫微上宫，建天寶羽服，詣元始天尊金闕之下，請受元始靈寶赤書玉篇真文」。後起之元始無量度人上品妙經注卷上對元始天尊尊號解釋尤詳：「元者，玄也，玄一不二，玄之又玄，爲衆妙門。始者，初也，元始禀玄一之道於元始之初，先天先地，爲衆妙之宗，出生之始，故曰元始。天者，一炁之最上。尊者，萬法之極深。當其氤氲未朕之時，湛然獨立，天地憑之而處尊大者，故號元始天尊。」然早期上清派是否尊奉元始天尊爲第一大神，本經第一條「上合虛皇道君應號元始天尊」，是否陶弘景真靈位業圖之原貌，尚有研究之必要〔一〕。

〔一〕本書前言亦有討論，角度不同，結論相同，可參看。

道門經法相承次序成於初唐，年代早於經閭丘方遠校定之洞玄靈寶真靈位業圖。該書卷中引登真隱訣真靈位業經（本書後文引用此篇，皆稱爲「潘引真靈位業經」），玉清境道君二十四位，居第一等之「玉清上元景四道君」依次爲玉清紫虛高上元皇道君、洞虛三元太明上皇道君、虛明紫蘭中元高上崿皇道君、太素高虛上極紫皇道君。上清衆經諸真聖秘卷三引上清上皇玉籙，開首三尊爲玉清紫虛高上元皇道君、玉清洞虛三元大明上皇道君、玉清太素高虛上極紫皇道君；同書卷八有上皇玉籙解二十四内諱，玉清境四道君依次爲玉清紫虛高上元皇道君諱程持、玉清洞虛三元大明上皇道君諱邊頳、玉清太素高虛上極紫皇道君諱天、玉清虛明紫蘭中元高上崿皇道君諱成。此可以證明潘引真靈位業經確實没有上合虛皇道君應號元始天尊之説。

換言之，陶弘景原著之真靈位業圖以玉清紫虛高上元皇道君爲第一尊神，並没有元始天尊之尊號。陶氏原本没有出現元始天尊，並不意味着陶弘景不知道此尊號，今本洞玄靈寶真靈位業圖刻意將與元始天尊關係密切之元始天王，將地位尊崇之元始五老還原爲東方淩威仰等「自然之神」，均安排在較低品級，乃代表早期上清派對其他宗派之排斥，可參見後文元始天王等條按語。

隋唐時期，元始天尊漸漸成爲道教各派共同尊奉之最高神祇，隋書經籍志之言論最具有代表性：「道經者，云有元始天尊，生於太元之先，禀自然之氣，沖虛凝遠，莫知其極。所以説天地淪壞，劫數終盡，略與佛經同。以爲天尊之體，常存不滅。每至天地初開，或在玉京之上，或在窮桑之野，授以秘道，謂之開劫度人。然其開劫非一度矣，故有延康、赤明、龍漢、開皇，是其年號。其間相去經四十一億萬載。所度皆諸天仙上品，有太上老君、太上丈人、天真皇人、五方天帝及諸仙官，轉共承受，世人莫之豫也。所説之經，亦稟元一之氣，自然而有，非所造爲，亦與天尊常在不滅。」

形勢如此，上清派被迫做出讓步，初唐潘師正答唐高宗之問，也説：「衆天之上，虚皇大道元始天尊之所都。」又説：「太上大道君，高上玉帝，十方至真，並乘五色瓊輪，琅輿碧輦，九色玄龍，十絶羽蓋，三素流雲。諸天大聖，妙行真人，皆乘碧霞，九靈流景，飛雲玉輿，慶霄四會，三晨吐芳，飛香八湊，流電激揚，華精灌日，三景合明，神霞焕爛，流眄太元。從五帝神仙，桑林千真，師子白鵠，虎豹龍麟。靈妃散華，金童揚煙，五道開塗，三界通津。徘徊雲路，嘯詠十天，上詣三清大羅之上，太玄玉都寒靈丹殿紫微上宫，建天寶羽服，詣元始天尊金闕之下，請受元始靈寶赤書玉篇真文。」引文見道門經法相承次序卷上。

可注意者，潘師正稱元始天尊爲虚皇大道元始天尊，這爲後來閭丘方遠改造真靈位業圖首尊大神埋下伏筆。今本所稱上合虚皇道君應號元始天尊，其實是兩位神祇組合而成。元始天尊解釋如上，所謂上合虚皇道君，應是由潘引真靈位業經玉清第二品級之中元上合虚皇道君改造而成，故今本洞玄靈寶真靈位業圖不另出現此道號。

但事實上，上清派最高神靈並非中元上合虚皇道君，而是高上虚皇道君。據大洞真經三十九章太上道君玉籙百神名，其第一即爲「高上虚皇道君，内名三藍羅波建臺，於地上音天命長、人恒寧」。此與前述潘引真靈位業經第一位之玉清紫虚高上元皇道君稍有不同，是一是二，不得而知。

隨着上清與靈寶合流，如洞真高上玉帝大洞雌一玉檢五老寶經、洞真太上素靈洞元大有妙經等，皆有「大洞以高上爲元始」之論。閭丘方遠或依據此説，選取上合虚皇道君與元始天尊相配，改造出上合虚皇道君應號元始天尊這一特殊尊號。

左位

【按】太平御覽卷六百六十二引登真隱訣云：「三清九宫，並有僚屬，例左勝於右。其高總稱曰道君，次真人、真公、真卿，其中有御史、玉郎諸小號，官位甚多。」

五靈七明混生高上道君

【按】據潘引真靈位業經，此道君居玉清第二品級「玉清中元紫清六道君」之第六位。上清衆經諸真聖秘卷三引上清上皇玉籙，稱紫清五靈七明混生高上道君，位次相同。同書卷一引太清上經變化七十四方經則屬「中元上真八景」之第六，稱五靈七明混生高上君，不用「道君」稱謂，等級明顯削減。同書卷二引上清元始變化寶真上經九靈太妙龜山元録上謂：「五靈七明混生高上君，元紫皇之氣。」另據同書卷八引上皇玉籙解二十四内諱，紫清五靈七明混生高上道君諱京，元始高上玉檢大籙則言紫清五靈七明混生高上虚皇道君諱珠。又據道門經法相承次序卷中引洞真及登真隱訣，鳳生宫洞光府爲五靈七明混生高上君所居。

修行五靈七明混生高上君之法見於上清元始變化寶真上經九靈太妙龜山玄籙卷中，其略云：

「五靈七明混生高上君，元紫皇之氣，形長八千萬丈。夏三月，頭建三華寶天冠，衣鳳文紫錦之袍，佩流金火鈴，帶九天丹皇之策，坐绛雲之上，手執金符，光明流煥，洞照上清，思之還長八寸八分。秋三月，高上君則變形爲九頭鳳凰，口銜九星，九色斑斕，在绛雲之中，光明洞曜，映照上清，思之還反真形。冬三月，高上君則變形一人九頭，身著鳳文羽衣，手執玉節，立七色蓮花之上，玄雲之中，光明流煥，洞照上清，思之還反真形。春三月，高上君則變形爲青赤二色之光，光明鬱鬱，洞曜南方，此則反五靈之氣，更受鍊元紫皇之精，思之還反真形。修行高上君之道，常以夏至之日，入室南向八拜，朝高上君畢，還北向，叩齒三通，思高上君隨四時形影，在玉清鳳生宮洞光府七變鄉九會里中，迴真下映，入兆心孔上際。便咒曰：五靈敷真，高上散暉。變景混合，練仙四飛。流真散漫，澤布九園。元節合慶，福祚巍巍。我享正真，身生光輝。壽齊日月，萬劫不衰。體生羽服，昇入太微。畢，仰咽八氣，止。」

東明高上虛皇道君

【按】據潘引真靈位業經，此道君居玉清第二品級「玉清中元紫清六道君」之第四位。上清衆經諸真聖秘卷三引上清上皇玉籙，稱紫清東明高上虛皇道君，位次相同。同書卷一引太清上經變化七十四方經則屬「中元上真八景」之第四，稱東明高上虛皇君，不用「道君」稱謂，等級明顯削減。同書卷二引上清元始變化寶真上經九靈太妙龜山元録上謂：「東明高上虛皇君，元明皇之氣。」另據同書卷八引上皇玉籙解二十四内諱，紫清東明高上虛皇道君諱良；元始高上玉檢大籙則言紫清東明高上虛皇道君諱昌。又據道門經法相承次序卷中引洞真及登真隱訣，紫微宫朱霍府爲東明高上虚皇君所居。

修行東明高上虚皇君之法亦見上清元始變化寶真上經九靈太妙龜山玄籙卷中，皆類前條，不煩録，唯居所在玉清紫微宫朱雀〔一〕府南陽鄉洞生里中。

西華高上虚皇道君

【按】據潘引真靈位業經，此道君居玉清第二品級「玉清中元紫清六道君」之第三位。上清衆經諸真聖秘卷三引上清上皇玉籙，稱紫清西華高上虚皇道君，位次相同。同書卷一引太清上經變化七十四方經則屬「中元上真八景」之第三，稱西華高上虚皇君，不用「道君」稱謂，等級明顯削減。同書卷二引上清元始變化寶真上經九靈太妙龜山元録上謂：「西華高上虚皇君，元上皇之氣。」另據同書卷八引上皇玉籙解二十四内諱，紫清西素〔二〕高上虚皇道君諱鳩。元始高上玉檢大籙則言紫清西素高上虚皇道君諱荐。又據道門經法相承次序卷中引洞真及登真隱訣，光音宫八坦府爲西華高上虚皇君所居。

修行西華高上虚皇君之法亦見上清元始變化寶真上經九靈太妙龜山玄籙卷中，皆類前條，不煩録，唯居所在玉清音光宫八坦府四明鄉極微里中。

〔一〕雀　無上秘要卷二十一同，道門經法相承次序作「霍」。

〔二〕素　當是「華」之訛。

北玄高上虚皇道君

【按】據潘引真靈位業經，此道君居玉清第二品級「玉清中元紫清六道君」之第一位。上清衆經諸真聖秘卷三引上清上皇玉籙，稱紫清北玄高上虚皇道君，位次相同。同書卷一引太清上經變化七十四方經則屬「中元上真八景」之第一，稱北玄高上虚皇君，不用「道君」稱謂，等級明顯削減。同書卷二引上清元始變化寶真上經九靈太妙龜山元録上謂：「北玄高上虚皇君，元玉皇之氣。」另據同書卷八引上皇玉籙解二十四内諱，紫清北玄高上虚皇道君諱爽，元始高上玉檢大籙則言紫清北玄高上虚皇道君諱桐。又據道門經法相承次序卷中引洞真及登真隱訣，紫瑶宫丹瓊府爲北玄高上虚皇君所居。

修行北玄高上虚皇君之法亦見上清元始變化寶真上經九靈太妙龜山玄籙卷中，皆類前條，不煩録，唯居所在玉清紫瑶宫丹瓊府金相鄉三皇里中。

南朱高上虚皇道君

【按】據潘引真靈位業經，此道君居玉清第二品級「玉清中元紫清六道君」之第二位。上清衆經諸真聖秘卷三引上清上皇玉籙，稱紫清南朱高上虚皇道君，位次相同。同書卷一引太清上經變化七十四方經則屬「中元上真八景」之第二，稱南朱高上虚皇君，不用「道君」稱謂，等級明顯削減。同書卷二引上清元始變化寶真上經九靈太妙龜山元録上謂：「南朱高上虚皇君，元高皇之氣。」另據同書卷八引上皇玉籙解二十四内諱，紫清南朱高上虚皇道君諱盆；元始高上玉檢大籙則言紫清南朱高上虚皇道君諱景。又據道門經法相承次序卷中引洞真及登真隱訣，綱靈宫化生府爲南朱高上虚皇君所居。

修行南朱高上虚皇君之法亦見上清元始變化寶真上經九靈太妙龜山玄籙卷中，皆類前條，不煩録，唯居所在玉清納〔一〕靈宫化生府高上鄉洞微里中。

玉清上元宫四道君各有諱字。

【按】潘引真靈位業經冠首者爲玉清紫虚高上元皇道君、洞虚三元太明上皇道君、虚明紫蘭中元高上崿皇道君、太素高虚上極紫皇道君，標注「右玉清上元景四道君」。閭丘方遠將這些道君改編入右位，地位降低，卻又將標目誤作正文重出在此。四道君名諱，皆見相關各條按語。

玉清中元宫紫清六道君各有諱字。

【按】據潘引真靈位業經，玉清中元紫清六道君依次爲：北玄高上虚皇道君、南朱高上虚皇道君、西華高上虚皇道君、東明高上虚皇道君、中元上合虚皇道君、五靈七明混生高上道君，標注「右玉清中元紫清六道君」。其中中元上合虚皇道君被閭丘方遠改編入中位，據上清衆經諸真聖秘卷八引上皇玉籙解二十四内諱，中元上合虚皇道君諱騰；其餘五道君已見前，閭丘方遠將標目誤作正文重出在此。

〔一〕納 無上秘要卷二十一同，道門經法相承次序作「綱」。

玉清下元宫高清四元君各有諱字。

【按】據潘引真靈位業經，玉清下元高清計有六位道君，依次爲：三元無上玄老靈皇元晨君、三元四極上元虚皇元靈君、三元晨中黄景虚皇元臺君、三元紫映輝神虚生真元胎君、玉玄皇道君、上皇道君，標注「右玉清下元高清六道君」。另據上清衆經諸真聖秘卷三引上清上皇玉籙，僅前四位尊號前有「高清」，故閭丘方遠將之合稱爲「玉清下元宫高清四元君」。但包括另兩位道君在内，閭丘方遠已經將之安排在右位，卻誤將標目作正文重出在此。四道君名諱，皆見相關各條按語。

玉清中散位一十君諱字不顯。

【按】潘引真靈位業經玉清道君，尚有高上道君、玉皇道君、玉玄道君、玄清玉皇、上皇天帝、太上虚皇道君、上皇高真太上王君、三天太一元君等八位，標注説：「右玉清諸道君，出上清經。」若加上上條溢出之玉玄皇道君、上皇道君，恰好符合「玉清中散位一十君」之説，此亦是閭丘方遠將標目誤作正文。

右位

紫虚高上元皇道君

【按】此道君在潘引真靈位業經中居「玉清上元景四道君」之首。據上清衆經諸真聖秘卷三引上清上皇玉籙、卷八引上皇玉籙解二十四内諱，紫虚高上元皇道君亦居衆真之首，後篇並謂其諱程持。同書卷一引太清上經變化七十四方經則屬「上元中真八景」之第一，諱明上基，字飛冥範。同書卷二引上清元始變化寶真上經九靈太妙龜山元録上謂：「紫虛高上元皇道君，元明皇之氣，諱明上基，字飛冥範。」元始高上玉檢大籙則言紫虛高上元皇道君諱基。在玉清上宫科太真文中，玉清紫虛高上元皇，字基，只是由摩苛褥明天化生阿波羅摩褥恝天之帝王，彼又化生阿衛億羅天。

存修紫虛高上元皇道君之法見上清元始變化寶真上經九靈太妙龜山玄籙卷上，皆類五靈七明混生高上道君條，不煩録，唯居所在上清金靈宫丹神府元洞鄉通耀里中。太平御覽卷六百七十四引上清經言：「金靈宫，紫虛高上元皇道君居之。」與前説相合。而道門經法相承次序卷中引洞真及登真隱訣，則説金靈宫鳳嘯府爲中元中舍虛皇道君所居，無上秘要卷二十一引洞真經同。此則與前説有異。

洞虛三元太明上皇道君

【按】此道君在潘引真靈位業經中居「玉清上元景四道君」之第二。據上清衆經諸真聖秘卷三引上清上皇玉籙、卷八引上皇玉籙解二十四内諱，此道君亦居第二位。兩處皆作洞虛三元大明上皇道君，當是傳寫之誤。其中上皇玉籙解二十四内諱謂此道君諱邊頼。同書卷一引太清上經變化七十四方經「上元中真八景」之第三，有三元太明上皇君諱寂欣平，字靈劫化，未詳是此否。另據元始高上玉檢大籙，玉清洞虛三元太朗上皇道君諱欣平。「朗」疑是「明」之訛。

上清元始變化寶真上經九靈太妙龜山玄籙卷上謂：「三元太明上皇君，元虛皇之氣。諱寂欣平，字靈劫化。」並有存修之法，皆類五靈七明混生高上道君條，不煩録，唯居所在上清紫融宮生真府七相鄉六元里中。另據上清道寶經卷三，三元太明上皇君在上清元真府。

太素高虛上極紫皇〔一〕道君

【按】此道君在潘引真靈位業經中居「玉清上元景四道君」之第四。據上清衆經諸真聖秘卷三引上清上皇玉籙，玉清道君三位（無虛明紫蘭中元高上嵉皇道君），此居第三；卷八引上皇玉籙解二十四内諱，此道君亦居第三位，諱天。同書卷一引太清上經變化七十四方經「上元中真八景」之第六，有太素高虛上紫極皇君，疑即是此。同書卷二引上清元始變化寶真上經九靈太妙龜山元録上謂：「太素高虛上極紫皇君，元明晨之氣，諱宗梵憐，字玄上門。」另據元始高上玉檢大籙，玉清太素高虛上極紫皇道君諱憐。

修行太素高虛上極紫皇道君之法見上清元始變化寶真上經九靈太妙龜山玄籙卷上，皆類五靈七明混生高上道君條，不煩録，唯居所在上清金耀宮紫曜府七元鄉華蓋里中。

虛明紫蘭中元高上嵉〔二〕皇道君

【按】此道君在潘引真靈位業經中居「玉清上元景四道君」之第三。上清衆經諸真聖秘卷三引

〔一〕皇　秘册彙函本、説郛本作「黄」。
〔二〕嵉　秘册彙函本、説郛本作「停」。

上清上皇玉籙無此名號；卷八引上皇玉籙解二十四内諱，此道君居第四位，諱成。同書卷一引太清上經變化七十四方經「上元中真八景」之第七，有虛明紫蘭中元面崿君，疑即是此之訛寫。同書卷二引上清元始變化寶真上經九靈太妙龜山元録上謂：「虛明紫蘭中元高停君，元大晨之氣，諱慧智，字通大業。」另據元始高上玉檢大籙，玉清虛明紫蘭元中高崿真皇道君諱知。「元中」當是「中元」之倒乙。

修行虛明紫蘭中元高崿君之法見上清元始變化寶真上經九靈太妙龜山玄籙卷上，皆類五靈七明混生高上道君條，不煩録，唯居所在上清靈映宫神變府三輪鄉成真里中。上清道寶經卷一云：「虛明紫蘭中元高崿君，衣金紫章，佩金光之劍，立碧霞上，變爲紫碧之光，如日之升。」

三元上玄老虛皇元晨君

【按】潘引真靈位業經無此尊號，其「玉清下元高清六道君」之第一爲三元無上玄老靈皇元晨君，上清衆經諸真聖秘卷三引上清上皇玉籙作高清三元無上玄老虛皇元晨君。疑皆同是一號，「上」字前奪「無」字，遂成「三元上」云云。

据上清衆經諸真聖秘卷三引一引太清上經變化七十四方經，三元無上玄老靈皇元辰君居「中元上真八景」之第七。同書卷二引上清元始變化寶真上經九靈太妙龜山元録下謂：「三元無上玄老虛皇元辰君，元精皇之氣。」據元始高上玉檢大籙，紫虛三元無上玄老虛皇元晨道君諱暎。

修行三元無上玄老虛皇元辰君之法見上清元始變化寶真上經九靈太妙龜山玄籙卷下，皆類五靈七明混生高上道君條，不煩録，唯居所在玉清明範宮耀華府天德鄉值正里中。無上秘要卷二十一引洞真經謂，明範宮輝華府爲三元元〔一〕上玄老虚皇元辰君所居。

三元四極上元〔二〕虚皇元靈君

【按】此道君在潘引真靈位業經中居「玉清下元高清六道君」之第二。上清衆經諸真聖秘卷三引上清上皇玉籙作高清三元四極玄上虚皇元靈君；卷八引上皇玉籙解二十四内諱，高清三元四極玄上虚皇元靈君諱炫屬。同書卷一引太清上經變化七十四方經「中元中真八景」之第二，亦作三元四極玄上虚皇元靈君。同書卷二引上清元始變化寶真上經九靈太妙龜山元録下謂：「三元四極玄上虚皇元靈君，元鳳虚之氣。」另據元始高上玉檢大籙，高清三元四極玄元虚皇之雲道君諱翁。

修行三元四極玄上虚皇元靈君之法見上清元始變化寶真上經九靈太妙龜山玄籙卷下，皆類五靈七明混生高上道君條，不煩録，唯居所在玉清雲琳宮霄上府清漢鄉素靈里中。無上秘要卷二十一引洞真經謂，雲霧宮霄上府爲三元四極玄上元靈君所居。

三元晨中黄景虚皇元臺君

【按】此道君在潘引真靈位業經中居「玉清下元高清六道君」之第三。上清衆經諸真聖秘卷三

〔一〕元　疑是「无」之訛。

〔二〕元　秘册彙函本、説郛本作「玄」。

引上清上皇玉籙作高清三元晨中黄景虚皇元臺君；亦見同書卷一引太清上經變化七十四方經「中元中真八景」之第三。同書卷八引上皇玉籙解二十四内諱，高清三元晨中黄〔一〕虚皇元臺君諱鏘。同書卷二引上清元始變化寶真上經九靈太妙龜山元録下謂：「三元晨中黄景虚皇元臺君，元紫虚之氣。」另據元始高上玉檢大籙，高清三元晨中黄景虚皇元臺道君諱京。

修行三元晨中黄景虚皇元臺君之法見上清元始變化寶真上經九靈太妙龜山玄籙卷下，皆類五靈七明混生高上道君條，不煩録，唯居所在玉清洞霄宫演真府九氣鄉華耀里中。無上秘要卷二十一引洞真經亦謂，洞霄宫演真府爲三元晨中黄景虚皇元臺君所居。

三元紫映揮神虚生主真元胎君

【按】此道君在潘引真靈位業經中居「玉清下元高清六道君」之第四，「揮神」作「輝神」。上清衆經諸真聖秘卷三引上清上皇玉籙作高清三元紫映暉神虚生玄真元胎君；同書卷一引太清上經變化七十四方經「中元中真八景」之第五，亦作「暉神」。同書卷八引上皇玉籙解二十四内諱，高上〔二〕三元紫映暉神虚生主真元胎君諱鴐。同書卷二引上清元始變化寶真上經九靈太妙龜山元録下謂：「三元紫映暉神虚生玄真元胎君，元融虚之氣。」

〔一〕黄　下無「景」字，疑漏。

〔二〕高上　疑是「高清」之訛。

修行三元紫映暉神虚生主真元胎君之法見上清元始變化寶真上經九靈太妙龜山玄籙卷下，皆類五靈七明混生高上道君條，不煩録，唯居所在玉清反香宫風舞府清樂鄉長金里中。無上秘要卷二十一引洞真經亦謂，反香宫風滯府爲三元紫映暉神虚生真元胎君所居。

玉玄太皇君

【按】潘引真靈位業經「玉清下元高清六道君」之第五，有玉玄皇道君，疑即是此。上清太上八素真經云：「玉清隱書有四卷，乃高上玉皇昔受之於玉玄太皇道君禁書，玉皇所寶妙者也。以付太極四真人，使掌祕藏之，五千年内聽三授，授於上清之玉真人也。若一千年中遇三人，亦聽之也。限訖，不得復傳。」無上秘要卷三十二引洞真太上隱書經略同，皆稱玉玄太皇道君。疑當以此爲正，或今本洞玄靈寶真靈位業圖脱「道」字，潘引真靈位業經脱「太」字。

上皇道君

【按】此道君见潘引真靈位業經「玉清下元高清六道君」之第六。陶弘景真靈位業圖序論本書體例，有云：「又有指目單位，略説姓名，或任同秩異，業均跡别者。」其中「指目單位」句，小注舉例説：「上皇道君、五帝、七老，如此比之類是矣。」推求文意，所謂「指目單位」，根據舉例，大致意思是指某類神靈群體，籠統用單一稱謂。如本條之上皇道君，前文已提到洞虚三元太明上皇道君；上清太上八素真經載飛登金星之道，則有西真上皇道君；無上三天玉堂正宗高奔内景玉書卷下載第七關星呼玄陽天關瑤光太明上皇道君〔一〕；又本書玉清三元宮條按語引無量上品度人妙經四注卷二唐薛幽棲注，別有三元上皇道君。上皇道君乃是統稱，故云「指目單位」。

無上玄元三天玉堂大法卷四提到日中五帝及其魂精內神名諱，又説：「上皇道君諱將軍，字高驀爽。」當別是一種體系，與本經無關。

玉皇道君

【按】此道君以下至高上玉帝，本書尊號與潘引真靈位業經差異較大，或文字出入，或有無參差。潘引真靈位業經有玉皇道君，居高上道君之後。真誥卷九朝太素三元君法，其禱辭有謂：「大洞三景弟子某，謹以吉日之夜天關九開之間，上聞太上玉皇真君，乞得長生世上，壽無億年。」三洞珠囊卷二引道學傳，陸修靜有云：「在佛爲留秦，在道爲玉皇。」元始高上玉檢大籙云，高上紫虛暎九霄太空玉皇道君諱喘。無上秘要卷二十一引洞真經，玉清宮真陽宮爲玉皇之所處。

多部早期道經乃將高上道君與玉皇道君合爲一體，稱高上玉皇，如道藏有上清元始高上玉皇九天譜籙。另雲笈七籤卷五十一云：「二道秘言曰：以八節日夜半東北望，有玄青黃雲者，是爲太微天帝君三素雲也，其時太微天帝君乘八景之轝，上詣高上玉皇也。」上清丹天三氣玉皇六辰飛綱司命大籙則言：「上清玉清高上玉皇大帝金闕司命玄圖，授諸飛步南辰朱緒之仙人也。」

〔一〕上皇道君　亦有作玉皇道君者，如上清洞真解過訣。

玉皇道君乃是後世玉皇大帝之早期形象，其尊號全稱，據高上玉皇本行經集注卷一玉帝聖號同異考，爲昊天金闕無上至尊自然妙有彌羅至真玉皇上帝，又曰玄穹高上玉皇大帝。該書玉帝萬法教主聖祖玄師出處世系考、玉帝御蒞推極考、玉帝清微天界考、玉帝尊次考等條目皆可參看。

清玄道君

【按】潘引真靈位業經無此，别有玉玄道君，未知同一否。清玄道君尊號在其他道經中未能檢得，周氏冥通記卷四周子良記：「七日，夢往司命處，告玉清清玄事云云。」陶弘景小字注釋：「此數論殊高，恨不略説也。」

上皇天帝

【按】潘引真靈位業經玄清玉皇之後即此道君。上清太上八素真經開篇即説：「八素真經者，乃玄清玉皇之道也。上皇天帝以此書授太微天帝君、三元紫精道君、真陽元老君。此君受書施行，道成後，以付太上道君。太上道君以傳金闕後聖李君，李君以付太虚真人南嶽赤君，使下授學道，宿有金名玉字，高閣刻名，當爲真人者。太上之隱文，不傳於地仙，地仙亦自不得獲之矣。」無上秘要卷三十二引洞真太微天帝君玄丹上經略同。

玉天太一君

【按】潘引真靈位業經無，其玉清道君最末一位爲三天太一元君，疑或是此。玉天太一君尊號在其他道經中未能檢得，疑當以三天太一君爲正。上清金書玉字上經云：「先師往受上清紫精君、皇初紫虚君洞房上經，青靈陽安君以傳中央黄老君。三天太一元君即造太玄主仙府，使定金書，刻玉字，名曰洞房上經。」

太上虚皇道君

【按】潘引真靈位業經上皇天帝之後即此道君。洞真西王母寶神起居經按摩存思咒語有「太上虚皇，開散玉庭」云云。上清太上八素真經提到：「太上神虎符，太上虚皇道君以授於太上也。太上道君以付三天真皇，使授諸真人及天帝衆官也。」太上太玄女青三元品戒拔罪妙經卷上謂，一切善惡男女仙籍之升降，禍福緣對之深淺，壽算考限之長短，乃至蠢動生化衰盛之期，「並於上元之日録奏太上虚皇道君」。

太上玉真保皇道君

【按】潘引真靈位業經無此尊號。上清太上八素真經提到：「太微天帝金虎符，太上玉真保皇道君以授於太上太微天帝君也。天帝有三十六，其太微天帝最尊貴，諸天帝皆詣受事矣。」此文亦見太平御覽卷六百七十八引登真隱訣。

玄皇高真

【按】潘引真靈位業經無此尊號。雲笈七籤卷五十一云：「五道秘言曰：以甲申上旬戊子、己丑之日清旦正西望，見白赤紫雲者是爲太素上真白帝君三素雲也，其時太素上真人白帝君乘翛條玉輦，上詣玉天玄皇高真也。」

太一玉君

【按】此尊號不見於潘引真靈位業經，在其他道經中亦未能檢得。真誥卷十三有云：「鬼官北斗君，乃是道家七辰北斗之考官。此鬼一官，又隸九星之精，上屬北晨玉君。」上清握中訣卷中「朝太素」有五老高真上仙太極黄精三皇玉君。上清衆經諸真聖秘卷一大洞真經三十九章太上道君玉籙百神名，第三十六有〔一〕玉真萬華先生主圖玉君。以上玉君似皆無關於本經之太一玉君，録此備參。

高上玉帝

【按】潘引真靈位業經無此尊號，别有高上道君，恐與上皇道君一樣，屬於「指目單位」者，未必是此高上玉帝。

正統道藏有洞真高上玉帝大洞雌一玉檢五老寶經，經文提到：「若語不通道德之人，則玉童、玉女，上啟太上高上玉帝君，則兆失道矣，身亦殞也，經使自去，不覺而失。」上清金真玉光八景飛經云：「高上玉帝元皇道君，受九天丈人豁落七元之符，主致上真飛仙之官，通靈徹視，與神交言，制魔伏靈，威攝十方，流火萬里，坐在立亡。行之九年，得乘玄輿，飛行上清。」上清高上金元羽章玉清隱書經云：「如是羽章玉清隱書萬靈隱音，高上玉帝藏之玉清上宫瑶臺瓊房之内。」據道門

〔一〕有　據同書卷二之上清元始變化真上經九靈太妙龜山元録上，應爲「小有」，本篇奪「小」字。

經法相承次序卷中引洞真及登真隱訣，亦説瑶臺瓊闕中藏金羽玄章、萬神隱文，爲高上玉帝藏真經之所。

按，高上玉帝各經解釋不同。上清三尊譜録九天上皇老君句：「真人曰：老君，即高上玉虚太上老君也。亦號高上玉帝，或號洞真帝一君矣，治於上清九霄之臺也。」洞真上清神州七轉七變舞天經，則稱元始高上玉帝，有云：「凡上清寶經三百卷，玉訣九千篇，符圖七千章，皆出元始高上玉帝，禀承自然之章，玄古之道。」道門經法相承次序卷中引洞真及登真隱訣，説玉清宫爲高上玉帝元始天王太真之館。

至於在本經中，高上玉帝與前出之玉皇道君關係如何，不得而知。可注意者，上清大洞三景玉清隱書訣籙有玉清皇上玉帝道君諱寧；上清衆經諸真聖秘卷三引上清上皇玉籙，亦有玉清皇上玉帝道君尊號；同書卷一引太清上經變化七十四方經「上元中真八景」之第五，爲皇上玉帝君；同書卷一大洞真經三十九章太上道君玉籙百神名，第三爲皇上玉帝君，内名珠鬱羅廣都靈，地上音長存體、去害子。或許可以考慮，後世之玉皇大帝，乃是玉皇道君、高上玉帝、皇上玉帝君三者之綜合體。

右玉清境，元始天尊爲主，已下道君皆得策命學道，號令群真。太微天帝來受事，並不與下界相關。自九宫已上，上清已下高真仙官，皆得朝宴焉。

【按】潘引真靈位業經叙述玉清境諸道君以後，亦有按語云：「右玉清諸道君，出上清經。

並[一]業崇重，但心相入寂，不復應化於下界也。」本經云云，當是依據此段改造而成。可注意者有二：其一，真靈位業經未涉及元始天尊，此再度證明本經第一條「上合虚皇道君應號元始天尊」，爲閭丘方遠改造而成，非陶弘景原意。真靈位業經中「心相入寂」一語出自佛經，略與涅槃寂静相通；「應化」亦佛教所常用，如言應化法身。閭丘方遠不取玉清諸道君心相入寂之説，但亦承認諸尊不直接教化下界，又復回避「應化」一詞，乃以「並不與下界相關」代替之。

太微天帝作爲與玉清界之聯繫人，並非出於閭丘方遠設計，早期上清派道經多有提及。如雲笈七籤卷五十一云：「二道秘言曰：以八節日夜半東北望，有玄青黄雲者，是爲太微天帝君三素雲也，其時太微天帝君乘八景之轝，上詣高上玉皇也。」同書卷五十三云：「春分之日，太微天帝君上詣高上玉皇遊宴之時。」

太微天帝詣玉清受事方式，可舉洞真太上神虎隱文爲例。經文首先叙述太上大道君命玉清上宫侍女安法嬰、田四非、趙定珠、李雲門，合歌揮神之詩，滅精散靈之曲。歌畢，太上大道君乃命左玄玉郎鬱利玄，執金羽節召太微天帝君。於是太微天帝君「忽聞命卒，行登勑駕，羽靈朱皇，啟道輦甲」，不久便到上宫，於是「停駕玉清，身起帝墉，回步紫闕，稽首待通」。良久，「太上大道君勑命侍晨四臣，徐引以前，登蘂珠之闥，入七暎内房」。太微天帝君稱名曰：「賤臣今到，請開大命矣。」隨

[一] 並　疑是「位」之訛。

後，太上大道君説李山淵德合七聖，爲金闕之主，方當參謁十天，理命億兆。令太微天帝君將神虎真符等傳授李山淵。太微帝君領命，稽首唯唯。

第二中位

上清高聖太上玉晨玄皇大道君 爲萬道之主。

【按】在潘引真靈位業經中，此道君亦居上清境第一位，並説：「右太上大道君，爲上清已下萬道化主。見八素經上。」按照陶弘景原意，玉清諸道君既然已經「心相入寂」，則比如過去諸佛，不與下界相關，上清第一道君遂成爲實際之最上第一。上清衆經諸真聖秘卷二引上清上皇玉録，上清高聖太上玉晨玄皇大道君亦居上清諸尊之第一；卷四高上元始玉皇譜録同；卷八上皇玉籙解二十四内諱謂上清高聖太上玉晨玄皇大道君諱榮坐。

雲笈七籤卷一百一有太上道君紀，亦有上清高聖太上玉晨大道君紀，二者頗有不同。前篇引述洞玄本行經，依據靈寶派主張；後篇引用洞真大洞真經，屬上清派觀點。上清高聖太上玉晨大道君紀云：「上清高聖太上大道君者，蓋二晨之精氣，九慶之紫煙，玉暉焕耀，金映流真。結化含秀，苞凝玄神。寄胎母氏，育形爲人。諱㗊⿱大貝，字上開元。母妊三千七百年，乃誕於西那天鬱察山浮羅嶽丹玄之阿。於是受録紫皇，受書玉虚，眺景上清，位司高仙，爲高聖太上玉晨大道君。治蘂珠日闕館七映紫房，玉童玉女各三十萬人侍衛。於是振策七圃，揚青九霄，騰空儛旌，駕景馳飆。徘徊八煙，盤桓空塗。仰簪日華，俯拾月珠。摘絳林之琅實，餌玄河之紫蕖。偃蹇靈軒，領理帝書。萬神入拜，五德把符。上真侍晨，天皇抱圖。乃仰空言曰：子欲爲真，當存日中君，駕龍驂鳳，乘天景雲，東游桑林，遂入帝門。若必昇天，當思月中夫人，駕十飛龍，乘我流鈴，西朝六嶺，遂詣帝堂。精根運思，上朝玉皇。薈薈敷鬱儀以躡景，晃晃散結璘以曁霄。雙皇合輦，後天而凋。夫大有者，九天之紫宫；小有者，清虚三十六天之首洞。」其後叙述上清高聖太上大道君九朝玉清，所可注意者，是玉清諸道君名諱、處所：

詣鬱悦那林昌玉臺天，見玉清紫道虚皇上君，受九暉大晨隱符。

詣高桃厲沖龍羅天，見玉清翼日虚皇太上道君，受觀靈元晨隱符。

詣碧落空歌餘黎天，見玉清昌陽始虚皇高元君，受總晨九極隱符。

詣㹢摩坦婁於翳天，見玉清七静導生高上虚皇君，受還曜旋根隱符。

詣扶刀蓋華浮羅天，見玉清大明虚皇洞清君，受玄景晨平隱符。

詣貝渭耶蕖初默天，見玉清始元虚皇太霄君，受合暉晨命隱符。

詣沖容育鬱離沙天，見玉清七觀無生虚皇金靈君，受齊暉晨玄隱符。

詣單緑察寳輪法天，見玉清八觀高元虚皇渟景君，受高上龍煙隱符。

仰登彌梵羅臺霄絶寥丘飛元雲根之都玉清上天，見玉清紫暉太上玉皇明上大道君，受高清太虛無極上道君隱符。

關於上清高聖太上大道君別有解釋，太玄金籙金鎖流珠引題李淳風序並注，序言開篇説：「太上三五太玄金籙者，即元始天尊傳太上大道君也，號高聖太上玉晨玄皇大道君。」注：「元始分身也，或云天尊弟子，爲萬道之主。」其説即本於太上道君紀。

左位

左聖紫晨太微天帝道君

【按】此即前説往玉清境受事之太微天帝，潘引真靈位業經作紫晨微〔一〕天帝道君，此前尚有紫微太素高虛洞曜三元道君，本經位置稍後，據上清衆經諸真聖秘卷三引上清上皇玉籙，稱上清紫晨太微天帝道君，次序與潘引相同，説見本書紫清太素高虛洞曜道君條。

據上清衆經諸真聖秘卷一引大洞真經三十九章太上道君玉籙百神名，第五即太微天帝君，内名超滯天横冥始，地上音勃沙玄、無定方。同書卷二引上清元始變化寶真上經九靈太妙龜山元録上謂：「太微天帝君，元洞浩之氣，諱大崇屬，字元洞度。」同書卷七引太上八智慧滅魔神虎隱文太微天帝君，名[illegible]，字山淵。同書卷八引上皇玉籙解二十四内諱，上清紫晨太微天帝道君諱繞類。

〔一〕微　應作「太微」。

元始元量度人上品妙經四注卷三「玄中太皇，上帝高真」句，唐薛幽棲注：「上帝，太微帝君，三十六天帝最尊者。高真即中央黃老，太極最尊之稱也。」又據陳椿榮集注太上洞玄靈寶無量度人上品經法卷一云：「玉晨大道君爲靈寶教主，乃元始天尊之弟子，太微天帝君之師也。」是太微天帝君爲玉晨大道君弟子。

太微天帝道君司傳授事，諸經多有提及，不煩例舉，可參前叙洞真太上神虎隱文。道藏有洞真太上紫度炎光神玄變經，載「太微帝君記」，其略云：「太微帝君者，生於始青之端，曜靈徹玄炁未凝之始，結流芳之胄法形焉。連光映靈，紫雲曜電，玄煙流靄，丹暉纏絡，妙覺潛啟。仍採納上契，條暢純和，吐納冥津，遂降生靈之胎，哺兼法泉曲芝。行年二七，金容内發，玉華外映，洞慧神聰，朗覩虛玄，編掌帝號。其任乎澄流九霄之霞，飛眺洞清之源，明機覽於極玄，須綜運於億津，積感加於冥會，妙啟發於自然。是以得御紫度炎光迴神飛霄登空之法，修行内應上登玉清高上之尊。道備，以付中央黃老君焉。」

潘引真靈位業經紫微太素高虛洞曜三元道君、紫晨太微天帝道君、紫明太山九道高元玉晨道君三道君並列，其後説：「右上清道君，主訓教學真之人。」今本三道君次序與此不同，亦無此句。

左聖南極南嶽真人左仙公太虛真人赤松子 黃老君弟子，裴君師。

【按】潘引真靈位業經無此名號。據上清七聖玄紀經引八真傳，南極真人赤松子與東極真人陵陽子明、西極真人王方平、北極真人安期先生並列。上清衆經諸真聖秘卷五引太上大道君傳，説法亦同。另據元始上真衆仙記，赤松子爲昆林仙伯，治南嶽山，此似別是一派道書，故與本經不侔。

陶弘景登真隱訣提到此尊號，如三洞珠囊卷一引登真隱訣云：「南極南嶽真人左仙公太虛上真君，姓赤諱中英，初學道在金華山，忽得疾病困篤，經一十六年，青童授智慧消魔經，扶疾諷誦三千遍，都愈也。」又據真誥卷五，「太極有四真人。老君處其左」，原注云：「出九真中經，即是論中央黃老君也。黃老爲太虛真人南嶽赤君之師，裴既師赤君，所以崇其本始，而陳其德位也。」無上秘要卷八十四得太極道人名品云：「東極真人陵陽子明，北極真人安期生，此二人〔一〕並赤君、王君號爲四極真人。」另據陶弘景序，真靈中有「任同秩異」者，舉例太極四真之例是矣。則王君、赤君必不在太極品，其中王君去向見下條，赤君則見無上秘要卷八十三得地仙道人名品云：「赤魯，本姓黃，名初平，南嶽赤君也。入金華山尋弟，而改姓易名。」或因爲此，本經第四左位又重出赤松子，第六左位地仙散位又有赤魯班。

即使在真誥中，南嶽赤君位秩仍顯得混亂，真誥卷十四云：「在元炁爲元君，在玄宮爲玄師，在南辰爲南極老人，在太虛爲太虛真人，在南嶽爲赤松子。此乃天帝四真人之師，太一之友。」然同書卷五云：「若如青光先生、谷希子、南嶽松子、長里先生、墨羽之徒，皆爲太極真人所友，或爲太上天帝所念者，興雲駕龍以迎之。故不學道，而仙自來也。」又真誥卷五：「（裴）君曰：今子既至心學

〔一〕人　原作「久」，據文義改。

道，當以道授子耳。然學者皆有師，我之所師南嶽松子。松子爲太虛真人左仙公，谷希子爲右仙公。」則赤松子與谷希子似當爲太極之左右仙公也。如此，赤松子在相關道經中，分別居地仙（無上秘要）、太清（今本真靈位業圖）、太極（真誥）、上清（今本真靈位業圖），無法統一。至於今本真靈位業圖將赤松子排列在此，是陶弘景之意，或閭丘方遠改動，難於定論。

赤松子爲中央黄老君弟子，又復傳授清靈真人裴玄仁，引文皆見前，並可參清靈真人裴君條。至於赤松子之原型，乃出於列仙傳，録列仙傳原文備參：「赤松子者，神農時雨師也，服水玉以教神農，能入火自燒。往往至崑崙山上，常止西王母石室中，隨風雨上下。炎帝少女追之，亦得仙俱去。至高辛時復爲雨師，今之雨師本是焉。」

左輔後聖上宰西域西極真人總真君姓王諱遠，字方平，紫陽君弟子，司命茅君師。

【按】潘引真靈位業經無此名號，如前條按語引上清七聖玄紀經引八真傳，西極真人王方平與南極、東極、北極真人並列。而據前引無上秘要卷八十四，王君作爲西極真人亦不居太極品，方符合陶弘景説太極四真人「任同秩異」。因王方平未在無上秘要卷八十三、八十四中正式出現，推測其本來位秩即在上清，即已亡佚之無上秘要卷八十五中。至於其本來位秩是否居若干道君之上，不得而知矣。

據元始上真衆仙記云，「王方平今爲上相，治月支國人鳥山」，説法雖然不同，而其西極真人尊號前「西域」二字或因此得來。王遠事跡先見於葛洪神仙傳，謂其東漢桓帝時人，棄官入山修道，未言及師承。葛洪亦未明確王遠天上職司，但云：「常治崑崙山，往來羅浮山、括蒼山。此三山上皆有宮殿，宮殿一如王宮。王君常任天曹事，一日之中，與天上相反覆者數過。地上五嶽生死之事，悉關王君。」

本經小字注釋説王遠爲「紫陽君弟子，司命茅君師」。紫陽君即周紫陽，雲笈七籤卷一百六之紫陽真人周君内傳，道藏一卷本之紫陽真人内傳，皆不言周傳授王方平。司命茅君即茅盈，雲笈七籤卷一百四太元真人東嶽上卿司命真君傳，茅君受學於西城王君，即清虚真人王褒，亦無關於西域真人王方平。雲笈七籤卷八十四「太極真人石精金光藏景録形經説」云：「上宰總真西城王君，昔受之於紫陽公。施行道成後，以付弟子茅盈，以傳南嶽夫人，使授學道者當爲真人。」此説司命茅君爲西城王君弟子，與太元真人東嶽上卿司命真君傳相合。此可以證明，西城王君即王褒乃是「紫陽君弟子，司命茅君師」。陶弘景似不會犯此錯誤，説西域西極真人王遠是「紫陽君弟子，司命茅君師」。此處小字注釋或是承襲無上秘要以來之謬誤，或是閭丘方遠誤以西域真人王遠爲西城王君，於是將西城王君事跡誤注給西域真人。

應該承認，「西域」、「西城」字形近似，也不排除傳抄版刻錯誤。如太平御覽卷六百七十八有南嶽夫人内傳即稱西城真人王方平；墉城集仙録卷一有三元馮夫人小傳稱西城總真王方平。

紫清太素高虚洞曜道君

【按】潘引真靈位業經以上清高聖太上玉晨玄皇大道君爲上清境道君第一，其次爲紫微太素高虚洞曜三元道君，上清衆經諸真聖秘卷三引上清上皇玉籙、卷四引高上元始玉皇譜録並同。皆較本經多「三元」兩字，疑同是一號。

上清衆經諸真聖秘卷八上皇玉籙解二十四内諱謂上清紫清太素高虚洞曜三元道君諱蕭。雲笈七籤卷十一上清黄庭内景經「上清紫霞虚皇前」句注：「虚皇者，紫清太素高虚洞曜三元道君内號也。」

太虚上霄飛晨中央道君赤松。

【按】潘引真靈位業經作太虚飛晨中央黄老道君。上清衆經諸真聖秘卷三引上清上皇玉籙作上清太虚上霄飛晨中央黄老道君；卷四引高上元始玉皇譜録亦作上清太虚上霄飛晨中央黄老道君；卷八上皇玉籙解二十四内諱謂上清太虚上霄飛晨中央黄老君諱陽。本經第三左位第一别有太極左真人中央黄老君，當另是一位道君，與本條不同。然不解小字注釋何以又將此道君注爲赤松。若從潘引真靈位業經，及上清衆經諸真聖秘徵引諸書皆稱本尊爲中央黄老道君推測，赤松子既然被抬高到上清品之最前位秩，或本經之某一修訂者將其本師由彼中央黄老君，改爲此中央黄老道君。此處小字注釋或是「赤松師」，脱漏「師」字。臆説備參。

太微東霞扶桑丹林大帝上道君

【按】潘引真靈位業經有太元丹林太帝上道君，又有玄清太元東霞扶桑丹林太帝道君，本經則只有後者，與真靈位業經小異者，本經稱「上道君」。

據上清衆經諸真聖秘，則只有扶桑大帝九老仙皇君，卷一引大洞真經三十九章太上道君玉籙百神名，第三十五爲扶桑大帝九老仙皇君，内名盈劫連邕玉昇，地上音車離苦、去百毒。卷二引上清元始變化寶真上經九靈太妙龜山元録下謂：「扶桑大帝九老仙皇君，元源谷之氣。」又據道門經法相承次序卷中引洞真及登真隱訣，亦稱扶桑大帝九老仙皇君居清元宫暘谷府。上清七聖玄紀經提到扶桑大帝君傳：「篇曰太霄隱書，或曰玉珮金噹經，有之者長生使神，行之者成真人。」

另據雲笈七籤卷八「釋三十九章經」謂，「榑桑太帝九老仙皇君曰：九老京者，山名也，在榑桑之際。九老仙皇處榑桑之際，治九老之京。太帝君治榑桑之杪，會方丈之臺也。二道君時乘合羽之車。合羽車者，雲沓之色。登榑桑之杪，會九老之京，出靈户之符，召大魔之王矣」。按如此説，則榑桑太帝與九老仙皇君又各是一位神靈。

按，扶桑大帝之名先見於元始上真衆仙記引葛洪枕中書云：「元始君經一劫乃一施太元母，生天皇十三頭，治三萬六千歲，書爲扶桑大帝東王公，號曰元陽父。」又説：「扶桑大帝，元始陽之氣，治東方，故世間帝王之子應東宫也。」又云：「扶桑大帝住在碧海之中，宅地四面，並方三萬里，上有太真宫。碧玉城萬里，多生林木，葉似桑，又有椹，樹長數千丈，二十圍，兩兩同根偶生，更相依倚，名爲扶桑。宫第象玉京也。衆仙無量數，玄洲方丈諸仙未昇天者在此。去會稽岸六萬里，太清仙伯太上丈人所治。」陶弘景亦認可這一説法，登真隱訣卷下誦黄庭經法有「先謁太帝」之語，並説「太帝東，應朝禮」。陶弘景注釋專門討論扶桑之方位：「按入道望雲，令東南望扶桑太帝三素飛雲。又方諸在會稽東南，其東北則有湯谷。又云八渟山在滄浪之東北，蓬萊之東南。八渟山即太帝所治處也。又清虛王君東行，渡啟明滄浪，登廣桑山，入始暉庭，謁太帝君。如此則扶桑在湯谷東南，於金陵正東，亦小南看矣。」

後聖太師太微左真保皇道君

【按】潘引真靈位業經有此。所謂「後聖」，是指時間之先後，將來成聖之意。據上清後聖道君列紀，後聖彭廣淵，「人皇時生，位爲太微左真保皇君，並當受命封校兆民，爲李君太師，治在太微北墉宫靈上光臺」，當即此道君。上清道類事相卷三引後聖道君列紀亦云：後聖彭君治在靈上光臺也。按，後聖甚多，其最著名者爲金闕後聖帝君，本經列第三中位，詳該條注釋。

紫明太微九道高元玉晨道君

【按】潘引真靈位業經有此，唯「高元」寫作「高玄」。上清衆經諸真聖秘卷八上皇玉籙解二十四内諱謂上清紫明太微九道高元玉晨道君諱便。

紫元太微八素三元玄晨道君

【按】潘引真靈位業經作上清紫元太微素〔一〕三元道君，應即是此。上清衆經諸真聖秘卷三引上清上皇玉籙作上清紫元太微八素三元玄晨元君；卷四引高上元始玉皇譜録則作玄清紫元太微八素三元玄晨元道君。卷八上皇玉籙解二十四内諱謂上清紫元太微八素三元玄晨元君諱矜傍。

〔一〕素　應作「八素」。

九微太真玉保王金闕上相大司命高晨師東海王青〔一〕華小童君

【按】潘引真靈位業經作洞清九微太真玉寳上相青童道君，此即真誥多次出現之東海青童君。真誥卷一記其尊號爲東宫九微真人金闕上相青童大君，居第二，在東嶽上真卿司命君之後，陶弘景專門解釋説：「此衆真似是集洞宫時，所以司命最在端，當爲主人故也。」意即青童大君地位在東嶽上真卿司命君之上，亦在排列其後之蓬萊右仙公、清虚小有天王等之上。

上清衆經諸真聖秘卷一引大洞真經三十九章太上道君玉籙百神名，第三十四爲東華方諸宫高晨師仙保王青童君，内名觀軒寢明賓巒，地上音三生連、虚无中。同書卷二引上清元始變化寳真上經九靈太妙龜山元録下謂：「東華方諸宫高晨師玉保王青童君，元日精之氣。」同書卷五引密旨云：「青童君諱梵湄。」真誥卷九云：「青君宫在東華山上，方二百里中，盡天仙上真宫室也。」故又以東華宫、東海東華稱呼青童大君，此上清衆經諸真聖秘所言東華方諸宫之來歷，亦青童大君演化成東華帝君之淵源。

雲笈七籤卷八「釋三十九章經」謂：「東華方諸宫高晨師玉保仙王青童君曰：東華者，仙真之州也，在始暉之間，高晨玉保王所治也。東華真人呼曰爲紫曜明，或曰圓珠。青童君乘雕玉之軿，御圓珠之氣，登雲波之山，入東華之堂。」

〔一〕青　秘册彙函本、説郛本作「清」。

需説明者，九微太真玉保王金闕上相大司命高晨師東海王青華小童君乃是青童大君之完整尊號，前引各經可爲證明，而後世漸將之割裂。如上清大洞真經卷一之誦經玉訣，其中有存念東華三宮六門，三宮及其主者依次爲：第一宮方諸青宮，上相青童君所治；第二宮玉保青宮，玉保王上相大司馬高晨師所治；第三宮玉華青宮，東海青華小童所治。乃是將青童大君尊號一分爲三矣。

領九宮上相長里先生薛君 周時得道，許長史前緣兄也。

【按】潘引真靈位業經無此名號。上清衆經諸真聖秘卷五引太上大道君傳云，九宮上相長里先生；上清七聖玄紀經同。長里先生出自真誥，真誥卷五云：「若如青光先生、谷希子、南嶽松子、長里先生、墨羽之徒，皆爲太極真人所友，或爲太上天帝所念者，興雲駕龍以迎之。故不學道，而仙自來也。」太平御覽卷六百七十一引登真隱訣曰：「太極真人昔以神方一首傳長里先生。先生姓薛，自號長里，周武王時人也。先生以傳西域總真王君，即金闕聖君之上宰也。」

本經小字注釋説：「周時得道，許長史前緣兄也。」其説本於真誥卷三。當時似乎許謐（長史）與兒子許翽（玉斧）有所矛盾，右英夫人降辭，先奉承許玉斧「潛晨密焕，秀霄空上，託心玄宅，神棲入領」，繼而指責説：「雖自思入庇重岫，穎翳雲暉，故叛父也，若父愚可也。交當同編雲札，列名靈簡，運會相遇，何以陳之耶。」意思是説，許玉斧具足神仙資質，如果乃父玩愚，也無不妥。但乃父亦將同列仙班，實在不該如此。於是右英夫人舉例説：「昔薛旅，字季和，往學真道於鍾山北阿，經七試而不過，即長里薛公之弟也。不過者，由淫泆失位，吝鄙内滯，石性不迴，致敗其試耳。然其人好慈和篤，又心愛嘯音鳳響及玄絃之彈，是故虛唱凝神，徽聲感魂，神不遂落。由好嘯唱，願鳳鳴之故矣。長里先生，燕代人，周武王時人也。先生比乞之於太上，太上故使生。繫（原注：謂應作繼字。）肇阿之陰運，致欲其該徹釋滯，於染練新暉，速升虛之超，長里君之願也。若由（原注：謂應作猶字。）愆波不激，淫吝由（原注：謂應作愈字。）出，雖百過試之，故亦昔之薛旅耶。師宗相期，拂飾盡性。苟能其事，我亦罕勞。賢者之舉，此復宜詳。密告由來宿命之始，想有已（原注：應作以字。）悟也。」這段降辭確實有含混處，大意説長里先生之弟薛旅雖然好道，但失於淫泆，屢試而不過。因長里先生乞於太上，故得重生。所謂「繼肇阿之陰運」，許肇字子阿，是許謐之祖輩，此意是説薛旅得太上恩准，降生許家。然這位薛旅之「後身」，究竟是許翽（玉斧）還是許謐（長史），不甚明瞭。茅山志卷二十陶弘景撰上清真人許長史舊館壇碑，其中提到：「謹按真誥，君挺命所基，緣業已久，乃周武王世九宮上相長里薛公之弟也。」正與此注釋相符。

雲笈七籤卷九十八詩贊辭對此另有解釋，則不取前世今生之説，只認爲這段降辭是以長里先生兄弟之事，比擬許家父子之事。即因長里先生之功德，可以惠及其弟薛旅；同樣，許家前輩若許肇之陰德，可以及於二許。其説可參。雲笈七籤云：「又述玉斧修道之事，因喻以薛季和七試不過，乃長里先生薛公之弟，爲淫泆失位。然性好簫音鳳響，長里乞之於太上，使其生。因言肇阿陰德，可以及於許侯、玉斧也。」此説大約有兩層原因，一者薛君究竟是許侯或玉斧之「前緣兄」，確實糾結；更重要者，前身後世，乃是佛教概念，經過梁代「神滅」争論以後，道教不再願意接受隱含「轉世」命題之故事。

太微右真公領九宮上相希林真人燕君 從小有天王受王君替代。

【按】潘引真靈位業經無此名號。本經陶弘景序稱：「如希林真人，爲太微右公而領九宮上相，未委爲北宴上清，當下親相識耶？」是知陶原著有此真靈，依照人間職官制度，此君勳位是太微右(真)公，職事官則是九宮上相。既然如此，其應屬於九宮，即第五等級，亦可以出現在上清等級中。因陶序「當下親相識耶」句，不明所謂，希林真人實際位秩故難得確解。另據無上秘要卷八十三得九宮道人名品末句云，「右件四十一人，得九宮中真仙。亦應有進太清、太極，或猶在地真者」。又說：「九宮上相二人，度在上清。」或許即指前條領九宮上相長里先生薛君及本條之太微右真公領九宮上相希林真人燕君。由此瞭解真靈位業圖處理此類之通例，人物若職位、勳位不同，則兩見之，一詳一略。故後文九宮上相處仍保留「名額」，小字注釋「已度上清」。

真誥中未見希林真人，但降辭多次提到「習適榮辱域，罕躡希林宮」、「青君呼我起，折腰希林庭」、「下眄八阿宮，上寢希林顛」等。此皆指希林臺。據上清道類事相卷三引上清經，廣桑山始暉庭希林臺，扶桑太帝君居之。太平御覽卷六百七十四引登真隱訣云，上清境有希林臺，大帝道君居之。均不與希林真人有關，事跡付闕。

本條小字注釋說：「從小有天王受王君替代。」小有天王即清虛真人王褒，字子登，在第二右位，傳記見雲笈七籤卷一百六，不言與希林真人有何關係。本經第五左位第一爲左相，注釋說：

「清虛真人從小有洞天王受王真人替，已度上清。」兩注顯然相關，然根據雲笈七籤王褒傳記，其尊號全稱爲太素清虛真人領小有天王三元四司右保上公，而注釋則將清虛真人、小有洞天王、王真人分割爲三，真是莫名其妙者。

司命東嶽上真卿太元真人茅君大茅君諱盈，字叔申。

【按】潘引真靈位業經無此名號。此即真誥中屢次提到之東嶽上真卿司命君，簡稱東卿司命，或司命東卿。真誥卷十一云：「三月十八日、十二月二日，東卿司命君，是其日上要總真王君、太虛真人、東海青童合會於句曲之山，遊看洞室。」卷十二云：「東卿司命監太山之衆真，總括吴越之萬神，可謂道淵德高，折衝群靈者也。」

上清衆經諸真聖秘卷七引源統經目有太元真人大茅君諱盈之名；同卷引洞真疏略云：太元真人姓茅諱盈，字叔申。茅君傳記已先見於神仙傳，雲笈七籤卷一百四別有李遵撰太元真人東嶽上卿司命真君傳，兩傳頗有出入，後傳乃符合上清派宗旨。其略云：真人姓茅，諱盈字叔申，咸陽南關人也。其父祚有三子，盈爲長子；次子諱固，字季偉；小子諱衷，字思和。盈時年十八，遂棄家委親，入於恒山。積六年，思念至道，仿佛見太玄玉女把玉札而攜之曰：西城有王君得真道，可爲君師。於是徑到西城。齋戒三月，沐浴向望，遂超榛冒險，稽首靈域，卒見王君。又從王君西至龜山，見王母。王母告盈以玉佩金璫之道、太極玄真之經。漢元壽二年，五帝各乘方面色車，從群官來下，受太帝之命，授盈爲司命東卿上真君。茅盈得道，以太元爲號，宰上卿，總括東嶽，又加司命之任，以領録圖籍。給玉童玉女各四十人，以出入太微，受事太極也，治宫赤城玉洞之府。

左卿仙侯真君許君 諱穆，南嶽夫人弟子，事晉爲護軍長史，退居句曲山。

【按】潘引真靈位業經無此名號。許謐是上清派創始人，真誥主要角色之一，該書多稱許長史，亦稱許仙侯。真誥卷二十有陶弘景所擬傳記：長史名謐字思玄，一名穆，正生。少知名，儒雅清素，博學有才章。簡文皇帝久垂俗表之顧，與時賢多所儔結。少仕郡主簿功曹史，王導、蔡謨臨川辟從事不赴，選補太學博士，出爲餘姚令，入爲尚書郎，郡中正，護軍長史，給事中，散騎常侍。雖外混俗務，而内修真學，密授教記，遵行上道。挺分所得，乃爲上清真人，爵登侯伯，位編卿司，治仙佐治，助聖牧民。按泰和二年丁卯歲，司命所告云：丙子年當去，時年七十二。此則永興二年乙丑生，太元元年去也。而譜云：孝武寧康元年去世，年七十一。此爲泰安二年癸亥生，爲多二年。今以真爲正。（顧云：寧康元年，七十二。又非也。）妻同郡陶威女，名科斗，興寧中亡。即入易遷宫受學（同葬縣西北二里舊墓）。長史三男一女。長男名甽，小名揆，庶生。中男名聯，字元暉，少名虎牙，正生。小男名翽，字道翔，小名玉斧，正生。上清衆經諸真聖秘卷五引元始上真衆仙記，許穆在華陽洞天立宅。

又據茅山志卷二十有陶弘景撰上清真人許長史舊館壇碑，稱許長史「爲上清真人，爵登侯伯，位編卿司，理仙撫治，佐聖牧民」。又説：「真傳未顯于世，莫得具述。」據碑傳所言，許謐爲上清真人無疑。此外，雲笈七籤卷五李渤真系雷平山真人許君（翽）條，亦説其父許穆真位上清左卿。

侍帝晨青〔一〕蓋真人郭君名世幹。

【按】潘引真靈位業經無此名號。真誥卷一有青蓋真人侍帝晨郭世幹出場，小字注釋「衞人」。所謂「侍帝晨」，同書卷十五陶弘景解釋説：「侍帝晨之號，仙官亦有，俱是侍中位也。」即侍奉大帝之起居者。

紫陽左真人周君義山。

【按】潘引真靈位業經無此名號。此即真誥中多次出現之紫陽真人，或稱周紫陽，卷一稱葛衍真人周季通，本經第四左位又重出葛衍真人周季通，可參該條。上清衆經諸真聖秘卷七引洞真疏略云：紫陽真人姓周字義山。

雲笈七籤卷一百六有紫陽真人周君内傳，其略云：紫陽真人姓周字義山字季通，汝陰人也。好道，多行陰德，輾轉求仙。「遂乘雲駕龍，白日升天。上詣太微宫，受書爲紫陽真人。佩黄旄之節，八威之策，帶流金之鈴，服自然之衣，食玉醴之飴，飲金液之漿。治葛衍山金庭銅城，所謂紫陽宫也。紫陽有八真人，君處其右，一日三登崑崙，一朝太微帝君。以嶓冢爲紫陽别宫，所謂洞庭潛宫也。嶓冢山有洞穴，潛行通王屋清虚小有天，亦潛通閬風也。」傳説周爲紫陽右真人，與本經言左真人不同。據真誥卷二十，陶弘景云：「今世中周紫陽傳，即是(華)僑所造。」或許如此，與本經有

〔一〕青　説郛本作「清」。

異。儘管如此，周傳記載其學仙經歷，遭遇人物，多可以與本經相參，節録如下：遇陳留黄泰，自稱是中嶽仙人須林，字子玄。本衛人，靈公末年生，少好道德，受學於岑先生，見授煉身消災之道術。後又遇仇公，公乃見教以佩服炁之法，還神守魂之事。黄泰因傳授周義山制蟲細丸，以殺穀蟲。又聞蒙山欒先生能讀龍蹻經，遂往尋之。遇衍門子，於是授以龍蹻經及三皇内文。登王屋山，遇趙佗子，受芝圖十六首及五行秘符。又遇黄先生，受黄素神方、五帝六甲左右靈飛之書四十四訣。登磻冢山，遇上衛君，受太素傳，左乙混洞東蒙之録，右庚素文攝殺之律。登嵩高山，遇中央黄老君合會仙人，在其上太室洞門以内，君頓頭再拜，乞長生度世。其後，西登白空山，遇沙野帛先生，受太清上經。登峨眉山，入空洞金府，遇甯先生，受太丹陰書八稟十訣。登岷山，遇陰先生，受九赤班符。登岐山，遇臧延甫，受憂樂曲素訣辭。登梁山，遇淮南子成，受天關三圖。登牛首山，遇張子房，受太清真經。登九嶷山，遇李伯陽，受李氏幽經。游登鍾山，遇高丘子，受金丹方二十七首。登鶴鳴山，遇陽安君，受金液丹經、九鼎神丹圖。登猛山，遇青精先生，受黄素傳。登陸渾山，潛入伊水洞室，遇李子耳，受隱地八術。登戎山，遇趙伯玄，受三元素語。乃登陽洛山，遇幼陽君，受青要紫書三五順行。登霍山，遇司命君，受經命青圖、上皇民籍。乃登鳥鼠山，遇墨翟子，受紫度炎光内視圖中經。登曜名山，遇太帝候夜神童，受金根之經。登委羽山，遇司馬季主，受石精金光藏景化形。登大庭山，遇劉子先，受七變神法。登都廣建木，遇谷希子，受黄炁之法、太空之術、陽精三道之要。登桐柏山，遇王喬，受素奏丹符。登太華山，遇南嶽赤松子，受上元真君書。登太冥山，遇九老仙都君，受黄水月華四真法。登合黎山，遇皇人，受八素真經、太上隱書。登景山，遇黄臺萬畢先生，受九真中經。登玄壟羽山，遇玉童十人、九炁丈人，得白羽紫蓋、服黄水月華法。到桑林，登扶廣山，遇青真小童君，受金書秘字。退而南行朱火，登丹陵山，遇龔仲陽，受仙忌真記。西遊登空山，見無英君而退洞房中，無英君處其左，白元君處其右，黄老君處其中。中央黄老君是太極四真王之師老矣，上攝九天，中游崑崙，黄闕來其外，紫户在其内，下與二君入洞房，圓三寸，威儀具焉。白元君、無英君、黄老君授之大洞真經三十九篇。

周傳論神仙品類，有可以參考者，特附録於此：「乘雲駕龍，白日升天，與太極真人爲友，拜爲仙宫之主，其位可司真公、定元公、太生公，及中黄大夫、九氣丈人、仙都公，此皆上仙也；或爲仙卿大夫，上仙之次也。遊行五嶽，或造太清，役使鬼神，中仙也；或受封一山，總領鬼神，或遊翔小有，群集清虚之宫，中仙之次也。若食穀不死，日中無影，下仙也；或白日尸解，過死太陰，然後乃仙，下仙之次也。」

清靈真人裴君 漢右扶風人，漢時得道。

【按】潘引真靈位業經無此名號。此即真誥中多次出現之清靈真人，或稱裴清靈，卷一稱鬱絶真人裴玄人。上清衆經諸真聖秘卷七引洞真疏略云：清靈真人裴君，字玄仁。據元始上真衆仙記，裴清靈治四明山。

雲笈七籤卷一百五有弟子鄧雲子所撰之清靈真人裴君傳，其略云：清靈真人裴君，字玄仁，右扶風夏陽人也。漢孝文帝二年生，家奉佛道。嘗與馮翊趙康子、上党皓季成共載詣佛圖，因結識道人支子元，謂其有神仙之分，遂傳授道術。爲道精勤，感南嶽真人赤松子下降；又有五老人來詣，即東方歲星之大神、北方辰星之大神、西方太白星之大神、南方熒惑星之大神、中央鎮星之大神，各賜五色芝並經籙；依次在青丘遇谷希子青帝君，到太山遇司命君，至流沙濱白水岸遇太素真人，皆有傳授。最後由太素真人引至太素宫，見上清三元君，三元君以玉璽金真見賜；更北遊詣太極宫，見太極四真人，四真人見授神虎符、流金火鈴；乃詣太微宫，受書爲清靈真人，治青〔一〕靈宫。可注意者，本經第三右位又重出鬱絶真人裴玄仁，陶弘景或不至有此誤，説見該條按語。

傳記説：西玄者，葛衍山之别名。葛衍有三山相連，西爲西玄，東爲鬱絶根山，中央名葛衍山。三山有三府，名曰三宫，西玄山爲清靈宫，葛衍山爲紫陽宫，鬱絶根山爲極真宫。

靈飛太真太上大夫〔二〕

【按】潘引真靈位業經無此名號。靈飛六甲爲上清派存思之道，真誥卷十四提到宋德玄服靈飛六甲得道。太上三天正法經云：「三天九微玄都太真靈籙，出於九天真王，以傳太上及三天玉皇。元始天王以授西王母，靈飛太真太上丈人以授衆仙得道真人。」太平御覽卷六百七十八

〔一〕青　從上下文看，似應作「清」。

〔二〕大夫　説郛本作「夫人」。

引抱朴子〔一〕：「玄洲仙伯關天萬仙真書，東海小童授以得道人佩之。一名仙人道籙，一名鳳真籙太玄登仙盟文。又崑崙墉臺靈飛太真大〔二〕上丈人以授得道者佩之，周行五嶽，山神授職。一名五嶽兵符，佩之金石爲開。」兩書提到之靈飛太真太（大）上丈人，未知與本經之靈飛太真太上大夫有關否，頗疑本經之「大夫」爲「丈人」之訛寫。

侍帝晨東華上佐司命楊君

【按】潘引真靈位業經無此名號。此即上清派創始人、真誥主要角色之一楊羲，該書多稱楊君。真誥卷二十有陶弘景所擬傳記：楊君名羲，成帝咸和五年庚寅歲九月生。本似是吴人，來居句容。真降時，猶有母及弟。君爲人潔白，美姿容，善言笑，工書畫。少好學，讀書該涉經史。性淵懿沈厚，幼有通靈之鑒。與先生〔三〕、長史年並懸殊，而早結神明之交。長史薦之相王，用爲公府舍人自隨。簡文〔四〕登極後，不復見有跡出（顧云是簡文師，或云博士。楊乃小簡文十歲，皆恐非實也）。按真誥云：應以太元十一年丙戌去。又云：若不奈風火，可修劒解之道，作告終之術。如此恐以早逝，不必丙戌也。得真職任，略如九華所言，當輔佐東華，爲司命之任，董司吴越神靈人

〔一〕此文不見於抱朴子内篇，似太平御覽誤注。
〔二〕大　疑當是「太」。
〔三〕先生特指許邁，許謐之兄，神位亦載本經。
〔四〕前「相王」及本處「簡文」，皆指晉簡文帝司馬昱。

鬼，一皆關攝之。楊先以永和五年己酉歲受中黄制虎豹符，六年庚戌，又就魏夫人長子劉璞，受靈寶五符，時年二十一。興寧三年乙丑歲，衆真降授，年三十六。真降之所，無正定處，或在京都，或在家舍，或在山館。山館猶是雷平山許長史廨，楊恒數來就掾，非自山居也。陶弘景説楊羲神職「輔佐東華，爲司命之任，董司吴越神靈人鬼」，實本於真誥卷二九華安妃之預言：「必三事大夫，侍晨帝躬。高佐四輔，承制聖君。理生斷死，賞罰鬼神。攝命千靈，封山召雲。主察陰陽之和氣，而加爲吴越鬼神之君也。」

協晨大夫石叔門

【按】潘引真靈位業經無此名號。「協晨」是宮名，見於真誥卷三：「齊此天人眄，協彼晨景飛。」又卷四：「緑蓋入協晨，青軿擲空同。」據道門經法相承次序卷中引洞真及登真隱訣，協晨宮等爲玉晨道君所居；上清道類事相卷一引上清經亦云：「協晨靈觀，玉晨道君居之。」則此協晨宮當在玉清境。上清九天上帝祝百神内名經云：「大道君閒居於協晨玉虚之房，金華之室。」太平御覽卷六百七十四引上清經亦云：「協晨虚觀，峩層之室，太上大道君閒居處也。」按如此説，協晨宮方在上清境。雲笈七籤卷一百一十四引墉城集仙録之西王母傳，提到茅盈得道，「太上大道君遣協晨大夫石叔門，賜盈金虎真符，流金之鈴」。按，此情節不見於雲笈七籤卷一百四太元真人東嶽上卿司命真君傳，亦不見於神仙傳茅君條，及太平廣記卷十三引神仙傳，疑是杜光庭作墉城集仙録時增衍。

正一羽晨侯〔一〕公楊子明

【按】潘引真靈位業經無此名號。太平御覽卷六百七十八引南嶽魏夫人内傳提到：「中央黄老君遣正一羽晨侯公陽子明，授夫人龍衣虎帶，丹青飛裙，十絶華幡，使川登行上清，攝真命仙。」

玄洲主仙道君太上公子姓勤，主關奏仙名。

【按】潘引真靈位業經無此名號。太玄金籙金鎖流珠引題李淳風序並注，「後聖君再授玄洲二十九真人」句，「玄洲」注：一云玄州字是也。「二十九真人」注：「主關奏仙名，應合受師，奏授籙法。令試不遇與過者校量，先奏後聖玉皇帝，可保仙官職名。二十九真，各主九地萬國，千山萬水，下界人名主之。秦楚南海，小童君主之。燕齊北真，大童君主之。宋衛鄭梁，西靈童主之。都管東海者，大童君主之。」意思與本條相近，説法則不同。太上公子則見於年代更晚之杜光庭墉城集仙録卷二南極王夫人條，提到「西城王君攜(王)子登北觀玄洲，拜謁太上丈人及二十九真主仙道君，道君即太上公子勒伯黎也」。其末句解釋二十九真主仙道君，似乎即是調和本經與太玄金籙金鎖流珠引説法差異。勒伯黎與本經「姓勤」，當是文字之訛。

經命仙伯太保真人

【按】潘引真靈位業經無此名號。三洞珠囊卷八引上清消魔經云：「太保真人足排七度，手乘

〔一〕侯　秘册彙函本、説郛本作「候」。

天機，顛蓋玄辰，合逮二儀。」上清九天上帝祝百神内名經云：「太保真人簡生，玉清神女房素，執朱陵飛氣之香華，捧要妙幽玄之神章而立。」則太保真人似名簡生，然「經命仙伯」來歷仍不詳，另參經命仙伯牙叔平條按語。

八玄仙伯右仙公谷君

【按】潘引真靈位業經無此名號。據真誥卷五，「(裴)君曰：今子既至心學道，當以道授子耳。然學者皆有師，我之所師南嶽松子。松子爲太虛真人左仙公，谷希子爲右仙公。」本經無谷希子，疑即是此谷君。茅山志卷二十有陶弘景撰上清真人許長史舊館壇碑，稱許翽卒後十六年，當度往東華，爲上相青童君之侍帝晨，受書爲上清仙公，「與谷希子並職」。則谷希子爲上清右仙公無疑。然太平御覽卷六百七十八引南嶽魏夫人内傳提到：「扶桑太帝君遣八玄仙伯柯原首、五方天帝君簡肅正等，授夫人玉札金文，位爲紫虛元君領上真司命，使主諸學道死生圖籍，攝御之官，關校罪考。」似八玄仙伯又名柯原首，異説備參。

另據雲笈七籤卷一百十引洞仙傳，谷希子者，學道得仙，爲太上真官。東方朔師之，受閬風、鍾山、蓬萊及神州真形圖。

正一左玄執蓋郎郄偉玄

【按】潘引真靈位業經無此名號。太平御覽卷六百六十一引三洞珠囊曰：「王褒，字子登，前漢王陵七世孫。服青精䬪飯，趨步峻峰如飛鳥，無津梁直度積水。又服雲碧晨飛丹腴，視見甚遠。太上大道君遣正一左玄執蓋郎封瑋音，賜王君素明瓊玗，丹紱綿旌，號清虚真人。」郄偉玄與封瑋音字形相近，或傳寫訛誤。

繡衣使者孟六奇

【按】潘引真靈位業經無此名號。繡衣使者當即漢武帝時所置繡衣直指，漢書百官公卿表顔師古注引服虔曰：「指事而行，無阿私也。」此則借用作傳遞道君命令之使者，如上清河圖寶籙謂九天真人宫府，飛龍騎吏、繡衣使者、玉童玉女，各九億萬人。太平御覽卷六百七十八引南嶽魏夫人内傳提到：「飛輪太無太上玉晨大道君遣繡衣使者孟六奇授九色之節，雙珠月明，神虎之符，錦旗虎旌，使位主群神，以威六天。」本經尚有繡衣使者西林藻，見後。

太素宫官保禁仙郎裘文堅

【按】潘引真靈位業經無此名號。太平御覽卷六百七十八引南嶽魏夫人内傳提到：「太素三元君遣保禁仙都衷文堅、右嬪元姬趙約羅，授夫人西華玉女三百，八景飛輿，玄景九龍，使侍衛執巾，上詣三清。」引文中「仙都」當是「仙郎」之訛；衷文堅則應以本經裘文堅爲正。另據七域修真證品圖，太素宫爲九宫之一，不在上清境。

左楊王華仲戒

【按】潘引真靈位業經無此名號。道藏本、秘册彙函本及説郛本皆將「左楊王」與「華仲戒」刻在同行，而中間空開；循三種版本體例，此種情況應表示兩位真人。但兩尊號全無線索可循，據後條女真位有右陽王華仲飛姬，試加以合併，其本源仍不可知，且存疑。另疑「楊」爲「陽」之訛，「王」爲「玉」之訛。並請參看右陽王華仲飛姬條。書末索引仍爲「左楊王」與「華仲戒」單獨列出條目。

繡衣使者西林藻

【按】潘引真靈位業經無此名號。雲笈七籤卷一百六清虛真人王君内傳云：「太素三元上道君乃使繡衣命者西林藻授君金真玉光流金火鈴、豁落七元、八景飛晨。」所謂「命者」，即是使者。

右嬪之姬趙約羅

【按】潘引真靈位業經無此名號。太平御覽卷六百七十八引南嶽魏夫人内傳提到：「太素三元君遣保禁仙都吏文堅、右嬪元姬趙約羅，授夫人西華玉女三百，八景飛輿，玄景九龍，使侍衛執巾，上詣三清。」此趙約羅似爲女真，未詳何以在男真行列中。「元姬」、「之姬」亦未詳孰是。

三天左宫直御史管長條

【按】潘引真靈位業經無此名號。混元聖紀卷七謂茅盈得道，「太微天帝君亦遣三天左宫直御管條賜盈以八龍錦輿，紫羽華衣」。此云三天左宫直御管條與本經之三天左官直御史管長條，孰正孰訛，不得而知。混元聖紀雖是宋代道書，所本或六朝道經，故有此官僚名稱，文字又不與今本洞玄靈寶真靈位業圖全同也。

按，以上數條，皆是上清境各級官僚，非屬道君品秩，故潘引真靈位業經未予提及。其人物原型大多出自上清派製作之高真傳記，故其他教派少有涉及。至於是陶弘景之原貌，或閭丘方遠增衍，頗難論定。

逸域宫

八景城

七靈臺

鳳臺瓊闕

金晨華闕

【按】此五處皆是宫闕之名，不詳何以殿第二左位之末。可參本經第六左位之末童初府、蕭閑堂、易遷宫、含真臺諸條按語。

混元聖紀卷七謂茅盈得道，「老君以天皇大帝命，遣逸域宫繡衣使者泠廣子期授盈以神璽玉章」。太平御覽卷六百七十四引登真隱訣：「八景城在上清，玉晨道君所居。」同書又云：「七靈臺在上清境，玉晨道君所居。」另據道門經法相承次序卷中引洞真及登真隱訣，七靈臺爲玉晨道君所居，在玉清妙境，説法有所不同。後書又云，鳳臺瓊閣、晨華闕皆爲玉晨道君所居，在玉清妙境。無上秘要卷二十二則作鳳臺瓊闕、晨華闕，寫法與本經同。

右位

右聖金闕帝晨後聖玄元道君壬辰運當下生。

【按】潘引真靈位業經作金闕帝晨後聖玄元上道君。上清衆經諸真聖秘卷三引上清上皇玉籙作上清太平金闕帝晨後聖玄元上道君；卷四引高上元始玉皇譜録作玄清太平金闕帝晨後聖玄元上道君；卷八上皇玉籙解二十四内諱謂上清太平金闕帝晨後聖玄元上道君諱强槿。

壬辰年有道君降世，乃是早期道教共識。三洞珠囊卷九引靈寶天地運度經云：「聖君受任於壬辰之年。」真誥卷六紫元夫人曰：「天下有五難。貧窮惠施難也；豪富學道難也；制命不死難也；得見洞經難也；生值壬辰後聖世難也。」太平經複文序以皇天金闕後聖太平帝君「太極宫之高帝也，地皇之裔。生而靈異，早悟大道，勳業著於丹臺，位號編於太極。上清錫命，總統群真，封掌兆民。山川河海，八極九垓，莫不盡關於帝君而受事焉」。太上洞淵神咒經卷四云：「中國壬辰年，有真君出世。」卷九亦云：「自今壬辰之年，必有真君。」此即注釋所説「壬辰運當下生」，亦參第三中位太極金闕帝君條按語。

右輔侍帝晨領五嶽司命右弼桐柏真人金庭宫王君諱晉，靈王太子，下教。

【按】潘引真靈位業經無此名號。此即真誥中多次出現之桐柏真人，小字注釋説「下教」即是此意。真誥卷一南嶽夫人向楊羲説諸真次第位號，桐柏真人右弼王領五嶽司侍帝晨王子喬，居蓬萊右仙公賈寶安、清虚小有天王王子登之後，在青蓋真人侍帝晨郭世幹之前，與本經頗不相同。卷三云：「王子晉父周靈王有子三十八人，子晉太子也，是爲王子喬。」另據元始上真衆仙記，王子喬爲金闕侍中，治桐柏山。

王子喬故事本於列仙傳，其略云：「王子喬者，周靈王太子晉也。好吹笙，作鳳凰鳴。游伊洛之間，道士浮丘公接以上嵩高山三十餘年。後求之於山上，見桓良曰：告我家，七月七日待我於緱氏山巔。至時，果乘白鶴駐山頭，望之不得到，舉手謝時人，數日而去。亦立祠於緱氏山下，及嵩高首焉。」桐柏山本在河南，南北朝時期，南方道教則以天台爲桐柏，稱金庭洞天，故真誥卷十一説：「越桐柏之金庭，吴句曲之金陵，養真之福境，成神之靈墟也。」陶弘景注釋説：「此即桐柏帝晨所説，言吴越之境，唯此兩金最爲福地者也。」

早期道經中，桐柏真人似乎更與許謐之兄許邁（遠遊）關係密切，多次提到傳授關係。如洞真太上神虎玉經説：「興寧三年乙丑歲七月一日，桐柏真人授許遠遊。」上清太上元始耀光金虎鳳文章寶經云：「興寧三年乙丑歲七月七日，桐柏真人承欒子長、安期先生，受出三皇藴中金虎鳳文章符，令晚學道士許遠遊承受，以制萬魔。」許遠遊並非許謐所創上清派信徒，且於興寧三年已經絶跡（即去世），若非造經者誤會許遠遊爲許謐，則這類提到許遠遊之經典，實暗示其師承與宗教主張。承孫齊先生意見，真誥翼真檢稱許榮弟「以王靈期之經教授唱言，並寫真本，又皆注經後云：某年某月真人授許遠遊」，陶注「於時世人多知先生服食入山，而不究長史父子事蹟故也」，意即有此類語句者皆許榮弟修改王靈期所造經典，題「許遠遊」以重身價。賀碧來（Isabelle Robinet）據此從道藏中識别出五種經典，除洞真太上神虎玉經、上清太上元始耀光金虎鳳文章寶經外，尚有金篇虎符真文經、金真玉光八景飛經、洞真太微黄書天帝君石景金陽素經等。參見道藏通考及復旦大學李静博士論文古上清經史若干問題的考辨。

道藏有唐代上清派宗師司馬承禎撰上清侍帝晨桐柏真人真圖贊並序，其事跡以真誥爲主，共十一幅圖，前數幅内容主要依據列仙傳，第七以後，即採用上清派説法：

第七：上清天高聖太上玉晨玄皇大道君，爲萬道之主。諸真之所尊奉，世學之所宗禀。得道登仙者，必詣金闕，而朝拜受事焉。於是分司列位，隨德業之高卑；章服法儀，因品秩以班錫。故冠帔殊製，旛節異色。輿蓋各形，龍鶴分馭。咸有等差，以資升降。王君是焉，敬承聖旨。圖畫天上上清宫闕，作道君形像，仙真侍衛；作二童側立共捧案，案上有玉策；並作一真人側立宣付王君。

第八：王君於金闕拜受策命，號曰侍帝晨領五嶽司右弼王桐柏真人。既承聖旨，將赴洞宫。羽節導前，霓旌從後。龍輿降翥，鶴轡回翔。神仙侍衛，笙璈奏樂。下太清而乘雲，指洞霄而穩駕。諒道氣之靈景，真儀之盛觀也。圖畫王君乘雲車羽蓋，仙靈侍從，旌節導引，龍鶴飛翔，從天而降，欲赴桐柏山洞宫事。

第九：天台山一名桐柏棲山，山有洞府，號曰金庭宫。精暉伏晨，光照洞域。瓊臺玉室，瑩朗軒庭。泉則石髓金精，樹則蘇牙琳碧。信謂養真之福境，成神之靈墟也。王君處焉，以理幽顯，侍弼帝晨。有時朝奉，領司諸嶽群神，於兹受事矣。圖畫桐柏山，作金庭洞宫，王君坐在宫中，衆仙侍衛，並五嶽君各領佐命等百神來拜謁。

第十：紫陽真人周季山，昔入桐柏山，見真人王君，授以素奏丹符。又明晨侍郎夏馥，入桐柏山遇真人王君，授黄水雲漿之法。圖畫真人周季山作道士服，於桐柏山見真人王君。王君以左手執素奏丹符欲付周君，周君長跪而受之。作夏馥著古人衣，遇見王君。王君把一卷書欲付馥，馥長跪舉兩手受之。其周、夏二人皆作山人裝束，各作一笈解在其人邊石上著，跪於王君。王君作真人衣服，並有三五個仙人侍在左右。

第十一：晉興寧三年，有學道者楊君，處於茅山，精思所感，多有諸真降授。以其年六月二十六日，桐柏真人王君，共諸真降於楊之所居，而未與之言。楊君記曰：有一人年甚少，整頓非常，建芙蓉冠，著朱衣，以白珠綴衣縫，帶劍，多論金庭山事。於後又降告曰：夫八朗四極，靈岸遼遐。奇言吐穎，瓊音燦振。晨飛淩霄，清玄氣赴。授職玉虚，心遺艱鋒。沈滯於眇羅之外，凝和於寂波之表。若此者，必能旋騰寥漠，周歷真庭矣。三元可得而見，降名可得而立耳。如其心併僁〔一〕浪，目擊色袂，動與網罟共啟，静與争競之分者，此乃適仙路邈，求生日闊也。子其慎之。又降曰：有道者皆當深研靈奥，棲心事外，但思味勤篤，糟粕餘物，亦是享耳。又降有歌述等詞，此不備載。圖畫茅山楊君學道壇宇處，王真人降，見著芙蓉冠，絳衣，白珠綴衣縫，帶劍。楊君把紙筆附前而書。其衣作真仙之制，其劍皺依經中樣式。

右輔小有洞天太素清虚真人四司三元右保公王君諱褒，魏夫人師，下教矣。

【按】潘引真靈位業經無此名號。此即真誥中多次出現之清虚真人，卷一南嶽夫人向楊羲説諸

〔一〕僁　真誥卷二作「愆」。

真次第位號，稱清虛小有天王王子登，陶弘景注釋説：「青童高尊，乃可不敢稱諱字。此清虛是南嶽之師，尚稱字，獨不顯茅司命字，亦爲難詳也。」上清衆經諸真聖秘卷七引源統經目，清虛真人小有天王，姓王諱褒；同卷引洞真疏略，清虛真人姓王諱褒，字子登；卷五引元始上真衆仙記，王子登爲小有天王，治王屋洞天。

雲笈七籤卷一百六有清虛真人王君内傳，題爲弟子南嶽夫人魏華存撰，其略云：清虛真人王君，諱褒字子登，范陽襄平人也，漢元帝建昭三年九月二十七日誕。好道，感太極真人西梁子文下降，預言説：「子玄録上清，金書東華，名編清虛，位登小有，必當掌括寶籍，爲天王之任爾。」遂隱陽洛山中，感南極夫人、西城真人並降。南極夫人乃指西城曰：君當爲王子登之師，子登亦佳弟子也。道成，授書爲太素清虛真人，領小有天王三元四司右保上公，治王屋山洞天之中。給玉童玉女各三百人，主領上清玉章、太素寶玄、太極上品、九天靈文、六合秘笈、山海妙經，悉主之焉。又總括洞内明景三寶，得乘虎旂龍輦、金蓋瓊輪、八景飛輿，出入上清，受事太素，寢宴太極也。

侍帝晨右仙公許君長史子，諱翽。

【按】潘引真靈位業經無此名號。許翽是上清派創始人，真誥主要角色之一，該書多稱許掾，亦稱許玉斧。真誥卷二十有陶弘景所擬傳記：許謐小男名翽字道翔，小名玉斧，正生。幼有珪璋標挺，長史器異之。郡舉上計掾主簿，並不赴。清秀瑩潔，糠粃塵務，居雷平山下，修業勤精。恒願早幽人在世時，心常樂居焉。又楊君與長史書亦云，不審方隅山中幽人，爲已設坐於易遷户中未。亡後十六年，當度往東華，受書爲上清仙公上相帝晨。譜云年三十，而不記去歲。按二録，泰和二年丁卯，時年二十七，則是咸寧七年辛卯生也（原注：顧云咸和六年生。又云：司徒辟掾。皆爲非實）。自泰和三年已後，無復蹤跡。依譜年三十，即是庚午年去世（原注：又真誥云：從張鎮南之夜解。而未審張解之法。耆老傳云，掾乃在北洞北石壇上燒香禮拜，因伏而不起，明旦視形如生。此壇今猶存歷然，則是故求隱化，早絶世塵也）。

遊洞室，不欲久停人世，遂詣北洞告終。即居方隅山洞方原館中，常去來四平方臺。故真誥云：

雲笈七籤卷五李渤真系雷平山真人許君（翽）條，其略云：「真人許翽，字道翔，小名玉斧。父穆，晉護軍長史，真位上清左卿。母陶氏，名科斗，入易遷宫。真人幼獨標挺，含真淵嶷，長史器異之。郡舉上計掾主簿，並不赴。清秀瑩潔，糠粃俗務，如泉去蒙，盈其科而自進。居雷平山下，師楊君，傳三天正法曲素鳳文。後定録真人授其上道，告之曰：學道當如穿井。井愈深，土愈難出。若不堅心正行，豈得見泉源耶。真人常願早遊洞室，不欲久停人間，遂詣北洞告終。」其後云云，略同於陶弘景傳記，不煩録。

茅山志卷二十陶弘景撰上清真人許長史舊館壇碑有云：「長史第三子諱玉斧，世名翽，字道翔，正生。母陶威女，先亡，已得在洞府易遷宫中。君清穎瑩潔，特絶世倫。郡舉上計掾不赴。糠粃塵務，研精上業，即弘景玄中真師也。恒居此宅，繕修經法。楊君數相從就，亟通真感，太和五年，於兹告逝，時年卅。」此陶弘景自承許翽爲其冥中傳授之師。

玄洲仙都太上丈人治玄洲紫桂宫，玄洲之主矣。

【按】玄洲爲十洲之一，十洲記云：「玄洲在北海之中，戌亥之地，方七千二百里，去南岸三十六萬里。上有太玄都，仙伯真公所治。多丘山，又有風山，聲響如雷電。對天西北門，上多太玄仙官。仙官宫室各異，饒金芝玉草。乃是三天君下治之處，甚肅肅也。」雲笈七籤卷一百六清虚真人王君内傳，叙西城真人引王褒遊玄洲，見「洲上宫闕，朱閣樓觀，瓊室瑶房，不可稱記。西城真人曰：此仙都之府，太上丈人處之。乃將君入紫桂宫，見丈人著流霞羽袍，冠芙蓉之冠，腰帶神光，手把火鈴，侍女數百，龍虎衛階」云云。又，「太上丈人會二十九真人，皆玄洲之太真公也。其第一真人自稱主仙道君」云云。無上秘要卷二十二亦言，紫桂宫在玄洲，爲太上丈人所居。此應是小字注釋之所本。

潘引真靈位業經無此名號，别有洞青玄洲二十九真伯上帝司禁道君，爲本經所無，未詳相同否。上清衆經諸真聖秘亦無太上丈人，而有此道君。卷一引大洞真經三十九章太上道君玉籙百神名，第三十七玄洲二十九真伯上帝司禁君，内名開神華大紀元，地上音三毒除、福乘迴。卷二引上清元始變化寶真上經九靈太妙龜山元録下謂：「玄洲二十九真伯上帝司禁君，元仙演之氣。」又據道門經法相承次序卷中引洞真及登真隱訣，亦稱玄洲二十七真相〔一〕伯上帝司禁君居司空宫、仙都府。

〔一〕相　無上秘要卷二十二無，他書或稱「二十七真伯」，或稱「二十九真伯」，皆無「相」字，疑衍。

太保玉〔一〕郎李君名飛。

【按】潘引真靈位業經無此名號。據真誥卷三，昭靈夫人爲「北元中玄道君李慶賓之女，太保玉郎李靈飛之小妹。受書爲東宫靈照夫人，治方丈臺第十三朱館中」。雲笈七籤卷九十七亦説：「方丈臺東宫昭靈李夫人者，即北元中玄道君李慶賓之女，太保玉郎李靈飛之妹也。」則小字注釋説「名飛」，或有誤，當作「名靈飛」。

後世進一步傳説此李靈飛是老子之父。如宋人編猶龍傳卷三「明宗緒」條説：「（李）明生慶賓，慶賓生靈飛，一名虔會。慶賓、靈飛皆白日昇天。」又説：「靈飛之妻玄妙玉女，感日精之夢而生老君。」太上玄靈北斗本命延生真經注又説：「老君乃天地之本始，造化之祖宗也。歷代應現，未有誕生之途。將欲和光同塵而立世教，乃先命玄妙玉女，即無上元君，爲天水尹氏之女，名益壽，適仙人李靈飛。靈飛本自臯陶之後，感其父李慶賓白日飛昇之事，精修大道，亦百餘歲，當老君未誕而昇天。殷朝十八世王陽甲踐祥之十七年庚申歲，寄胎在孕，鍊真八十一年，至二十二王武丁之九年庚辰歲二月十五日卯時，降生於亳，今太清宫舊宅存焉。」此則續説李靈飛之妻玄妙玉女姓尹氏。

侍帝晨觀大夫九宫太傅玉晨郎

【按】潘引真靈位業經無此名號。太平御覽卷六百七十八引南嶽魏夫人内傳提到：「太微天帝

〔一〕玉　秘册彙函本、説郛本作「王」。

遣九宫太真侍玉元晨郎李明期，授夫人神鳳之章，使封山。」或即是此。

北牖弟子中侯仙人姓范諱邈字度世，曾名永。漢桓帝侍郎，撰魏夫人傳。

【按】潘引真靈位業經無此名號。此即真誥所稱之范中侯，真誥卷七有注：「范中侯名邈，即是撰南真傳者。」南真傳即南嶽魏夫人傳，舊唐書經籍志史部雜傳類有范邈撰紫虚元君南嶽夫人内傳一卷，即此。太平御覽卷六百六十一引真誥〔一〕，謂南嶽魏夫人「以興寧中降楊君，又授許掾上經，自此後數數來降也」。王清虚令弟子范邈作内傳顯於世也」。同書卷六百六十九引葛洪神仙傳〔二〕云：「中侯上仙范邈，字度世，舊名冰，服虹景丹得道，撰魏夫人傳。」

女真位〔三〕

【按】女真單獨一列，亦見於真誥，卷一南嶽夫人向楊羲説諸真次第位號，先説二十三男真「西起南向東行」，次説十五女真「東向坐，北起南行」。此或本經設立「女真位」之張本。

〔一〕此文不見於真誥，似太平御覽誤注。

〔二〕此文不見於神仙傳，似太平御覽誤注。

〔三〕真位　説郛本無此二字。

紫微元靈白玉龜臺九靈太〔一〕真元君

【按】潘引真靈位業經作玄清紫元虛皇龜臺九靈太真元君，此即西王母，在真誥多次提到。又稱金母（與稱東王公爲木公一樣，皆源於五行），卷五云「揖金母拜木公」是也；又稱龜山賓，見卷十二。上清衆經諸真聖秘卷三引上清上皇玉籙，稱上清紫微元靈白玉龜臺九靈太真元君；同書卷四引高上元始玉皇譜録作玄清紫元虛皇龜臺九靈太真道君；卷八引上皇玉籙解二十四内諱，上清紫微元靈白玉龜臺九靈太真元君諱譽。所謂「九靈」，真誥卷一陶弘景注釋：「案有數號者，並以多爲高，西王母稱九靈。」本經後有八靈道母西嶽蔣夫人、北漢七靈石夫人。

西王母本是早期信仰中重要神祇，事跡可參穆天子傳、漢武帝内傳，後來被匹配東王公，地位有所下降。上清道類事相有關道教西王母資料甚多，以上清派觀點爲主，簡録如下。

卷一引大洞玉經注云：崑崙山上有九靈之館，上接璇璣之輪，下在太室之中，西王母之所治也。引上清變化經云：南極長生司命君，遊金洞素靈之館，遇九靈金母、太素三元君，受龜山元籙。引洞真經云：金洞素靈館，九靈金母、太素三元君所居。引大洞玉經三十九章云：崑崙山上有靈芝觀，上接璇璣之輪，下在太空之中，西王母之所治也。

卷二引茅君内傳云：白玉龜山有朱紫之房，西王母處之。登真隱訣引蘇君傳云：丹微房在上

〔一〕太　說郛本作「元」。

清，西王母所居。引漢武内傳云：紫翠丹房，紫霄絳房，西王母居之。引大洞真經云：栢成欻生與龜臺西母，登龍臺，入隱室，飛爵讌，酣金液，留連於晨光之房。掇隱芝以薦饌，拾月鳳以俎脯。震檀馥於靈郊，廣樂響乎八海。天津有停徊之波，八風扇神軒之羽。遂芝白欻生而促席矣。

卷三引真誥經云：白玉龜臺，九靈太真元君封於此也。引元始寶真經云：西王母静齋龜山，登華瓊臺，朝禮玄文也。引登真隱訣第四云：玄真白龜臺，明堂玄真經在其中。崑崙瑶臺，西王母之宫，所謂西瑶上臺，天真秘文盡在其中。

卷四引十洲記云：崑崙有瓊華室，西王母所處。引大洞玉經云：流剛山上有暉景之室，西王母之所治。

杜光庭撰墉城集仙録，開篇即是西王母傳，論西王母與東王公云：「西王母者，九靈太妙龜山金母也。一號太靈九光龜臺金母，亦號曰金母元君。乃西華之至妙，洞陰之極尊。在昔道氣凝寂，湛體無爲，將欲啟迪玄功，生化萬物，先以東華至真之氣，化而生木公焉。木公生於碧海之上，蒼靈之墟，以主陽和之氣，理於東方，亦號曰王公焉。又以西華至妙之氣，化而生金母焉。金母生於神洲伊川，厥姓緱氏。生而飛翔，以主陰靈之氣，理於西方，亦號王母。」

紫虚元君領上真司命南嶽魏夫人諱華存，字賢安，小有王君弟子，楊君師。

【按】潘引真靈位業經無此名號。此即真誥之重要主角之一，來自神仙世界之南嶽夫人。真誥卷一稱上真司命南嶽魏夫人，卷十九用全稱即紫虚元君上真司命南嶽魏夫人，餘處多稱南嶽夫人、南真、魏夫人，又因爲魏夫人是楊羲等冥中傳授之師，故又稱玄師。此即真誥卷十九陶弘景説：「伏尋上清真經出世之源，始於晉哀帝興寧二年太歲甲子，紫虛元君上真司命南嶽魏夫人下降，授弟子瑯琊王司徒公府舍人楊某，使作隸字寫出，以傳護軍長史句容許某並弟三息上計掾某某。二許又更起寫，修行得道。」上清衆經諸真聖秘卷七引洞真疏略稱，南嶽夫人姓魏諱華存，字賢安。

太平御覽卷六百七十八有南嶽夫人内傳，其中真靈多見於本經，兹全文引録云：

「夫人姓魏，諱華存，字賢安，任城人。晉司徒文康公魏舒女也。少讀老莊、春秋三傳、五經百子事。常别居一園，獨立閑處，服餌胡麻。父母逼之，强適太保公掾南陽劉幼彦。疇昔之志，存而不虧。後幼彦爲修武令，隨之縣舍，閉齋别寢，入室百日，所期仙靈。

「季冬月夜半，四真人來降於室，太極真人安度明、東華青童君、碧海景林真、清虛真人王子登。於是夫人拜乞長生度世，青童君曰：此清虛真人者，爾之師也，當受業焉。景林真曰：爾應爲紫虛元君上真司命，封南嶽夫人也。夫人謝曰：此是婢子有幸，賜以性命。自陳畢，東華小童指而笑曰：丹心苦哉。於是清虛真人王君乃命侍女華散條、李明甕等川，披雲蘊，開玉笈，出太上寶文、八素隱書、大洞真經、靈書八道、紫度炎光、石精金馬、神真虎文、高仙羽玄三十一卷，即手授夫人也。王君昔學道在陽洛山，遇南極夫人、西城王君，授此三十一卷經，行之成真人，今所授者是南極、西城之本經也。陽洛山有洞臺，是清虛之别宫也。王君當授魏夫人經之時，起立北向，而誓曰：太上三玄九皇高真太帝，太帝使教子魏華存。於是景林真又授夫人黄庭内景經，一名太上琴心，一名大帝金書，一名東華玉篇。今晝夜誦之。王君又告曰：子若不在山中隱身齋戒，則大洞真經不可妄讀也。至於虎經、龍書、八素隱文之屬，奇秘玄奧，若不齋戒，絶世不可施行。子今且可誦黄庭内經，步躡七元，存五星之神而已。人間行之，亦足感通變化。欲成際會，我有以相迎矣。方諸青童怡然小留，四真吟唱。乃命北寒玉女宋聯涓，彈九氣之璈；東華玉女煙景珠，擊西盈之鐘；雲林玉女賈屈庭，吹鳳㕧之簫；飛玄玉女鮮于靈金，拊九合玉節。王君乃語曰〔一〕訣諸要訖，乃别去。

「夫人守静日進，在世八十三年，以晉成帝咸和九年，王君與東華青童來降，時歲在甲午。二真人與夫人藥，題曰：隱遷白醫川神散，石精金光化形靈丸。使稱疾忽行。尅期有定，俱會陽洛宫。言畢，二真人去。夫人即服藥，因稱腳疾，閉目寢息，飲而不食，到七日，其夜半之後，太乙玄仙遣飆車來迎，駕氣騁御，徑入帷寢。其時子弟侍疾，衆親滿側，莫之覺也。夫人遂用藏景之法，托形劍化，徐登飆輪，徑之陽洛，居隱元之臺，志棲上元，誠感九天，丹心真契，澄神太素。夫人遂北詣上清宫，太微天帝遣九宫太真侍玉元晨郎李明朗，授夫人神鳳之章，使封山召雲；中央黄老君遣正一羽晨侯公陽子明，授夫人龍衣虎帶、丹青飛裙、十絶華幡，使川登行上清，攝真命仙；三素高元君遣左華九成夫人范定英，授夫人流金火鈴、九蓋之軿，使彈制萬魔，飛輪太無；太上玉晨大道君遣繡衣使者孟六奇，授九色之節、雙珠月明、神虎之符、錦旂虎旌，使位主群神，以威六天；太素三元君

〔一〕曰　太平廣記卷五十八作「口」，是。

遣保禁仙都吏文堅，右嬪元姬趙約羅，授夫人西華玉女三百，八景飛輿，玄景九龍，使侍衛執巾，上詣三清；扶桑太帝君遣八玄仙伯柯原首，五方天帝君簡肅正等，授夫人玉札金文，位爲紫虚元君，領上真司命，使主諸學道死生圖籍攝御之官，關校罪考；金闕後聖君命仙伯牙叔平，授夫人青瓊之板，丹緑爲文，位爲南嶽夫人，比秩仙公，給曲晨飛蓋，以遊九宫，使治天台大霍山洞臺之中，主下訓奉道，教授當爲真仙者。令一月再登玉清，三登太素，四謁玉晨宫，宴扶桑之高臺。於是，夫人授王母之命，且還王屋山小有之中，更齋戒三月。九微元君、龜山王母、西城真人王方平、太虚真人赤松子、桐柏真人王子喬，並降小有清虚上宫絳房之中，各命侍女，金石發響。於是，西母徘徊起立，折腰俯唱曰：哀此去留會，劫盡天地傾，嘉會絳阿内，相與樂未央。歌畢須臾，司命神仙諸隸屬及南嶽神靈迎官並至，西母等與夫人同去，詣天台霍山臺。」

八靈道母西嶽蔣夫人

【按】潘引真靈位業經無此名號，上清衆經諸真聖秘卷八引天地宫府真經有之。真誥卷一南嶽夫人向楊羲説諸真次第位號，此夫人居十五女真之第八，位於北漢七靈右夫人之後，陶弘景專門注釋説：「案有數號者，並以多爲高。西王母稱九靈，則八靈宜在七靈前，而今返在後者，亦所未詳。」又受讀黄庭事云北嶽蔣夫人，與今不同。」陶注所針對者，是指真誥卷十五北嶽蔣夫人云：「讀此經亦使人無病，是不死之道也。」此條亦有注釋：「前篇有西嶽蔣夫人，今又云北嶽，未審有兩人，爲是誤也。」此殆楊、許降真時疏忽所致。

北海六微玄清夫人

【按】潘引真靈位業經無此名號。真誥卷一南嶽夫人向楊羲説諸真次第位號，此夫人居十五女真之第二。雲笈七籤卷一百六清虚真人王君内傳，提到王君上詣上清玉晨帝君、玄清六微元君。太平御覽卷六百六十二引登真隱訣云：「女真則稱元君夫人，其名仙夫人之秩，比仙公也。」未考此是玄清六微元君之夫人否。

上真東宫衛夫人

【按】潘引真靈位業經無此名號。真誥卷一南嶽夫人向楊羲説諸真次第位號，此夫人居十五女真之第九。

北漢七靈石夫人

【按】潘引真靈位業經無此名號。真誥卷一南嶽夫人向楊羲説諸真次第位號，十五女真之第三爲北漢七靈右夫人。似乎當以真誥作「右」爲是。

紫清上宫九華真妃姓安，晉朝降於茅山。

【按】潘引真靈位業經無此名號。真誥卷一南嶽夫人向楊羲説諸真次第位號，十五女真之第十一爲紫清上宫九華安妃者即此，爲真誥中來自神仙世界主角之一。真誥卷一紫微夫人向楊羲介紹九華真妃來歷云：「此是太虚上真元君金臺李夫人之少女也。太虚元君昔遣詣龜山，學上清道。道成，受太上書，署爲紫清上宫九華真妃者也。於是賜姓安，名鬱嬪，字靈簫。」依真誥説法，九華真妃與楊羲偶景。所謂「偶景」，卷二解説：「夫真人之偶景者，所貴存乎匹偶，相愛在於二景。雖名之爲夫婦，不行夫婦之跡也。」另據無上秘要卷二十二，紫清上宫，九華安妃所居。

紫虚左宫郭夫人

【按】潘引真靈位業經無此名號，事跡不詳。

太極中華石夫人

【按】潘引真靈位業經無此名號。真誥卷一南嶽夫人向楊羲説諸真次第位號，十五女真之第四爲太極中華右夫人。與本經作「石夫人」稍異，疑有訛誤。據無上秘要卷八十四太極金闕四帝，其第二爲紫陽左仙公中華公子石路虚成，此或其夫人，則言「石夫人」似較「右夫人」更合理。本經第三左位第二爲太極左真人紫陽左仙公中華公子，應是同一真靈。然石夫人位列上清，石路虚成反而退居太極，亦難明究竟。

太真王夫人

【按】潘引真靈位業經無此名號。無上秘要卷七引道跡經云：「安期先生謂太真王夫人曰：下官先日往九河口，見司陽君與西漢夫人共遊，見問以陽九、百六之期。下官答以年稚，不識運厄之紀，今既賜坐，請問此數。」同書卷二十引道跡經云：「太真王夫人時自彈琴，琴有一絃，而五音並奏，高朗響激，聞於數里。衆鳥皆聚集於岫室之間，徘徊飛翔，驅之不去。殆天人之樂，自然之妙音。」上清道寶經卷三「天尊授太上道君經」句注引金籙簡文：「東西二華，南極、北極二聖，真公侍衛，太真王夫人執十絶靈旛立下方，侍經玉郎立左，監度司馬立右，九天真王執九色節正於中央。元君迴信三轉，萬神齊到。」

杜光庭墉城集仙録卷四有太真夫人傳記，謂其爲王母之小女，年可十六七，名婉羅，字勃遂。事玄都太真王，有子爲三天太上府都官司直。

滄浪雲林右英王夫人

【按】潘引真靈位業經無此名號。真誥卷一南嶽夫人向楊羲説諸真次第位號，此夫人居十五女真之第六，陶弘景注釋説：「案右英是紫微姊，今反在後，當位業有升降耳。」據真誥卷一，紫微左宮王夫人排第五位，在此滄浪雲林右英王夫人之前，故陶弘景云云。本經紫微左宮王夫人則居其後，此陶弘景原著，或閭丘方遠調整，不得而知。雲林右英王夫人亦真誥中來自神仙世界主角之一，其「偶景」對象爲許謐。

據真誥卷二南嶽夫人説，此王夫人「是阿母第十三女王媚蘭，字申林，治滄浪山，受書爲雲林夫人」。無上秘要卷二十二謂，雲林宮在東海滄浪山，右英王夫人所居。

朱陵北絶臺上嬪管妃

【按】潘引真靈位業經無此名號。真誥卷一南嶽夫人向楊羲説諸真次第位號，此夫人居十五女真之第十二。

按照上清派主張，「南宮煉質」乃是凡俗登仙途徑之一。南宮亦稱朱陵宮、朱火宮、朱宮，皆見真誥。真誥卷十六云：「其中宿運先世有陰德惠救者，乃時有徑補仙官，或入南宫受化，不拘職位也。在世之罪福多少，乃爲稱量處分耳。大都行陰德，多恤窮厄，例皆速詣南宫爲仙。」陶弘景注釋：「有即身地仙不死者，有託形尸解去者，有既終得入洞宫受學者，有先詣朱火宫煉形者，有先爲地下主者乃進品者，有先經鬼官乃遷化者，有身不得去，功及子孫，令學道乃拔度者。諸如此例，高下數十品，不可以一概求之。」同卷説辛玄子「近得度名南宫，定策朱陵，藏精待時，方列爲仙」。管妃事跡不詳，因朱陵宫而及此，本經第五散位尚有朱陵嬪丁淑英。

方丈臺昭靈李夫人

【按】潘引真靈位業經無此名號。真誥卷一南嶽夫人向楊羲説諸真次第位號，此夫人居十五女真之第十。真誥卷三云：「北元中玄道君李慶賓之女，太保玉郎李靈飛之小妹，受書爲東宫靈照夫人，治方丈臺第十三朱館中。」陶弘景注釋：「此長史書作靈照夫人，而楊君書多云照靈。」雲笈七籤卷九十七作「受書爲東宫昭靈夫人」，並多「以湯時得道，白日昇天」數字。無上秘要卷二十二謂，方丈臺在東海方丈山，昭靈李夫人所居。

北嶽上真山夫人

【按】潘引真靈位業經無此名號。真誥卷一南嶽夫人向楊羲説諸真次第位號，此夫人居十五女真之第十三，事跡不詳。

瓊華夫人

【按】潘引真靈位業經無此名號。上清丹元玉真帝皇飛仙上經云：「上清丹元玉真帝皇之道，絳臺妙靈瓊華玉妃哺飴之法，秘於上清絳臺皇極之宮，刻玉書之，以授諸應真人者。」又云：「上清丹元絳臺妙靈瓊華玉妃，諱鬱洞珠，字璟明瑛。」此絳臺妙靈瓊華玉妃，未知與本經之瓊華夫人有關否。

三元馮夫人

【按】潘引真靈位業經無此名號。據無上秘要卷二十引道跡經，諸真人降南嶽夫人，參與其盛者有「王母及金闕聖君、南極元君、後九微元君、龜山王母、三元夫人馮雙禮朱、紫陽左仙公石路成、太極高仙伯延蓋公子等」。此段文辭煩亂，杜光庭墉城集仙録卷二有三元馮夫人小傳，當根據無上秘要之類整理而成，云：「三元夫人者，姓馮名雙禮珠，乃上清高真也。亦主監盟初仙及證度得道當爲真人元君者也。」又將衆真降南嶽夫人時間確定爲晉永和五年，參與者除三元馮夫人外，尚有西王母、南極元君、九微元君、紫陽左仙公石路成、太極高仙伯延蓋童子、西城總真王方平、太虛真人南嶽赤松子、桐柏真人右弼王王子喬。雲笈七籤卷九十六載王母贈魏夫人歌，其序亦言此事，參與人物稍省略，云：「九微元君、龜山王母、三元夫人雙禮珠、紫陽左仙石路成、太極高仙伯延蓋公子、西成真人王方平、太虛真人南嶽赤松子、桐柏真人王子喬等。」同書卷一百十四引墉城集仙録西王母小傳，於此處則稱三元夫人馮雙禮，而墉城集仙録卷一之西王母小傳仍作三元夫人馮雙禮珠，未詳孰是。

右華九成范夫人

【按】潘引真靈位業經無此名號。據太平御覽卷六百七十八引南嶽夫人内傳，提到魏夫人成道以後，「三素高元君遣左華九成夫人范定英，授夫人流金火鈴、九蓋之軿，使彈制萬魔，飛輪太無」。本經作「右華」，此作「左華」，二者疑有一誤。

紫微左宮王夫人諱清娥，字愈音，阿母第二十六女也。

【按】潘引真靈位業經無此名號。真誥卷一南嶽夫人向楊羲説諸真次第位號，此夫人居十五女真之第五，真誥多稱紫微夫人、紫微王夫人。本經小字云云，出自真誥卷一，南嶽夫人見告：「紫微左夫人王諱清娥，字愈意，阿母第二十女也。鎮羽野玄壟山，主教當得成真人者。」另雲笈七籤卷二十三引太丹隱書云：「紫微夫人姓王，諱清娥，字愈音，云是西王母第二十四女。紫微宫在北溟外羽明野玄壟山，山在崑崙之東北。」然同书卷九十七紫微王夫人詩一十七首並序云：「紫微夫人名青娥，字愈音，王母第二十女也。昔降授太上寶神經與裴玄仁。裴得道，拜清靈真人。晉興寧三年乙丑六月降楊羲之家，時與太元真人、桐柏真人、右英夫人、南嶽夫人同降。言夫人位爲紫微宫左夫人，鎮羽野玄陇之山上宫，主教當成真人者。」文字皆有出入，未詳孰是。

長陵杜夫人

【按】潘引真靈位業經無此名號。真誥卷一南嶽夫人向楊羲説諸真次第位號，此夫人居十五女真之第十五，事跡不詳。

太微玄清左夫人

【按】潘引真靈位業經無此名號。真誥卷十五有太微玄清左夫人北渟宮中歌曲，雲笈七籤卷九十七引有詩篇，介紹説：「太微玄清左夫人，太微之上真也。晉興寧三年乙丑十二月十七日，與太元真人衆真降於句曲金壇真人楊羲之室，吟北渟〔一〕宫中歌。」

右陽王華仲飛姬

【按】潘引真靈位業經無此名號。據雲笈七籤卷一百六引清虚真人王君内傳云：「太素三元上道君乃使繡衣命者西林藻授君金真玉光流金火鈴、豁落七元、八景飛晨；又使清真左夫人郭靈蓋、右陽玉華仲飛姬，齎神策玉璽授君，以爲太素清虚真人，領小有天王三元四司右保上公，治王屋山洞天之中，給玉童、玉女各三百人，主領上清玉章、太素寶玄、太極上品、九天靈文、六合秘笈、山海妙經，悉主之焉。」此稱右陽玉華仲飛姬，與本經作「王」小異，未知孰是。

西華靈妃甄幽蕭

【按】潘引真靈位業經無此名號。太平御覽卷六百七十九引王君内傳云：「太素三元君遣西華靈妃甄幽簫齎成命之書，以雲瓊爲板，紫金刻之，以授王君子登〔二〕。」「蕭」當是「簫」傳寫之誤。

〔一〕渟　似應據真誥作「渟」。

〔二〕太平御覽引文「王君子登」後，尚有「後聖」二字，實爲下條「道君列紀」書名之開首二字，即後聖道君列紀也。

後聖上保南極元君紫元夫人

【按】潘引真靈位業經無此名號。此即真誥所稱南極夫人，或稱南極紫元夫人。上清衆經諸真聖秘卷五引清虚王真人内記云：「南極夫人，西王母第四女也。諱華林，字容真，一號紫元夫人，或號南極元君。治太丹宫，受書爲金闕聖君，作上保司命。」雲笈七籤卷九十七云：「南極王夫人，王母第四女也。名林，字容真。一號南極紫元夫人，或號南極元君，理太丹宫，受書爲金闕聖君上保司命。漢平帝時降於陽洛山石室之中，授清虚真人小有天王王褒一字子登太上寶文等經三十一卷。」同書卷一百六引清虚真人王君内傳云：「南行渡渤海、丹海，登長離山，詣南極紫元夫人，一號南極元君，授以九道迴玄太丹緑書。」

由上述引文知，此條尊號中「後聖上保」，乃是爲金闕聖君之上保司命。如本經所言，金闕聖君將於「壬辰下教」，有「當來下生」之意，故名「後聖」。因此本尊領「上保司命」，其實是將發生事件。無上秘要卷十五叙述西方七寶金門皓靈黄老君來歷，與本尊存在一定關係，因其屬於靈寶派文獻，故與本經上清派觀念又有本質之不同。其略云：

西方七寶金門皓靈黄老君者，本乃靈鳳之子也。靈鳳以阿羅天中，生於衛羅大堂世界，衛羅國王取而畜之。王有長女，恒與游戏，女竟有胎。王意怪之，斬鳳頭，埋着長林丘中。王女生女，墮地能言：我是鳳子，位應天妃。王女思憶靈鳳，駕臨長林丘中，於是王所殺鳳欝然而生，抱女俱飛，逕入雲中。王女今於景霄之上，受書爲南極上元君，常乘九色之鳳。此女前生萬劫已奉靈寶，致靈鳳降形，得封南極元君之號。王女所生之女名皇妃，功德遐徹，天真感降。元始天尊指金臺王母，即汝師也，便可施禮。皇妃叩頭上啟云云，金母封其西靈玉妃之號，預言其受號三百年中，仍值青劫改運，將復寄胎於李氏之胞二年，於西那玉國金壟幽谷李樹之下而生，化身爲男，改姓上金，諱日昌，至開光元年歲在壬申，元始賜西方七寶金門皓靈黃老帝君之號。

後聖上傅太素元君

【按】潘引真靈位業經無此名號。「後聖」義見上條，所謂太素元君，據上清三元玉檢三元布經謂，太素三元君處於高上上清之宮，「乃一真之女子，則三素元君之母也。太素元君，虛結空胎，憑華而生。誕於高上上清寶素九玄玉皇天中，厥諱正薈條，字雲淳嬰」。另無上秘要卷二十二謂白山宮在白水沙洲中山，上傅太素真君所居。晚出之道門定制卷三「黃籙羅天一千二百分聖位」，即有上傅白山宮太素元君，謂出自太平經。後書似以太素元君爲男真。

東華玉妃淳文期青童之妹。

【按】潘引真靈位業經無此名號。真誥卷十有「東海東華玉妃淳文期授含真臺女真張微子服霧之法」，同書卷十三則言「微子自言受此法於東海東華玉妃淳文期」。三洞珠囊卷三引真誥亦言：「受此法於東海東華玉妃淳文期也。」則本經作淳文期爲是。真誥卷十三又云：「文期，青童之妹也，微子曾精思於寢静，誠心感靈，故文期降之，授以服霧之道也。」青童即東海青童君，此本經小字注釋之所本。

東宮中候王夫人桐柏真人別生妹。

【按】潘引真靈位業經無此名號。此即真誥多次出場之中候夫人，卷十八云：「四月二十七日夜半，夢見一女子，著上下青綾衣，與吾相見。自稱云：我是王眉壽之小妹也。」注云：「王眉壽之小妹，即中候夫人也。」卷三詳載其事跡云：「王子晉父周靈王有子三十八人，子晉太子也，是爲王子喬。靈王第三女名觀香，字衆愛，是宋姬子，於子喬爲別生妹。受子喬飛解脱網之道得去，入緱氏山中。後俱與子喬入陸渾，積三十九年，觀香道成，受書爲紫清宫内傳妃，領東宫中候真夫人。」原注：「此即中候王夫人也。」同卷又云：「子喬弟兄七人得道（原注：五男二女）。其眉壽是觀香之同生兄，亦得道（原注：此似別有眉壽事，今不存。而掾書中有夢見人云，我是王眉壽之小妹。疑此或當是相答也）。」桐柏真人即王子喬，「別生」應是同父異母之意。以上則本注之所依據。

太和上真左夫人

【按】潘引真靈位業經無此名號。真誥卷一南嶽夫人向楊羲説諸真次第位號，十五女真之第一爲太和靈嬪上真左夫人，應即是此，事跡不詳。

西漢夫人

【按】潘引真靈位業經無此名號。真誥卷一南嶽夫人向楊羲説諸真次第位號，此夫人居十五女真之第十四。無上秘要卷七引道跡經云：「安期先生謂太真王夫人曰：下官先日往九河口，見司陽君與西漢夫人共遊，見問以陽九、百六之期。下官答以年稚，不識運厄之紀，今既賜坐，請問此數。」

另據元始上真衆仙記引葛洪枕中書云：元始天王與太元玉女，通氣結精，遂生天皇十三頭，治三萬六千歲，書爲扶桑大帝東王公，號曰元陽父。又生九光玄女，號曰太真西王母，是西漢夫人。又云：「西漢九光夫人，始陰之氣，治西方。」以西漢夫人爲西王母，此或源自靈寶派，或出於三皇派，上清派似未取此説，故真誥將西漢夫人抑於十五女真之末。

華山夫人

【按】潘引真靈位業經無此名號，事跡不詳。

玉清神女房素

【按】潘引真靈位業經無此名號。上清九天上帝祝百神内名經云：「太保真人簡生，玉清神女房素，執朱陵飛氣之香華，捧要妙幽玄之神章而立。」

西王母侍女王上華

【按】潘引真靈位業經無此名號。無上秘要卷二十一引道跡經云：「西王母爲茅盈作樂，命侍女王上華彈八琅之璈；又命侍女董雙成吹雲和之笙；又命侍女石公子擊昆庭之金；又命侍女許飛瓊鼓震靈之璜；又命侍女琬絶青拊吾陵之石；又命侍女范成君拍洞陰之磬；又命侍女段安香作纏便之鈞。於是衆聲徹合，靈音駭空。王母命侍女于善賓、李龍孫歌玄雲之曲。」此亦見於漢武帝内傳，文字略同，其相異處，注釋見各條。本條内傳王上華作王子登，似應以内傳在前，道跡經據之敷衍。蓋小有天王王褒字子登，亦稱王子登，故疑上清派之道跡經將之改爲王上華也。

以上即本條之來源，亦由此知此後董雙成等條，皆屬於「西王母侍女」。杜光庭墉城集仙録亦將此段採入西王母條，王上華作王子登。上清道寶經卷三「諸天伎樂」句注引太元真人三茅君内傳作「侍女玉上華」。「玉」當是「王」之訛。

董雙成

【按】潘引真靈位業經無此名號，此屬西王母侍女系列，參王上華條。董雙成亦見上清元始變化寶真上經。西王母以開皇元年正月上寅之日，静齋龜山，有天真大神，奉元始天王命，賜號西元九靈上真仙母，封西龜之嶽。種種賞齎，並給「上宮金華玉女七百人，侍衛於仙母」。仙母於是命侍女王子登、董雙成等，將錫文等四事，封藏於瓊瑶之室。王子登亦見上條。

石公子

【按】潘引真靈位業經無此名號，此屬西王母侍女系列，參王上華條。

苑〔一〕絶青

【按】潘引真靈位業經無此名號，此屬西王母侍女系列，參王上華條。無上秘要作琬絶青，漢武帝内傳作婉淩華，墉城集仙録同内傳。

〔一〕苑　秘册彙函本、説郛本作「宛」。

地成君

【按】潘引真靈位業經無此名號，此屬西王母侍女系列，參王上華條。據無上秘要，地成君實爲范成君之訛，漢武帝内傳等皆作范成君。

郭密香

【按】潘引真靈位業經無此名號。據太平御覽卷六百七十八引茅君傳，西王母遣侍女郭密香與上元夫人相聞云云，則知郭密香亦屬西王母侍女系列。類似記載亦見漢武帝内傳，仍當以内傳在前，茅君傳據以敷衍也。

干若賓

【按】潘引真靈位業經無此名號，此屬西王母侍女系列，參王上華條。據無上秘要作于善賓，恐傳寫有誤，惜未知孰是孰非。

李方明

【按】潘引真靈位業經無此名號。據太平御覽卷六百七十八引茅君傳，西王母遣「侍女李方明出丹瓊之函，披雲珠之笈，以玉佩金璫、太霄隱書、洞飛二景内真符，以傳司命茅君」，則知李方明亦屬西王母侍女系列。

張靈子

【按】潘引真靈位業經無此名號。據雲笈七籤卷一百一十四引墉城集仙録之西王母傳提到，王母執太霄隱書命侍女張靈子執交信之盟以授三茅君，則知張靈子亦屬西王母侍女系列。

太帝宫官靈林玉女賈屈庭

【按】潘引真靈位業經無此名號。道藏本、秘册彙函本及説郛本皆將「太帝宫官」單刻一行，「靈林玉女」與「賈屈庭」雖刻在同行，而中間空開；循三種版本體例，此種情況應表示三位真人。但參考「西王母侍女王上華」條，「靈林玉女」與「賈屈庭」，似可合併爲「靈林玉女賈屈庭」，書證詳後。「太帝宫官」則與後條「金闕宫官」情況相同，故參考其後「東華宫玉女煙景珠」條，將之合併爲「太帝宫官靈林玉女賈屈庭」。書末索引仍爲太帝宫官、靈林玉女、賈屈庭各自出條目，以備考索。

據太平御覽卷六百七十八引南嶽魏夫人内傳提到：「北寒玉女宋聯涓彈九氣之璈，東華玉女煙景珠擊西盈之鐘，雲林玉女賈屈庭吹鳳戾之簫，飛玄玉女鮮于靈金拊九合玉節。」無上秘要卷二十一引道跡經云：「太極真人乃先命北寒玉女宋德消彈九氣之璈，方諸青童又命東華玉女燕景珠擊西盈之鐘，扶桑暘谷神王又命雲林玉女賈屈庭吹鳳戾之簫，清虚真人又命飛玄玉女鮮于靈金拊九合玉節。」雲笈七籤卷九十六略同于無上秘要。本經「靈林玉女」與「雲林玉女」屬異文，或當以「雲林玉女」爲是，且存疑；引文至少證明，靈(雲)林玉女是賈屈庭之職位，確實不當分割爲兩。

金闕宫官太保侯范法安

【按】潘引真靈位業經無此名號。道藏本、秘册彙函本及説郛本皆將「金闕宫官」與「太保侯范法安」各刻一行，循三種版本體例，此種情況應表示兩位真人。但參考上條，姑且將之合併爲「金闕宫官太保侯范法安」，事跡不詳。書末索引仍爲金闕宫官、太保侯范法安各自出條目，以備考索。

經命仙〔一〕伯牙叔平

【按】潘引真靈位業經無此名號。太平御覽卷六百七十八引南嶽魏夫人内傳提到：「金闕後聖君命仙伯牙叔平授夫人青瓊之板，丹綠爲文，位爲南嶽夫人，比秩仙公。給曲晨飛蓋，以遊九宫，使治天台大霍山洞臺之中，主下訓奉道，教授當爲真仙者。」從文意看，此仙伯似應爲男真，頗疑作者（不論是陶弘景、閭丘方遠或其他人）誤讀此句中「命仙伯牙叔平授夫人」數字，遂生造出此條女真經命仙伯牙叔平。此前之經命仙伯太保真人或亦因此而來。

東華宫玉女煙景珠

【按】潘引真靈位業經無此名號。出處可參太平御覽卷六百七十八引南嶽魏夫人内傳、無上秘要卷二十一引道跡經及雲笈七籤卷九十六，引文見太帝宫官靈林玉女賈屈庭條，無上秘要、雲笈七籤皆作燕景珠。

上元夫人侍女宋辟非

【按】潘引真靈位業經無此名號。據太平廣記卷五十六上元夫人條引漢武帝内傳，茅固、茅衷向上元夫人求乞長生之要，夫人憫其勤志，命侍女宋辟非，出紫錦之囊，開綠金之笈，以三元流珠經

〔一〕仙　説郛本作「山」。

等四部，傳授二君。墉城集仙録卷二上元夫人條則作宋辟妃；茅山志卷五則作宋辟非。

主仙道君侍女范運華

【按】潘引真靈位業經無此名號。據雲笈七籤卷一百六引清虚真人王君内傳云：「主仙道君命侍女范運華、趙峻珠、王抱臺等，發瓊笈，披緑蘊，出上清隱書、龍文八靈真經二卷，授子登。」墉城集仙録卷二略同。太平御覽卷六百七十九引真一修檢經則云：「主仙道君即命侍女范運華、趙峻珠、王抱臺等，發瓊笈，披緑蘊，出上清隱書、龍文八靈真經二卷，授范襄平。」

趙峻珠

【按】潘引真靈位業經無此名號。出處可參據雲笈七籤卷一百六引清虚真人王君内傳等，引文見上條。

王抱一

【按】潘引真靈位業經無此名號。出處可參據雲笈七籤卷一百六引清虚真人王君内傳等，引文見主仙道君侍女范運華條。但各處引文皆作王抱臺，道藏本、秘册彙函本及説郛本皆作王抱一，未詳孰是。

華敬滌

【按】潘引真靈位業經無此名號。太平御覽卷六百七十八引南嶽夫人内傳，提到清虚真人王君乃命侍女華散條云云，疑同是一位真靈，傳寫致誤。引文見紫虚元君領上真司命南嶽魏夫人條。

李伯益

【按】潘引真靈位業經無此名號，事跡不詳。

鮮于靈金

【按】潘引真靈位業經無此名號。太平御覽卷六百七十八引南嶽魏夫人内傳云：「北寒玉女宋聯涓彈九氣之璈，東華玉女煙景珠擊西盈之鐘，雲林玉女賈屈庭吹鳳戾之簫，飛玄玉女鮮于靈金拊九合玉節。」無上秘要卷二十一引道跡經云：「太極真人乃先命北寒玉女宋德消彈九氣之璈，方諸青童又命東華玉女燕景珠擊西盈之鐘，扶桑暘谷神王又命雲林玉女賈屈庭吹鳳戾之簫，清虛真人又命飛玄玉女鮮于靈金拊九合玉節。」雲笈七籤卷九十六略同。

范運華以來，趙峻珠、王抱一（臺）同爲主仙道君侍女當無問題，華敬潒與李伯益出處未詳，身份不明，而鮮于靈金爲飛玄玉女，據無上秘要卷二十引洞玄空洞靈章「西華金靈上宫飛玄玉女，景皇真人，彈五合之琴」云云，似不屬於主仙道君侍女系列。

太和殿

寥陽殿

蘂珠闕

七映房

長綿樓

【按】與第二左位之末類似，皆殿以五處宮闕名稱，寓意不詳。據道門經法相承次序卷中引洞真及登真隱訣，太和殿、寥陽殿、七映房爲玉晨道君所居，在玉清妙境。蘂珠闕、長綿樓，道門經法相承次序分別寫作紫珠闥、長樓，亦爲玉晨道君所居，在玉清妙境；無上秘要卷二十二分別寫作蘂珠闥、長錦樓，與本經接近，亦在玉清妙境。

第三中位

太極金闕帝君姓李，壬辰下教，太平主。

【按】「姓李」兩字，道藏本、秘册彙函本及説郛本皆刻作大字本經文，循前後各條之例，凡云姓某，皆小字注釋，遂改爲小字。

潘引真靈位業經止於上清諸真，未涉及太極以下道君，故此條以後不復引爲注釋；而無上秘要卷八十三、八十四恰好爲「得鬼官道人名品」至「得太極道人名品」，叙述順序與本經相反，内容則幾乎與本經太極以下重合，故此後各條皆先引無上秘要。

無上秘要卷八十四依次叙述太極金闕四帝名諱及位置昇轉，然後説：「此四人太極金闕四帝君，後聖李君在左，最尊，已度上清。餘三帝，是太極之天帝。」揆其旨意，後聖金闕帝君已昇入上清境，應即指本經第二右位第一之右聖金闕帝晨後聖玄元道君。本經後聖李君在上清品、太極品中兩見，因無上秘要「得上清道人名品」已佚，故不知原本如此，或經陶弘景，或閭丘方遠修訂。又按，無上秘要之金闕四帝，依次爲第一中央黄老君，第二紫陽左仙公中華公子石路虚成，第三西梁子文，第四安度明。其中並無後聖李君之名，然其第一中央黄老君後云：「在左，最尊。已度上清。」似乎無上秘要以中央黄老君爲後聖李君。

上清衆經諸真聖秘卷七引洞真疏略云，上清金闕帝君，姓李諱弘元，字山淵。太平經複文序以皇天金闕後聖太平帝君爲「太極宫之高帝也，地皇之裔。生而靈異，早悟大道，勳業著於丹臺，位號編於太極。上清錫命，總統群真，封掌兆民。山川河海，八極九垓，莫不盡關於帝君而受事焉」，當於「壬辰之運，迎聖君下降，睹太平至理」，其説與本經及注釋相合。

上清衆經諸真聖秘卷五引金闕聖君傳，謂：「上清金闕上記靈書紫文經已具載，此不重出。」今本道藏有上清後聖道君列紀是後聖李君傳記，應即是此，其略云：

上清金闕後聖帝君，李諱弘元，一諱玄水，字子光，一字山淵。蓋地皇之冑，玄帝時人。上和七年歲在丙子三月直合日，始育於北國天剛山下李氏之家。年五歲仍好道樂真，行年二十而棄家離親，潛室長齋，浮遊名山。精感太虚，心通神旦，遂致天帝下教，授以鬱儀大章大洞真經，給以曲晨飛蓋，飲以徊水玉精，貽以素羽玄翮，以昇八方。紫微上真天帝玉清君遺八景瓊輿，來迎聖君，以登上清宫，受書爲上清金闕後聖帝君。上昇上清，中遊太極官，下治十天，封掌兆民，及諸天河海神仙地源。到壬辰之年三月六日，聖君來下，光臨於兆民矣。方諸東宫青童君啟撰後聖道君列紀，以上呈聖君，傳青童弟子王遠遊，使下示骨相應仙之人，百年再傳，七百年内聽三傳，以授學道當來成仙者也。後聖君命王君總司二十四真人，決下教之功。二十四真人皆受事於方諸青童，受所教之徒於王君，王君亦先告可成者於二十四真人，真人然後受事，乃教之也。

據上清後聖道君列紀，其二十四真人，「馬明、張陵、陰生、王褒、墨翟、司馬季主，及洞臺清虛天七真人、八老先生，凡二十四人，或名隱名見，改易姓字，實難分別也」。

左位

太極左真人中央黄老君

【按】無上秘要卷八十四太極品之金闕四帝，第一爲中央黄老君，並云：「在左，最尊。已度上清。」亦詳上條按語。

真誥卷五專門提到中央黄老君：「太上者，道之子孫。審道之本，洞道之根，是以爲上清真人，爲老君之師（原注：此即謂太上高聖玉晨大道君也，爲太極左真人中央黄老君之師）。老君者，太上之弟子也。年七歲而知長生之要，是以爲太極真人。」又云：「太極有四真人，老君處其左，佩神虎之符，帶流金之鈴，執紫毛之節，巾金精之巾。行則扶華晨蓋，乘三素之雲（原注：出九真中經，即是論中央黄老君也。黄老爲太虛真人南嶽赤君之師，裴既師赤君，所以崇其本始，而陳其德位也）。」所謂「太極有四真人」，本經太極左真人兩位：中央黄老君、紫陽左仙公中華公子；太極右真人兩位：西梁子文、安度明。內容可詳相關各條。

上清衆經諸真聖秘卷一引大洞真經三十九章太上道君玉籙百神名，第十九即中央黄老君，內名滿景生比勃通，地上音解脱災、免富劫；同書卷二引上清元始變化寶真上經九靈太妙龜山元録上謂：「中央黄老君，元五暉之氣，諱無英生，字雲九夜。」

雲笈七籤卷一百一有中央黄老君紀，引洞真九真中經云：「中央黄老君者，太上太微天帝君之弟子也，以混皇二年始生焉。年七歲，乃知長生之要，天仙之法。仍眇綸上思，欽納真玄，蕭條靈想，棲心神源。解脱于文蔚之羅，披素于空任之肆。於是太上授九真之訣、八道秘言，施修道成，受書爲太極真人。」

太上洞房內經注云：「黄老君，中央道君也。治雲庭宫雲庭洞房神門中央，其神名伯桃，所謂大君之道也。」

太極左真人紫陽左仙公中華公子

【按】無上秘要卷八十四太極品之金闕四帝，第二紫陽左仙公中華公子石路虚成，並可參前太極中華石夫人條按語。

據無上秘要卷二十引太上真人八素陽歌九章云，「右陰歌陽歌，凡有一十五章。太上玉晨大道君命太素真人中華公子太極紫陽公路虚成造，以唱八素之真，能恒諷詠者，使人精魂合樂，五神諧和，萬邪不侵」。則其姓名似又爲路虚成。同卷引道跡經，諸真人降南嶽夫人，參與其盛者有「王母及金闕聖君、南極元君、後九微元君、龜山王母、三元夫人馮雙禮朱、紫陽左仙公石路成、太極高仙伯延蓋公子等」，其姓名又爲石路成。石路虛成與路虛成、石路成，恐同是一名，前後傳寫訛誤。

太極左卿黄觀子

【按】無上秘要卷八十四云：「黄觀子，學道服金丹，讀洞經得道，太極左卿。」太平御覽卷六百六十九引道學傳云：「上清左卿黄觀子學道，服金丹，讀大洞經得道。」道學傳陳代馬樞著，年代晚於無上秘要，疑本條内容出於前書，唯作上清左卿，與前書不同。

雲笈七籤卷一百一十四引墉城集仙録叙云：「或精誠不易，試難不移，目注崑丘，心朝大帝而得道者，黄觀、韋道微、傅君之例是也。」黄觀子得道故事見真誥卷五：「昔有黄觀子者，亦少好道，家奉佛道，朝朝朝拜，叩頭求乞長生。如此積四十九年，後遂服食入焦山。太極真人百四十事試之皆過，遂服金丹，而詠大洞真經。今補仙官爲太極左仙卿，有至志者也，非佛所能致，是其中寸定矣（原注：此説與傅含真奉佛事亦同）。」

無上真人文始先生尹喜

【按】無上秘要卷八十四得太極道人名品云：「尹喜，周函谷關令。」此即樓觀派祖師尹喜，由莊子、史記、列仙傳之關令尹喜逐漸發展而來。無上秘要又云：「文始先生、西歸子、半車童子，此三人並栢成之師友。」皆不言尹喜之位秩。一切道經音義妙門由起引樓觀本記云：「尹喜遇老君，老君拜喜爲無上真人，號曰文始先生。方遠觀四海八紘之外，又上升九天，謁太上玉晨大道君焉。道君令下化西域，條支、安息、昆吾、大秦、罽賓、天竺，周流八十一國，作浮屠之術，以化胡人。」

朱火丹靈宮龔仲陽、幼陽兄弟二人，受道于青童君。

【按】無上秘要卷八十四得太極道人名品云：「朱火丹陵宮龔仲陽、龔幼陽。此兄弟二人，受青童君仙忌真記得道。」仙忌真記即今正統道藏之太微靈書紫文仙忌真記上經，經首題記說：「方諸青童君，上清〔一〕乃鈔傳於朱天丹陵龔仲陽、幼陽，使授南宮諸成真人者。」

又，上清洞真解過訣引仙忌真記云：「子欲昇天慎秋分，罪無大小皆上聞。以罪求仙仙甚難，是故學道爲心寒。此是朱火丹陵仲陽先生之要言矣。」洞真上清太微帝君步天綱飛地紀金簡玉字上經云：「龔仲陽受嵩高小童步六絶之法，行其要訣，遂登朱光丹陵。乘玄上造，御十飛蟬，遊行南冥，絳雲爲蓋，以入五城。」

朱火丹靈宮亦作朱火丹陵宮，是仙人受化之所，太平御覽卷六百六十四引裴君曰：「凡修劍解之道，並紀名紫簡，上隸高仙。諸有宿功善業陰德信仙，其神得詣朱火丹陵宮，受學仙道，爲九宮真人。」真誥多稱朱火宮，如卷三「朝遊朱火宮，夕宴夜光池」。

東陽真人陵陽子明

【按】無上秘要卷八十四得太極道人名品云：「東極真人陵陽子明，北極真人安期生，此二

〔一〕上清　疑下有脱訛。

久〔一〕並赤君、王君，號爲四極真人。」上清衆經諸真聖秘卷五引太上大道君傳亦作「東極真人陵陽子明，南極真人赤松子，西極真人王方平，北極真人安期先生」。上清七聖玄紀經同。故知本經「東陽」應是「東極」之訛。

陵陽子明見列仙傳，其略云：「陵陽子明者，銍鄉人也。好釣魚，於旋溪釣得白龍。子明懼，解鉤拜而放之。後得白魚，腹中有書，教子明服食之法。子明遂上黄山，采五石脂，沸水而服之。三年，龍來迎去，止陵陽山上百餘年。山去地千餘丈，大呼下人，令上山半，告言：谿中子安當來，問子明釣車在否。後二十餘年，子安死，人取葬石山下。有黄鶴來，棲其冢邊樹上，鳴呼子安云。」

中元〔二〕老人中央上玄子

【按】無上秘要卷八十四得太極道人名品云：「東極老人扶陽公子，西極老人袁〔三〕靈子期，南極老人丹陵上真，北極老人玄上仙皇，中元老人中央上玄子，此五人，修五辰所致五方老人。」其末句參上清紫精君皇初紫靈道君洞房上經之「太上真人招五辰於洞房，籍飛仙於六合，隱存祕道，南極元君受傳玉經寶訣」云：「能行此十五年者，於是南極老人丹陵上真，迎以緑雲之轝；西極老人素靈子期，迎以黄飈之車；北極老人玄上仙皇，迎以玄景之龍；東極老人扶陽公子，迎以青軿之

〔一〕久　應是「人」之訛。

〔二〕元　秘册彙函本、説郛本作「玄」。

〔三〕袁　諸經及無上秘要卷九十四皆作「素」，當是。

輦；中元老人中央上玄子，迎以曲晨之蓋。五老一合，俱升紫虚。」

據上清明堂元真經訣等所載太極真人服四極雲牙神仙上方，有致五老之道，除東極老人、南極老人、西極老人、北極老人外，居中央爲中央元君上玄黄老君，應即本尊之别稱。

北極真人安期生

【按】無上秘要卷八十四得太極道人名品有此，引文見前東陽真人陵陽子明條。

安期生見列仙傳，其略云：「安期先生者，琅琊阜鄉人也。賣藥于東海邊，時人皆言千歲翁。秦始皇東游，請見，與語三日三夜，賜金璧度數千萬。出於阜鄉亭，皆置去，留書以赤玉舃一雙爲報。曰：後數年求我於蓬萊山。始皇即遣使者徐市、盧生等數百人入海，未至蓬萊山，輒逢風波而還。立祠阜鄉亭海邊十數處云。」

北極老子玄上仙皇

【按】無上秘要卷八十四得太極道人名品有此，引文見前中元老人中央上玄子條。無上秘要作「老人」，道藏本、秘册彙函本及説郛本皆作「老子」，引文既稱「五方老人」，則本經或誤。

據上清明堂元真經訣等所載太極真人服四極雲牙神仙上方，有致五老之道，北向叩齒祝咒如法，「行之十年，北極老人來至，授子玄録寶明，一合上昇」。

清和天帝君

【按】無上秘要卷八十四得太極道人名品云：「清和宫天帝君是太極中天之帝。」同書卷三十一引洞真三天正法經云：「凡名參太清玉籍絳名者，得見清和宫天帝君真書。」卷三十二引洞真三天正法經云：「清和宫天帝君皇熙真書，太上元君以授黄軒紫微玄宫。」〔一〕

南極老人丹陵上真

【按】無上秘要卷八十四得太極道人名品有此，引文見前中元老人中央上玄子條。

據上清明堂元真經訣等所載太極真人服四極雲牙神仙上方，有致五老之道，南向叩齒祝咒如法，「行之十年，南極老人來至，授子丹景，一合上昇」。

青精先生太宛北谷子

【按】道藏本、秘册彙函本及説郛本皆作「青精先生太宛北谷子」，循例爲一位真靈，而無上秘要卷八十四得太極道人名品云：「青精先生、大宛北谷子，此二人受西梁䬸飯得道。」則以青精先生與大宛北谷子爲兩人。本經「太宛」顯爲「大宛」之訛。

青精先生見真誥，卷十四云：「至於青精先生、彭鏗、鳳綱，南山四皓、淮南八公，並以服上藥，不至一劑，自欲出處嘿語，肥遁山林，以遊仙爲樂，以升虚爲戚。非不能登天也，弗爲之耳。」原注：「青精亦出彭傳及王君傳䬸飯方中。」

〔一〕此句中華道藏本標點爲：「驅虎豹符，九炁丈人受之玄私陰陵上帝清和宫天帝君。」今卷三十一稱「得見清和宫天帝君真書」，故以「清和宫天帝君」與下文「皇熙真書」相連。上清大洞九微八道大經妙籙亦有「清和宫天帝君皇熙真書」，故引文云云。

太平御覽卷六百七十一引登真隱訣云：「太極真人青精䭀飯方。按彭祖傳云，大宛有青精先生，能一日九食，亦能終歲不飢，即是此矣。真上仙之妙方，斷穀之奇靈也。」又云：「按䭀飯方受西梁真人所傳，時在大宛北谷。」此可以證明，陶弘景認爲青精先生與大宛北谷子同是一人，則無上秘要引文非出陶弘景之手也明。另茅山志卷二十八引皮日休詩「傳得三元䭀飯名，大宛聞説有仙卿」，注釋説：「按西梁子文黄錦素書，大宛北谷子號青精先生。」亦以青精先生與大宛北谷子爲一人。

玄和陰陵上帝

【按】無上秘要卷八十四得太極道人名品云：「玄和陰陵上帝是太極中天之帝。」同書卷三十一引洞真三天正法經云：「驅虎豹符，九炁丈人受之玄私〔一〕陰陵上帝。」上清大洞九微八道大經妙籙亦有此，作玄和陰陵上帝。

太極高仙伯延蓋公子

【按】無上秘要卷八十四得太極道人名品云：「蓋公子，太極高仙伯延。」與本經説法有異。據無上秘要卷二十引道跡經，諸真人降南嶽夫人，參與其盛者有「王母及金闕聖君、南極元君、後九微元君、龜山王母、三元夫人馮雙禮朱、紫陽左仙公石路成、太極高仙伯延蓋公子等」。雲笈七籤卷九

〔一〕私　疑是「和」之訛。

十六載王母贈魏夫人歌，其序亦言此事，參與人物有：「九微元君、龜山王母、三元夫人雙禮珠、紫陽左仙石路成、太極高仙伯延蓋公子、西成真人王方平、太虛真人南嶽赤松子、桐柏真人王子喬等。」同書卷一百十四引墉城集仙録西王母小傳，亦稱太極高仙伯延蓋公子。

玄洲仙伯

【按】無上秘要卷八十三、八十四無此，同書卷三十一引洞真三天正法經云：「凡名參玄都丹臺白玉金字者，得見玄洲仙伯開天萬仙真書。」上清大洞九微八道大經妙籙有云：「玄洲仙伯開天萬仙真書，東海小童君以授得道之人，佩之達仙都。」

雲笈七籤卷二十七洞天福地記有云：「第六赤城山洞。周迴三百里，名曰上清玉平之洞天，在台州唐興縣，屬玄洲仙伯治之。」同書卷一百十引洞仙傳云：「長存子者，學道成，爲玄洲仙伯。」

太極左仙公葛玄 吴時下演靈寶，下爲地仙。

【按】無上秘要卷八十三得地仙道人名品云：「葛玄，字孝先，丹陽句容人。初在長山，又入蓋竹山。善於變幻，能乘虎使鬼，無所不至，幾當受職。」若依據無上秘要之説，葛玄在本經應居第六等秩。無上秘要之説實本於真誥卷十二，云：「問葛玄。玄善於變幻，而拙於用身，今正得不死而已，非僊人也。初在長山，近入蓋竹，亦能乘虎使鬼，無所不至，但幾於未得受職耳。亦恒與謝稚堅、黄子陽、郭聲子相隨。」此可證明，無上秘要安排葛玄等秩，符合上清派本意。又據真誥本條小字注釋，「葛玄，字孝先，是抱朴從祖，即鄭思遠之師也。少入山得仙，時人咸莫測所在。傳言東海中仙人，寄書呼爲仙公，故抱朴亦同然之。長史所以有問，今答如此，便是地仙耳。靈寶所云太極左仙公，於斯妄乎。」此則證明，陶弘景亦同意葛玄爲地仙之説，不以所謂「太極左仙公」尊號爲然。又據陶隱居集之吴太極左仙公葛公之碑，碑文雖説其「號爲仙公」，「俗中經傳所談，云已被太極銓授，居左仙公之位」，然其後又説：「如真誥並葛氏舊譜，則事有未符。」解釋原因是：「恐教跡參差，適時立説。猶如執戟侍陛，豈謂三摘靈桃；徒見接神役鬼，安知止在散職。」此碑立於天監七年，雖從俗呼葛玄爲左仙公，而站在上清派立場，陶弘景仍不以爲然。如此則此條非出陶弘景之手也明，疑經過閭丘方遠調整，根據唐代道教實況，將葛玄升入太極品中。

葛玄爲太極左仙公，元始上真衆仙記云：「葛玄受金闕君命，爲太極左仙公，治蓋竹山，又在女几山，常駕乘虎騎也。」靈寶派叙説葛玄事跡甚豐，可參本經後文太極法師徐來勒條按語。

西極老人素靈子期

【按】無上秘要卷八十四得太極道人名品有此，引文見前中元老人中央上玄子條，引文「素靈」誤作「袁靈」，同書卷九十四引洞真金真玉光太上隱書經亦作西極老人素靈子期。

據上清明堂元真經訣等所載太極真人服四極雲牙神仙上方，有致五老之道，西向叩齒祝咒如法，「行之十年，西極老人來至，授子素靈威神，一合上昇」。

五老上真仙都老公撰靈書紫文。

【按】無上秘要卷八十四得太極道人名品云：「五老上真仙都左公，撰靈書紫文者。」道藏本、秘册彙函本及説郛本皆作「老」。無上秘要卷二十二之三界宫府品，云太空瓊臺、鶱林紫殿、黄華英房，爲「元始天王命五老上真仙都左公出解形之道、三元布經，授南極長生司命君之所」。上清道類事相卷二引道跡經、上清變化七十四方經，皆作五老上真仙都左公，故似應以無上秘要作「左」爲正。

道藏有皇天上清金闕帝君靈書紫文上經，即注釋所稱之靈書紫文，其前小字説：「五老上真仙都君受聖君命，授青童君，青童君以傳王遠遊，使下教骨相玄名有仙籍之人應得此文者。」經文提到，應青童君之固請，聖君「乃命五老上真仙都左公，開紫蘂玉笈雲錦之囊，出靈書紫文上經，以付青童君，下授有玄宫玉名，當爲真人者」。此亦證明無上秘要作「左」爲是。

東極老人扶陽公子

【按】無上秘要卷八十四得太極道人名品有此，引文見前中元老人中央上玄子條。

據上清明堂元真經訣等所載太極真人服四極雲牙神仙上方，有致五老之道，東向叩齒祝咒如法，「行之十年，東極老人來至，授子青真，一合上昇」。

太極左公〔一〕北谷先生

【按】無上秘要卷八十四得太極道人名品云：「太極左公北洛先生，八真限。」所謂「八真」，據

〔一〕公 秘册彙函本、説郛本作「宫」。

上清七聖玄紀經，即東極真人陵陽子明，南極真人赤松子，西極真人王方平，北極真人安期生，栢成子高，泰清仙王趙車子，九宮上相長里先生，太極左公北洛先生。上清衆經諸真聖秘卷五引太上大道君傳亦作太極左公北洛先生，故或當以「北洛」爲正。

三天都護王長

趙昇

【按】無上秘要卷八十四得太清道人名品提到，張道陵「有弟子二十四人，入室弟子王長、趙昇，餘者皆不顯」。據此二人當在第四等秩，不解何以入第三左位。元始上真衆仙記云：「王長、趙昇二人，受書爲廬山中正一三天都護。」因該書説張道陵「治在廬山，三師同宅」，故王、趙爲正一派之三天都護，亦在廬山中。

王長、趙昇皆見太平廣記卷八引神仙傳張陵條，其略云：張道陵有九鼎大要，唯付王長。又預言後當有一人從東方來，當得之。至時果有趙昇者，從東方來，其形貌一如陵所説。陵乃七度試昇，皆過，乃授昇丹經。

無上秘要卷二十三引正一炁治圖云：「雲臺治，上應胃宿。昔張天師將諸弟子三百七十人住山治上，教化二年，白日昇天。其後一年，天師夫人復昇天。此即趙昇取桃之處是也，在巴西郡界。」三洞珠囊卷七二十四治品言之尤詳：「第一雲臺山治，在巴西郡閬日縣西去六十里，上山十八里方得，山足去成都一千三百七十里。張天師將弟子三百七十人住治上教化，二年白日昇天。其後一年，天師夫人復昇天。後三十年，趙昇、王長復得白日昇天。治前有巴西大水山，有一樹桃，三年一花，五年一實，懸七百丈下無底之谷。唯趙昇乃自擲取得桃子，餘者無能取之。治應胃宿，有人形，師人發之，治王五十年。」

太極上真公孔丘

【按】無上秘要卷八十三、八十四無此。元始上真衆仙記云：「孔丘爲太極上真公，治九疑山。」上清衆經諸真聖秘卷五引文同。真誥卷十六陶弘景注釋提到：「自三代已來，賢聖及英雄者爲仙鬼中，不見殷湯、周公、孔子、闔閭、勾踐，春秋時諸卿相大夫，及伍子胥、孫武、白起、王翦，下至韓信、項羽輩。或入仙品，而仙家不顯之。」據此或可以認爲，陶弘景所編真靈位業圖中並無孔丘，今本乃是閭丘方遠增益。

漢代流行緯書，與孔子有關之部分傳説亦被道教採納，如太上洞玄靈寶五符序卷上言，大禹治水，得靈寶五符，藏於洞庭包山。後龍威丈人得符以獻吴王闔閭，群臣莫能識之，因遣使者齎符以問孔子。本經録孔子入神仙譜，頗爲後世儒家詬病，四庫提要謂其「誕妄」。

明晨侍郎三天司真顔回

【按】無上秘要卷八十三、八十四無此。元始上真衆仙記云：「顔回受書，初爲明泉侍郎，後爲三天司真。七十二人，受名玄洲，門徒三千，不經北酆之門。」上清衆經諸真聖秘卷五引作「明晨侍郎」。與孔丘條一樣，疑本條亦是閭丘方遠所增。王長、趙昇、孔丘、顔回四條皆不見於無上秘要，而所述神位與元始上真衆仙記相符，可能是同時所添。

玄圃真人軒轅黄帝

【按】無上秘要卷八十四得太極道人名品云：「黄帝軒轅，姓公孫。行步綱之道，用劍解之法，隱變橋陵，駕龍玄圃，乘雲閬風得道。」元始上真衆仙記説法不同，云：「軒轅氏爲黄帝，治嵩高山。」位秩較上清派所安排者爲低，此亦早期靈寶派、上清派神仙譜系之差别，可以注意者。

黄帝見列仙傳，其略云：「黄帝者，號曰軒轅。能劾百神，朝而使之。弱而能言，聖而預知，知物之紀。自以爲雲師，有龍形。自擇亡日，與群臣辭。至於卒，還葬橋山。山崩，柩空無尸，唯劍舄在焉。仙書云，黄帝采首山之銅，鑄鼎于荆山之下，鼎成，有龍垂鬍髯下迎帝，乃升天。群臣百僚悉持龍髯，從帝而升，攀帝弓及龍髯，拔而弓墜，群臣不得從，望帝而悲號。故後世以其處爲鼎湖，名其弓爲烏號焉。」

玄帝顓頊黄帝孫，受靈寶五符。

【按】無上秘要卷八十四得太極道人名品云：「玄帝顓頊，黄帝之孫，遊行四海，埋寶鼎於洞山，受靈寶五符得道。」

真誥卷十一云：「大茅山有玄帝時銅鼎，鼎可容四五斛許，偃刻甚精好，在山獨高處，入土八尺許，上有盤石掩鼎上。玄帝時命東海神，使埋藏於此。」許謐因問：「不審玄帝是何世耶？後生濛濛，多所不及，願告。」卷十一茅定録答：「玄帝者，昔軒轅子昌意娶蜀山之女，生高陽，德號顓頊。

顓頊父居弱水之鄉，項身陶七河之津，是爲玄帝也。仗萬靈以信順，監衆神以導物。役御百氣，召致雷電，於是乘結元之輦，北巡幽陵，南至交趾，西濟流沙，東至蟠木，動静之類，小大之神，日月所照，莫不屬焉。四行天下，周旋八外。諸有洞臺之山，陰宫之丘，皆移安息之石，封而填之。鑄羽山之銅爲寶鼎，各獻以一於洞山神峰，不獨句曲一山而已。此所謂玄帝也。」陶弘景注釋：「顓頊水王，故號玄帝，外書亦爾。」元始上真衆仙記言：「顓頊氏爲黑帝，治太〔一〕恒山。」

太上洞玄靈寶五符序卷上云：「昌意娶蜀山女，曰昌僕，生高陽。高陽有聖德，是爲顓頊，黄帝之孫而昌意之子。淵淳有良謀，疏通而智，養財以任地，載時以象天，依神靈以信義，治氣以教民，潔誠以祭祠，北至於幽陵，南至於丹穴，西至於流沙，東至於蟠木，動静之物，大小之神，日月所照，莫不稱屬焉。」故陶弘景注真誥云：「説顓頊與五符語正同。五符唯無埋鼎一事耳。」

王子帝嚳黄帝曾孫，受靈寶五符。

【按】無上秘要卷八十四得太極道人名品云：「王子者，黄帝之曾孫，受靈寶五符。又詣鍾山，受九化十變之經，以隱遁日月，遊行星辰，修劍解之道。」

太上洞玄靈寶五符序卷上云：「玄嚚之孫高辛立，是爲帝嚳。帝嚳，黄帝曾孫也。高辛父曰喬極，喬極父曰玄嚚，玄嚚父曰黄帝。自玄嚚與喬極，不得在位，至高辛即帝位，高辛於帝顓頊爲族

〔一〕太　上清衆經諸真聖秘卷五引元始上真衆仙記無。

子。高辛生而神靈，自言其名。普施利〔一〕，不於其身。聰以知遠，明以察微，順天之義，知民之急。仁而威，惠而信，修身而天下服。取地之物而節用之，撫教萬民而利誨之，曆日月而迎送之，明鬼神而敬事之，其色恢恢，其德巍巍，其動也時，其服也士。帝嚳既執中而尸天下，日月所照，風雨所至，莫不從助，總得天地之心。其時有天人神真之官降之，乘寶蓋玄車而御九龍，策雲馬而發天窗，自稱九天真王、三天真皇，並執八光之節，佩景雲之符，到於牧德之臺，授帝嚳以九天真靈經、三天真寶符。九天真金文，上開太上通天之氣，下敷元生神祇之度，極混沌而爲限，終地幽以生初，唯天真而造其涯，下賢不能達其際。九氣所陶，神齊日月，於是物木名草，萬品分別，甘苦有味，金石殊類。上以營天，使二儀無遺，下以營人，令年命無墜。達觀者希其意，入妙者仰其味。然其文繁盛，天書難了，真人之言，既不可解，太上之心，衆叵近測，自非上神啟蒙，莫見髣髴。是以帝嚳自恨其才下，徒貴其書而不知其向。帝嚳乃祭天帝北河之壇，藏於鍾山之峰，封以青玉之匱，以期後聖有功德者令施。」

稍晚道經多據此段剪裁，如太平御覽卷六百七十二引太上太霄琅書曰：「太上真人靈寶祕文内符者，九天真王、三天真皇以授帝嚳，藏於鍾山北阿。」上清道類事相卷三引四極明科云：「帝嚳之時，九天真王駕九龍之輿，降牧德之臺，授帝此真文也。」雲笈七籤卷三云：「在昔帝嚳時，太上遺

〔一〕據史記五帝本紀，此句應作「普施利物，不於其身」，道藏本脫「物」字。

三天真皇齎靈寶五篇真文以授帝嚳，奉受供養。彌其年稔，法籙傳乎世。帝嚳將仙，乃封之於鍾山。鍾山在西北弱水之外，山高萬五千里。至夏禹登位，乃登名山巡符，度弱水，登鍾山，遂得帝嚳所封靈寶真文。」

帝舜服九轉神丹，入於九疑山而得道矣。

【按】無上秘要卷八十四得太極道人名品云：「帝舜姓姚，名重華，服北戎長胡所獻千轉紫霜得道。」此説見於真誥卷十四，有云：「北戎長胡大王，獻帝舜以白琅之霜，十轉紫華，服之使人長生飛仙，與天地相傾。舜即服之而方死，葬蒼梧之野。此諸君並已龍奏靈阿，鳳鼓雲池矣，而猶尸解託死者，欲斷以生死之情，示民有終始之限耳，豈同腐骸太陰，以肉餉螻蟻者哉。直欲遏違世之夫，塞俗人之願望也。」本經小字注釋説「服九轉神丹」，既不同於無上秘要，亦不同於真誥，疑非源自上清派傳説。

栢成子高湯時退耕，修步綱[一]之道。

【按】無上秘要卷八十四得太極道人名品云：「栢成子高修步綱之道。真授云：栢成納氣而腸胃三腐，似爲解化之迹。」此説亦見於真誥卷四，云：「務光剪韮以入清泠之淵，栢成納氣而腸胃三腐。」據上清七聖玄紀經，栢成子高爲「八真」之一，引文見太極左公北谷先生條。

[一] 綱　道藏本、説郛本皆作「網」，據秘册彙函本改。

洞真上清太微帝君步天綱飛地紀金簡玉字上經叙述步綱之法，青童君傳王君，王君曰：「吾經周時，也涉戰國之間，遊强秦之中，出大漢之世。履地源，遊九宫，見諸仙人，問諸真官，始求此道，無不步天元行紀綱者，得其道，速成而不難也。」並説：「或先勤而後怠，歷試觀而不過者，亦皆成地仙，及得尸解之身，或成地下主者，當復數千百人也，不能一一記其姓名矣。」羅列行步綱之道得仙者廿餘人，此後相關各條皆徑直引用，不復重叙淵源。經云：「桓成步綱，遂見文始，得友西歸、半車童子。」據無上秘要卷八十四云，「文始先生、西歸子、半車童子，此三人並栢成之師友」。故知「桓成」乃栢成之訛。

上清衆經諸真聖秘卷七引洞真疏略云：「上清真人總仙大司馬長生法師主三天君，姓栢成，名欻生，字芝高。」據此説，栢成爲三天君，屬上清真人，不在太極品，顯然不同於本經。雲笈七籤卷一百一有三天君列紀，其略云：上清真人總仙大司馬長生法師主三天君，姓栢成，諱欻生，字芝高，乃中皇時人，歲在東維之際，誕於北水中山栢林之下。夫名爲欻生者，以母感日華而懷孕。年九歲，求長生之道。至十四，與西歸公子、巨靈伯尹俱師事黄谷先生。其後，遇真受道，涉及仙真尊號多不見於本經，録名備參：金仙石公、甯氏先生、晃夜童子；上清萬石先生、廣成子；始元童子、丰車小童；玉清文始東王金暉仙公，號曰玉皇二道君。最末則有二玉皇君授欻生大洞真經三十九章，迴風混合帝一之道，遂得爲上清真人之位，曰總仙大司馬長生法師主三天君，理太玄，都閬風玉臺，總司學道之仙籍，主括三天之人神。

據雲笈七籤卷二十七洞天福地記之七十二福地云：「第五十大面山，在益州成都縣，屬仙人栢成子治之」。

栢成子高在不同道經中獲得位秩雖然有別，人物原型皆出於莊子之伯成子高，天地篇云：「堯治天下，伯成子高立爲諸侯焉。堯授舜，舜授禹，伯成子高辭爲諸侯而耕。」太平御覽卷五百九引嵇康高士傳，亦説伯成子高於禹時退耕，本經小字注釋「湯時退耕」，未知所本。

夏禹 受鍾山真人靈寶九跡〔一〕法，治水有功。

【按】無上秘要卷八十四得太極道人名品云：「夏禹姓姒，名文命，承舜王天下。受鍾山真公靈寶九行九真，又行玄真法得道。」真誥卷十四云：「夏禹詣鍾山，啖紫柰，醉金酒，服靈寶，行九真，而猶葬於會稽。」陶弘景注：「此事亦出五符中；茅傳又云，受行玄真之法。」

夏禹治水，膾炙人口。靈寶、上清兩派皆將之樹立爲神仙，但成仙事跡不同，位秩亦不同。靈寶傳説在先，夏禹是靈寶五符主要人物之一，太上靈寶五符序卷上云：「昔夏禹治水，拓平山川，功舉事訖，巡狩於鍾山之阿，得黄帝、帝嚳等所受藏上三天太上靈寶真經。後遊會稽，更演解靈寶玄文，撰以爲靈寶文，藏一通於名山石磧，付一通於水神，當有得道道士得之而獻王者。」上清衆經諸真聖秘卷五引元始上真衆仙記，謂「夏禹治蓋竹山」，並説，唐堯、虞舜、殷湯、夏禹、青烏子等「五人

〔一〕跡　原字殘爛，據説郛本、秘册彙函本補。中華道藏本作「蹟」，誤。

爲五帝佐相，領五帝事，五帝一劫還佐者代焉」〔一〕。

上清派晚起，借用其説而加增益，除前引真誥外，上清明堂元真經訣「昔鍾山真人教夏禹之道，是此玄真法耳，但鈔略而已，無纏旋之事也」句，小字注釋説：「按劍經序云，夏禹服靈寶行九真，又五符所載，鍾山真人教禹服日月五星之法，並與今説不同。」

周穆王至崑崙，見西王母。

【按】無上秘要卷八十四得太極道人名品云：「周穆王姓姬，成王之曾孫，遊行天下，宴瑤池，會王母。」真誥卷十四云：「周穆王北造崑崙之阿，親飲絳山石髓，食玉樹之實，而方墓乎汲郡。」陶弘景注：「此則穆天子傳所載，見西王母時也。」

周穆王詣崑崙朝西王母，傳説甚多。列子云：「(周穆王)宿于崑崙之阿，赤水之陽。別日升於崑崙之丘，以觀黄帝之宫，而封之以詒後世。遂賓于西王母，觴於瑤池之上。西王母爲王謡，王和之，其辭哀焉。」穆天子傳記載尤詳，不煩録。道書可略引雲笈七籤卷一百一十四墉城集仙録之西王母傳爲代表，云：「周穆王滿命八駿與七萃之士，驊騮赤驥，蹈驪山子之乘，駕以飛軿之輪，柏夭導車，造父爲右，風馳電逝三千里，越剖閭無凫之鄉，犀玉玄池之野。吉日甲子，黿鼉魚龜爲梁，以濟弱水，而升崑崙玄圃閬風之野，而賓於王母。穆天子持白珪重錦，以爲王母之壽。歌白雲之謡，

〔一〕道藏單卷之元始上真衆仙記文字略同。

刻石紀跡於弇山之上，而還中土矣。」

帝堯

【按】無上秘要卷八十三、八十四無此。元始上真衆仙記謂堯治熊耳山，與舜禹湯等爲五帝佐相，引文可詳前夏禹條。雲笈七籤卷二引太上老君開天經云：「帝堯之時，老君下爲師，號曰務成子，作政事經。」

風后 黄帝師，出四扇者。

【按】無上秘要卷八十四得太極道人名品云：「風后，黄帝之師。」風后爲黄帝之臣，見史記五帝本紀，後漸神格化。太平御覽卷六引風俗通云：「東方朔太白星精，黄帝時爲風后，堯時爲務成子，周時爲老子，越爲范蠡，齊爲鴟夷。言其變化無常也。」雲笈七籤載風后四扇散方，又載黄帝四扇散方，藥物組成不同。前方見卷七十四，稱：「風后傳黄帝，黄帝傳高丘子，高丘子傳大茅君，大茅君傳弟固。凡欲傳授，誓不妄泄。若輕授非道之人，考延七祖。」後方見卷七十七，謂「大茅君以授中茅君」，大茅君自稱：「此黄帝受風后四扇神方，卻老還少之道者也。我昔受於高丘先生，令以相傳耳。」此即本經小字注釋所説之「四扇」。

西歸子 未顯。

【按】無上秘要卷八十四得太極道人名品云：「文始先生、西歸子、半車童子，此三人並栢成之師友。」又據雲笈七籤卷一百一引三天君列紀，栢成子高與西歸公子、巨靈伯尹俱師事黄谷先生。

所謂西歸公子，當即本條之西歸子。

西歸子見真誥，非事跡完全不顯者。真誥卷十四云：「赤水山中學道者朱孺子，吴末入山，服菊花及术餌，後遇西歸子，從乞度世。西歸子授以要言，入室存泥丸法，三十年遂能致雲雨於洞房中。」此外，洞真上清太微帝君步天綱飛地紀金簡玉字上經提到「栢〔一〕成步綱，遂見文始，得友西歸、半車童子」。

蒲衣莊子云猶是被衣矣。

【按】無上秘要卷八十四得太極道人名品云：「蒲衣，莊子云猶是被衣。」本經小字注釋即本此。蒲衣見莊子應帝王，云：「齧缺問于王倪，四問而四不知。齧缺因躍而大喜，行以告蒲衣子。」成玄英疏：「蒲衣子，堯時賢人，年八歲，舜師之。讓位，不受。即被衣子也。」陸德明莊子音義引崔譔云：「即被衣，王倪之師也。」洞真上清太微帝君步天綱飛地紀金簡玉字上經云：「蒲衣步綱，遂入北斗。」

丰車子未顯。

【按】無上秘要卷八十三、八十四無此。該書卷八十四得太極道人名品云：「文始先生、西歸子、半車童子，此三人並栢成之師友。」本經獨缺半車童子，疑即是此。雲笈七籤卷一百一三天君列

〔一〕栢　原誤作「桓」，詳栢成子高條。

紀，有丰車小童，引文見前栢成子高條。洞真上清太微帝君步天綱飛地紀金簡玉字上經則作半車童子，引文見前西歸子條。故究竟是「半」訛作「丰」，或是相反，則不得而知。

支離

【按】無上秘要卷八十四得太極道人名品云：「支離，問柳生者。」莊子至樂云：「支離叔與滑介叔觀于冥伯之丘，崑崙之虚，黄帝之所休。俄而柳生其左肘，其意蹶蹶然惡之。支離叔曰：子惡之乎？滑介叔曰：亡，予何惡。生者，假借也；假之而生生者，塵垢也。死生爲晝夜。且吾與子觀化而化及我，我又何惡焉。」此處「柳」即「瘤」之假借，言瘤生於左肘，非有柳生其人可問也。洞真上清太微帝君步天綱飛地紀金簡玉字上經云：「支離步綱，栖集閬風。」

被衣

【按】無上秘要卷八十四得太極道人名品云：「被衣，王倪師。」莊子蒲衣與被衣兩見，蒲衣見應帝王，引文見該條，被衣見知北遊：「齧缺問道乎被衣，被衣曰：若正汝形，一汝視，天和將至。攝汝知，一汝度，神將來舍。德將爲汝美，道將爲汝居，汝瞳焉如新生之犢而無求其故。言未卒，齧缺睡寐。被衣大説，行歌而去之，曰：形若槁骸，心若死灰，真其實知，不以故自持。媒媒晦晦，無心而不可與謀。彼何人哉。」注家皆以蒲衣、被衣爲一人，見蒲衣條，本經與無上秘要、洞真上清太微帝君步天綱飛地紀金簡玉字上經則作兩人對待，後書云：「被衣步綱，七精下游。」

王倪

【按】無上秘要卷八十四得太極道人名品云：「王倪，齧缺師。」莊子應帝王云：「齧缺問于王倪，四問而四不知。齧缺因躍而大喜，行以告蒲衣子。」天地云：「堯之師曰許由，許由之師曰齧缺，齧缺之師曰王倪，王倪之師曰被衣。」洞真上清太微帝君步天綱飛地紀金簡玉字上經云：「王倪步綱，乘雲十天。」

齧缺

【按】無上秘要卷八十四得太極道人名品云：「齧缺，許由師。」莊子齊物論「齧缺問乎王倪」，成玄英疏：「齧缺，許由之師，王倪弟子，並堯時賢人也。」洞真上清太微帝君步天綱飛地紀金簡玉字上經云：「齧缺步綱，上登天堂。」

巢父

【按】無上秘要卷八十四得太極道人名品云：「巢父，洗耳師。」藝文類聚卷三十六引嵇康高士傳云：「巢父，堯時隱人，年老，以樹爲巢，而寢其上，故人號爲巢父。堯之讓許由也，由以告巢父。巢父曰：汝何不隱汝形，藏汝光？非吾友也。乃擊其膺而下之。許由悵然不自得，乃遇清泠之水，洗其耳，拭其目，曰：嚮者聞言，負吾友。遂去，終身不相見。」洗耳者爲許由，無上秘要説巢父是洗耳師，或以「洗耳」指代許由。元始上真衆仙記云：「許由、巢父，今爲九天侍中，箕山公。」洞真上清太微帝君步天綱飛地紀金簡玉字上經云：「巢父步綱，上朝天皇。」

許由

【按】無上秘要卷八十四得太極道人名品云：「許由，不受堯禪者。」史記伯夷列傳張守節正義引皇甫謐高士傳云：「許由字武仲，堯聞，致天下而讓焉。乃退而遁于中嶽潁水之陽，箕山之下隱。堯又召爲九州長，由不欲聞之，洗耳于潁水濱。時有巢父牽犢欲飲之，見由洗耳，問其故。對曰：堯欲召我爲九州長，惡聞其聲，是故洗耳。巢父曰：子若處高岸深谷，人道不通，誰能見子？子故浮遊，欲聞求其名譽，汙吾犢口。牽犢上流飲之。許由歿，葬此山，亦名許由山。」元始上真衆仙記云：「許由、巢父，今爲九天侍中、箕山公。」洞真上清太微帝君步天綱飛地紀金簡玉字上經云：「許由步綱，鳳凰群翔。」

卞隨

【按】無上秘要卷八十四得太極道人名品云：「卞隨，投水者。」此前後諸人皆見於莊子，讓王云：「湯遂與伊尹謀伐桀，克之。以讓卞隨，卞隨辭曰：后之伐桀也謀乎我，必以我爲賊也；勝桀而讓我，必以我爲貪也。吾生乎亂世，而無道之人再來漫我以其辱行，吾不忍數聞也。乃自投稠水而死。」故本注云卞隨投水。洞真上清太微帝君步天綱飛地紀金簡玉字上經云：「卞隨步綱，駕龍泰清。」

華封

【按】無上秘要卷八十四得太極道人名品云：「華封，祝堯者。」莊子天地云：「堯觀乎華。華封人曰：嘻，聖人，請祝聖人。使聖人壽。堯曰：辭。使聖人富。堯曰：辭。使聖人多男子。堯曰：辭。封人曰：壽、富、多男子，人之所欲也。汝獨不欲，何邪？堯曰：多男子則多懼，富則多事，壽則多辱。是三者，非所以養德也，故辭。」所謂「華封人」，成玄英疏：「華，地名也，今華州也。封人者，謂華地守封疆之人也。」陸德明莊子音義引司馬彪，亦以「封人」爲「守封疆之人也」。道書曲解，乃截取「華封」爲人名。洞真上清太微帝君步天綱飛地紀金簡玉字上經云：「華封步綱，體生玄雲。」

北人

【按】無上秘要卷八十四得太極道人名品列其名，其順序爲子州、善卷、石户、北人，無附加注釋語。原始出處皆見於莊子，而特别拈出此四人，似來源於抱朴子内篇釋滯：「夫北人、石户、善卷、子州，皆大才也，而沈遁放逸，養其浩然，升降不爲之虧，大化不爲之缺也。」四人之中，本經獨缺石户，不知何故。

北人即北人無擇。莊子讓王云：「舜以天下讓其友北人無擇，北人無擇曰：異哉，后之爲人也，居於畎畝之中，而遊堯之門。不若是而已，又欲以其辱行漫我，吾羞見之。因自投清泠之淵。」成玄英疏：「北方之人，名曰無擇，舜之友人也。」郭慶藩集釋引俞樾云：「廣韻二十五德，北字注：古有北人無擇。則北人是複姓。」則道書截取「北人」，勉强可通。洞真上清太微帝君步天綱飛地紀金簡玉字上經云：「北人步綱，玉女來遊。」

子州

【按】無上秘要卷八十四得太極道人名品列其名。子州即子州支伯。莊子讓王云：「舜讓天下于子州支伯，子州支伯曰：予適有幽憂之病，方且治之，未暇治天下也。」洞真上清太微帝君步天綱飛地紀金簡玉字上經云：「子州步綱，翠龍虎服。」

善卷

【按】無上秘要卷八十四得太極道人名品列其名。莊子讓王云：「舜以天下讓善卷，善卷曰：余立於宇宙之中，冬日衣皮毛，夏日衣葛絺。春耕種，形足以勞動；秋收斂，身足以休食。日出而作，日入而息，逍遥於天地之間而心意自得。吾何以天下爲哉。悲夫，子之不知余也。遂不受。於是去而入深山，莫知其處。」洞真上清太微帝君步天綱飛地紀金簡玉字上經云：「善卷步綱，乘嬌龍燭。」

馬皇

【按】無上秘要卷八十四得太極道人名品云：「馬皇，治龍病者。」其人物原型當是列仙傳之馬師皇，列仙傳云：「馬師皇者，黄帝時馬醫也。知馬形生死之診，治之輒愈。後有龍下，向之垂耳張口。皇曰：此龍有病，知我能治。乃針其唇下口中，以甘草湯飲之而愈。後數數有疾龍出其波，告而求治之。一旦，龍負皇而去。」馬師皇省稱馬皇，見於抱朴子内篇論仙，云：「馬皇乘龍而行。」真誥則稱馬皇先生，卷十二云：「（劉翊）遇馬皇先生，告翊曰：子仁感天地，陰德神鬼，太上將嘉子之用情矣，使我來攜汝以長生之道。吾仙官也，爾乃能隨我去不。翊於是叩頭自搏：少好長生，幸遇神仙，乞願侍給。馬皇先生因將翊入桐柏山中，授以隱地八術，服五星之華法。」陶弘景注：「馬皇出列仙傳，黄帝時馬師也。」洞真上清太微帝君步天綱飛地紀金簡玉字上經云：「馬皇步綱，龍雲俱至。」

安公姓陶，乘赤龍矣。

【按】無上秘要卷八十四得太極道人名品云：「安公姓陶，乘赤龍。」其人物原型當是列仙傳之陶安公，列仙傳云：「陶安公者，六安鑄冶師也。數行火，火一旦散，上行紫色衝天，安公伏冶下求哀。須臾，赤雀止冶上，曰：安公，安公，冶與天通。七月七日，迎汝以赤龍。至期赤龍到，大雨，而安公騎之東南上，一城邑數萬人衆共送視之，皆與辭決云。」洞真上清太微帝君步天綱飛地紀金簡玉字上經云：「安公步綱，赤龍見負。」

大項名託。

【按】無上秘要卷八十四得太極道人名品云：「大項，項橐者。」戰國策秦策謂「夫項橐生七歲而爲孔子師」，高誘注淮南子亦説：「項橐年七歲，窮難孔子，而爲之作師。」項橐亦寫作「項託」，此固然無惑，然雲笈七籤卷一百引軒轅本紀，謂黄帝「始學於大項，長於姬水」，似大項另有其人者，存疑待考。洞真上清太微帝君步天綱飛地紀金簡玉字上經云：「大項步綱，色反嬰兒。」

右位

太極右真人西梁子文

【按】無上秘要卷八十四太極品之金闕四帝，第三爲西梁子文，並云：「西梁子文，授王清虚青精飿飯雲牙者。」亦請詳太極金闕帝君條按語。

太極真人服四極雲牙神仙上方見上清明堂元真經訣，亦見上清太極真人神仙經，均題爲「女弟子魏華存受清虚真人方」，經文説：「昔太極真人西梁子文〔一〕，奉受太上口訣，千歲五傳，不得妄泄。四明科法，依隱書之制，先齋五日乃授，立約歃血，賠師金環五雙，以效天人誓信不宣之券。口訣五雙環也。又用青絲五兩，云是西梁真人法，南嶽夫人説，云闕絲亦可，本經不及故也。」〔二〕所談論者，即是西梁子文傳授清虚真人王褒，王褒授魏華存之「青精飿飯雲牙」。

雲笈七籤卷一百六弟子南嶽夫人魏華存撰之清虚真人王君内傳，謂王褒在華山精修，感神人停駕，自稱太極真人西梁子文，而告曰：「我太極真人，神仙之司，主試校學者，領舉正真爾。」其他

〔一〕文　上清太極真人神仙經有此字，上清明堂元真經訣缺。本段引文皆據前者。

〔二〕「口訣五雙環也」以下至引文結束，上清明堂元真經訣作小字，審文意，確應是注釋文。

道經涉及西梁子文與王褒之傳授，皆本於此傳。

太極右真人安度明

【按】無上秘要卷八十四太極品之金闕四帝，第三爲西梁子文，並云：「安度明，初降南真於修武縣中者。」亦請詳太極金闕帝君條按語。安度明降南嶽夫人事，見太平御覽卷六百七十八南嶽夫人内傳，引文詳紫虚元君領上真司命南嶽魏夫人條。

安度明事跡可詳太上洞玄靈寶業報因緣經，卷九證實品第二十一云：「安度明者，山中誦經三十七年。中黄真人化爲獵師，持毒蛇與之，度明欣然受之，蛇化成金芝。中黄感其心定，便令食芝，身生金光。五百年中，遊行五嶽，得爲太極左仙公。」此靈寶派經典，故言安度明位秩與本經不同。

孟郊有列仙文組詩，録其中詠安度明備參，云：「丹霞焕上清，八風鼓太和。回我神霄輦，遂造嶺玉阿。咄嗟天地外，九圍皆我家。上采白日精，下飲黄月華。靈觀空無中，鵬路無間邪。顧見魏賢安，濁氣傷汝和。勤研玄中思，道成更相過。」詩中魏賢安即魏夫人。

玄洲仙都絳文期

【按】無上秘要卷八十四得太極道人名品云：「絳文期，玄洲仙都，降南真於陽洛山者。」今傳各本魏夫人傳皆未見此真靈，事跡不詳。

紫陽真人范明期

【按】無上秘要卷八十四得太極道人名品云：「范明期，受西梁甑飯，紫陽既〔一〕右真人。紫陽有左右，則周君爲左真人，位秩高此，已在上清。」據無上秘要之説，此范明期位秩爲紫陽右真人，周義山爲紫陽左真人，已在上清品。本經周義山亦居第二左位，可詳該條。范明期事跡不詳。

鬱絶真人裴玄仁

【按】無上秘要卷八十三、八十四無此，本經第二左位之清靈真人裴君即是本尊，顯然重出。因今本無上秘要「得上清道人名品」、「得玉清道人名品」兩部分亡佚，裴玄仁既然不在現存之八十三、八十四卷中，推測其屬於「得上清道人名品」，本經安排在第二左位應屬合理，此處重出，陶弘景似不應有此誤，疑是閭丘方遠增衍。

太玄仙女西靈子都

【按】無上秘要卷八十四得太極道人名品云：「太玄仙女西靈子都，季主之師。」季主即司馬季主，見下條。真誥卷十四云：「司馬季主後入委羽山石室大有宫中，受石精金光藏景化形法於西靈子都。西靈子都者，太玄仙女也。其同時今在大有室中者，廣寧鮑叔陽、太原王養伯、潁川劉瑋惠、

〔一〕既　疑當與下一「紫陽」字相連，作：「范明期，受西梁甑飯，紫陽右真人。紫陽既有左右，則周君爲左真人，位秩高此，已在上清。」

岱郡段季正，俱受師西靈子都之道也。」

司馬季主受西靈子都劍解之道。

【按】無上秘要卷八十四得太極道人名品云：「司馬季主，漢時人，受西靈子都劍解之道，託形枕席，在委羽山大有宮，服明丹之華，挹扶晨之暉。真授云：如似作劍兵解法，兵解則不得在太極。」

司馬季主見於史記日者列傳，本傳除了記司馬季主對宋忠、賈誼大論「道術」外，於季主生平僅有「司馬季主者，楚人也，卜于長安東市」數句；褚少孫增補無多，謂「司馬季主者，楚賢大夫，遊學長安，通易經，術黄帝、老子，博聞遠見」，如此而已；司馬貞史記索隱言「季主見列仙傳」，今本列仙傳亦付缺如。

不特列仙傳無司馬季主，神仙傳亦無此公。太平御覽六百六十六引抱朴子曰：「范零子少好仙道，如此積年。後遇司馬季主，季主同入常山中。積七年，入石室〔一〕甕，季主出行，懇戒之曰：慎勿開。零子忽發視之。季主還，乃遣歸。後復召至，使守一銅匱，又戒勿發。零子復發之，季主乃遣之，遂不得道。」此實出於真誥，非抱朴子佚文。頗疑司馬季主爲楊、許上清派根據史記構造之重要神仙，早期屬上清派專有，與其他派别無關也。真誥卷十四載楊羲與許謐書函有云：「季主託

〔一〕石室　其後有脱文，可據真誥補。

形隱景，潛跡委羽，紫陽傳具載其事也。昨夜東卿至，聊試請問季主本末。東卿見答，令疏如別，爲以上呈。願不怪之。省訖付火。」東卿即茅盈，此言楊羲向降臨之神仙司命東卿茅盈詢問司馬季主事跡。陶弘景注釋説：「長史撰真仙傳，欲以季主最在前，所以楊君爲請問本末也。」卷十七又載楊羲與許謐書函云：「羲白，漢書載季主事不乃委曲。嵇公撰高士傳，如爲清約。輒寫嵇所撰季主事狀讚如別。謹呈。」按，此處漢書實爲史記日者列傳之訛。據函知嵇康作高士傳有司馬季主小傳，惜今不傳，並疑前史記索隱稱「季主見列仙傳」，亦是指高士傳。

上清派編織司馬季主事跡，包括其師承授受，多數内容尚見於真誥。整理如下：

司馬季主爲太玄仙女西靈子都弟子，引文見前條。司馬季主之隱化，真誥多處提到，不免前後矛盾。卷四言「季主服雲散以潛升，猶頭足異處」，此即所謂「劍解」。卷十四云：「挹九轉而尸晁，呑刀圭而蟲流，司馬季主、甯仲君、燕昭王、王子晉是也。」陶注云：「司馬季主亦以靈丸作兵解，故右英云頭足異處。」同卷又説：「季主臨去之際，託形枕席，爲代己之像。墓在蜀郡成都升盤山之南，諸葛武侯昔建碑銘德於季主墓前。碑讚末曰：玄漠太寂，混合陰陽。天地交泮，萬品滋彰。先生理著，分別柔剛。鬼神以觀，六度顯明。」同卷又言：「季主讀玉經，服明丹之華，挹扶晨之暉。今顔色如二十女子，鬚長三尺，黑如墨也。」陶弘景在卷四注释中承认：「此諸仙人出諸傳記，而事迹有參差不同者。」故卷十四只得含混注釋説：「真誥云：季主咽虹液而頭足異處。劍經注云：呑刀圭而蟲流。今東卿説云託形枕席，爲代己之像。似當是作録形靈丸兵解去也。漢史既不顯其終，无以別測其事也。」

司馬季主傳授之弟子亦見於真誥，計有黃子陽等數人，多數載録本經，其真誥原文並録於此，後不復重出。

卷五云：「黃子陽者，魏人也。少知長生之妙，學道在博落山中九十餘年，但食桃皮，飲石中黃水。後逢司馬季主，季主以導仙八方與之，遂以度世。」小字注釋云：「此六國時魏，非漢後魏世也。」

同卷云：「范零子少好仙道，如此積年。後遇司馬季主，季主將入常山中，積七年，入石室。東北角有石牖，季主出行則語之曰，慎勿開此。如此數數非一。零子忽發視，下見其家父母大小，近而不遠。乃悲思。季主來還，乃遣之歸。後復取之，復使守一銅櫃，又使勿發，零子復發之，如前見其家。季主遣之，遂不得道。」

卷十四云：「太原王養伯者，漢高呂后攝政時中常侍中瑯琊王探也。少服澤瀉，與留侯張良俱採藥於終南山，而養伯不及，遂師事季主。」

同卷云：「潁川劉瑋惠，漢景帝時公車司馬劉諷也。後事季主，晚服日月炁，爲入室弟子。道成，晚歸鄉里，託形杖履，身死桑樹之下。今墓在汝南安城縣西山。」

同卷云：「岱郡段季正本隱士也，不聞有所服御，晚乃從季主學道。行度秦州溺水，拘得尸而葬川邊，今南鄭秦川是也。此人亦季主入室弟子。」按，同卷又説王養伯、劉瑋惠、段季正「受師西靈子都之道也」，此言師事司馬季主，則前後不同。真誥引文見太玄仙女西靈子都條。

真誥又提到司馬季主子女，卷十四：「季主一男一女俱得道。男名法育也，女名濟華，今皆在委羽山中。濟華今日正讀三十九章，猶未過竟。」

真誥言許謐欲作真仙傳，首冠司馬季主之傳。雲笈七籤卷八十五尸解條有司馬季主小傳，似綜合史記與真誥而成，未知是此否。傳云：「司馬季主者，楚人也，卜於長安市。文帝時，賈誼、宋忠爲中大夫，曰：吾聞聖人不在朝廷，或遊鄽肆，試往觀之焉。見季主閑坐，弟子侍，而論陰陽之紀。二人曰：望先生之狀，聽先生之辭，世未嘗見也。尊官高位，賢者所處，何舉之卑，何行之汙。季主笑曰：觀大夫類有道術，何言之陋？今蠻夷不服，四時不和，徒趑趄而言，相引以勢，相延以利，賢者乃何羞爾。夫内無飢寒之累，外無劫奪之憂，處上而人敬，居下而無害，君子之道也。卜之爲業，所謂上德不德也。鳳凰不與燕雀同群，公等瑣瑣，何足知長者乎。二人忽爾自失，後相謂曰：道高者安，勢高者危。卜而不審，不見奪糈。爲人主計而不審，身無所處。宋忠抵罪，賈誼感鵩。梁孝王墜馬，吐血而死。季主入委羽山大有宫中，師西靈子都，受石精金光藏景化形之道，臨去之際，留枕席以代形，粗似如其真身不異也。家人乃葬之於蜀昇盤山之南，諸葛亮爲其碑讚云：玄漠大寂，混合陰陽。天地交泮，萬類滋彰。先生理著，分别柔剛。鬼神以觀，六度顯明。季主得道後，常讀玉經，服明丹之華，挹扶晨之輝，顔如少女，鬚三尺，黑如墨。有子二人，男名法育，女名濟華，乃俱在委羽山，並讀三十九章。」

雲笈七籤卷七十九有五嶽真形神仙圖記，提到司馬季主與五嶽真形圖之關係，不見於真誥，亦不見於上述小傳，云：「五嶽真形神仙圖記，並出太玄真人。漢初，有司馬季主師事太玄仙女（原注：太玄仙女號西靈子都，居委羽石室大有宫中，有諸妙法，五嶽備焉。），諮受五嶽，以奏孝文帝。帝不能勤行，又教賈誼。誼未練習，粗誚本源。文帝受鼇，坐於宣室（原注：未央殿前正室也，祠還致福祚曰鼇），因問鬼神事，誼具道之。帝曰：吾久不見賈生，自以爲過之，今不及也。雖有此言，猶斥遠誼。誼既失志，法遂不行。後孝武好道，少君薦之，王母感降圖文。宣明不能專修，俄復散逸。季主同學道士季守及西門君惠，圖讖兼精，知劉季當爲天子，光武中興，詣上此科。」

太極仙侯張奉

【按】無上秘要卷八十四得太極道人名品云：「張奉，字公先，河内人。先爲東華北河司命禁保侯。激子久在東華宫，已爲太極所署，又領九宫尚書令太極仙侯。」無上秘要在「激子」處提行，似以張奉與激子爲兩人，據真誥，激子即是張奉，引文詳後。另可注意者，本經第五中位爲九宫尚書，據注釋，亦是張奉字公先，則將張奉一分爲二矣。説見該條。

真誥卷十二云：「張激子當爲太極仙侯。激子者，河内張奉者也，字公先，少時名激子耳。此人亦少發名字，太傅袁隗歎其高操，妻以女。女服飾奢麗，奉不顧眥，無異路人。婦改服，乃後成室家也。後棄世入剡山，遇山圖公子。山圖公子，周哀王時大夫，仙人者也，授激子九雲水强梁鍊桂法。激子修此得道，今在東華宫，行爲太極所署也。或領九宫尚書，與北河侯對職治水考。北河司命或爲禁保侯，亦並共業故也。北河司命亦治在洞天之中，與張激子對局。」此即無上秘要所依據。揆真誥本意，張奉位秩當居太極仙侯，職務爲九宫尚書，而職司則是與北河司命共同主管北河考對之事。無上秘要注張奉「先爲東華北河司命禁保侯」，或是對真誥此文之錯誤理解；本經第六左位另有北河司命保禁侯桃俊。

關於張奉，真誥卷十二陶弘景注釋云：「魏書云：張範，字公儀，河内修武人。祖歆，漢司徒。父延，太尉。袁隗欲以女妻範，範辭不受。性恬静樂道，徵命不就。後爲議郎，參丞相魏武軍事，甚見敬重。好賑救窮乏，家無餘財。以建安十七年卒。弟承，字公先，亦知名，以方正拜議郎諫議大夫趙郡太守。後隨魏武西征，至長安病亡。此説名字，翻覆大異。承與奉乃相類，而非袁壻；若是範，又其字不同。詳按事迹，恐多是兄也。魏書王修傳又云：修往來南陽，多止張奉舍。奉舉家病，修營拯之。按張範兄弟，乃嘗避地往揚州投袁術，又非劉表，不應在南陽。二三爲疑也。山圖公子，出列仙傳。」真誥是楊、許降靈接真之記録，其中涉及古代名人，張冠李戴處甚多，不僅張奉一條。此類情況陶弘景多數有注釋，或質疑，或辯解，間有陶迴避不注者，亦予補充，以資研究。

洞臺清虚七真人

【按】無上秘要卷八十四得太極道人名品云：「洞臺清虚七真人，姓名未顯，同在王屋山宫，此中亦有在上清限者。」此當是七人，上清後聖道君列紀提到：「馬明、張陵、陰生、王褒、墨翟、司馬季主，及洞臺清虚天七真人、八老先生，凡二十四人，或名隱名見，改易姓字，實難分别也。」又説：「後聖君命王君總司二十四真人，決下教之功。二十四真人皆受事於方諸青童，受所教之徒於王君，王君亦先告可成者於二十四真人，真人然後受事，乃教之也。聖君列紀唯以付王君一人，使擇可授者，不盡使諸真人並傳之也。欲知二十四真人姓名，在吾青要衆文經末，是其定人所教書符神訣篇目，並列之於經上。」

西嶽卿副司命季翼仲甫左元放師。

【按】無上秘要卷八十四得太極道人名品云：「李翼，字仲甫，京兆人，與茅司命俱事王君，左元放師，西嶽卿嗣司命，則主西方録籍。」引文需説明者有二：本經「季」字，道藏本、秘册彙函本及説郛本同此；不僅無上秘要作「李」，真誥卷九、十二亦作「李」，可證本經「季」字訛誤。引文在「左元放」處提行，敦煌卷子斯五七五一亦復如是，故中華道藏將李翼與左元放視爲兩條，後句標點爲：「左元放師西嶽卿，嗣司命，則主西方録籍。」此究竟本經誤注，或中華道藏誤點，可引真誥爲證。真誥卷十二陶弘景注：「左慈，字元放，李仲甫弟子，即葛玄之師也。」此見李翼爲左慈之師。卷九陶注：「李仲甫在西方，韓衆在南方，餘三十一司命皆在東華。青童爲太司命，總統故也。」此與無上秘要説李翼「主西方録籍」相合。又，真誥卷十二本文云：「左慈今在小括山。」不與中華道藏標點之左元放爲「嗣司命，則主西方録籍」之説相符；更復繹考本經，左元放在第六左位，亦不與無上秘要居太極品吻合。另外，上清衆經諸真聖秘卷八引天地宫府真經，亦有西嶽卿副司命李仲甫，與本經及無上秘要同。綜上，知本條小字注釋依據無上秘要，並無訛誤，中華道藏標點錯誤。

李翼傳授左元放，亦見於太平御覽卷六百七十八引登真隱訣云：「李翼，字仲甫，以七變法傳左慈。慈修之，以變化萬端。此經在茅真人傳，後道士以還丹方殊秘，故略出別爲一卷。」茅山志卷五有李翼小傳，年代雖晚，乃據以上文獻增衍，其略云：「李翼字仲甫者，京兆人也。與司命君俱事西城王君，仲甫爲入室弟子，司命君爲北牖弟子。但仲甫所受業異，恒服水玉有效，能步斗隱形，晝夜行三綱六紀之法，又作白虎七變。百餘歲，轉更少壯，與司命君同受還丹一劑，服而歸家。仲甫相識人相去五百里，常以張羅爲業，當晨張羅獲一大鳥，視察之，迺是仲甫。語畢别去，言已，復是日還家，在民間二百五十年。漢靈帝時，入西嶽去，亦有迎官如司命君初發時也。受書爲西嶽副司命。每自歎云，吾受業少不如茅叔申，此亦吾之命也。仲甫曾以七變神法傳左元放，元放修之，亦變化萬端矣。」

八老元仙

【按】無上秘要卷八十四得太極道人名品云：「八老先生，姓名未顯，應是淮南八公，此中亦有在太清者。」同卷得太清道人名品又説：「淮南八公即是八老先生。」此則前後抵牾，本經亦復如是，第四左位又有淮南八公。八老元仙應即八老先生，與前洞臺清虚七真人一樣，亦應是八位，同屬二十四真人。上清後聖道君列紀云：「馬明、張陵、陰生、王褒、墨翟、司馬季主，及洞臺清虚天七真人、八老先生，凡二十四人，或名隱名見，改易姓字，實難分别也。」詳細引文見洞臺清虚七真人條。真誥卷十三華陽中玉碣文有「領理八老，二十四真」，亦指此二十四真人中之八老。

正一上玄玉郎王中

鮑丘

【按】無上秘要卷八十四得太極道人名品云：「王忠，正一上玄玉郎。鮑丘，太極宫官。」王忠與王中當是傳寫之訛，無上秘要以鮑丘爲太極宫官，則與本經有異。然現存道經中，數處都是王忠、鮑丘以正一上玄玉郎身份同時出場，因疑無上秘要之「太極宫官」應與下句「南陵玉女」相連。舉證如下：太平御覽卷六百七十六引龜山元籙云：「天皇太帝遣繡衣使者泠廣子期授茅盈以神璽玉章；金闕聖君命太極真人，使正一上玄玉郎王忠、鮑兵等與茅盈佩璽。」上清道寶經卷一云：「金闕上聖命太極真人，使正一上玄玉郎王忠、鮑丘等，與茅盈四節燕胎流明神芝，長曜靈飛夜光洞草，佩璽服衣冠。」墉城集仙録卷一説者亦同。

南陵玉女

【按】無上秘要卷八十四得太極道人名品「鮑丘，太極宫官」之後，即是南陵玉女。上清太上八素真經云：「玉皇下盼遊生，見有得此書者，即告太上，使遣飛靈玉童三十六人，侍此書之所在處也。又告太極，遣南陵玉女三十二人，衛此五星真君、君夫人之名字也。又並使玉童、玉女，衛護有書之身。」

陽谷真人領西歸傳淳于太玄

【按】無上秘要卷八十四得太極道人名品云：「淳于太玄，石城人。陽洛真人，領西歸傳。」與本經文字稍有出入，真誥卷一開列出場真靈清單，其中有陽洛真人領西歸傳淳于太玄，原注云「西域人」。則無上秘要所載似較準確。然不解「西歸傳」或「西歸傳」是何意。

戎山真人右仙公范泊華

【按】無上秘要卷八十四得太極道人名品云：「范伯華，豳人。戎山真人右仙公。」真誥卷一亦作戎山真人太極右仙公范伯華，原注云「幽人」。似當以作范伯華爲正。

陸渾真人太極監西郭幼度

【按】無上秘要卷八十四得太極道人名品云：「郭幼度，陸渾真人，太極監。」真誥卷一作陸渾真人太極監西郭幼度，此或無上秘要脱「西」字〔一〕。

中黄四司大夫領北海公涓子 蘇君師矣。

【按】無上秘要卷八十四得太極道人名品云：「涓子，名未顯，青童弟子，蘇君之師。少餌朮精，受守一玄丹之道。中黄四司大夫，領北海公。」

涓子先見於列仙傳，其略云：「涓子者，齊人也。好餌朮，接食其精，至三百年，乃見於齊。著天人經四十八篇。後釣於荷澤，得鯉魚，腹中有符。隱於宕山，能致風雨。受伯陽九仙法。淮南王〔二〕

〔一〕敦煌卷子斯五七五一無上秘要卷八十四殘本亦寫作「郭幼度」，或無上秘要原本錯訛，非傳寫致誤。

〔二〕王　原誤作「山」。

安，少得其文，不能解其旨也。其琴心三篇，有條理焉。」

道教成立以後，涓子形象更加神化。抱朴子内篇極言有云：「適東岱而奉中黄，入金谷而諮涓子。」上清派对涓子剖鯉获符，敷陈尤多。金闕帝君三元真一經題「涓子受之東海青童君」。上清金闕帝君五斗三一圖訣則稱：「後聖金闕君所受三元真一經、太極帝君真符、五斗真一經、太極帝君寶章，凡四訣。後以傳仙人涓子。涓子釣河獲鯉，剖得青玉函，發視獲二符二經法是也。此太上内隱法，地真之上道，亦得朝宴上清，遊眄太極，飛遨空洞，寢息昆玄矣。」經末有贊説：「子晉得之，駕鶴乘雲。安期得之，迴轉五辰。涓子得之，上造太清。柱史得之，飛飈北冥。」此説亦見登真隱訣卷上之「玄洲上卿蘇君傳訣」，謂上、中、下三元符爲「涓子剖鯉魚所獲」。涓子亦是步綱者之一，洞真上清太微帝君步天綱飛地紀金簡玉字上經云：「涓子步綱，河出靈魚，服挹玉液，遂升玄洲。」

至於本經給予尊號「中黄四司大夫，領北海公」，見於雲笈七籤卷一百四玄洲上卿蘇君傳，謂蘇林師事涓子，涓子有所傳授，後乃告林曰：「我被帝召，上补中黄四司大夫，领北海公，去世無復日也。」

太極法師徐來勒吴時天台山傳葛仙公法輪經。

【按】無上秘要卷八十三、八十四無此，元始上真衆仙記云：「徐來勒爲太極真人，治括蒼山，小宫在天台山。」上清衆經諸真聖秘卷五引文同。此屬靈寶派人物，尚難保證是陶弘景或閭丘方遠所添。

徐來勒是靈寶派重要神祇，爲葛玄傳授之師，皆見靈寶諸經記載，雲笈七籤卷三靈寶略記總結云：「至三國時，吴主孫權赤烏之年，有瑯琊葛玄，字孝先。孝先乃葛尚書之子。尚書名孝儒，年八十乃誕玄。玄多靈應，年十三，好慕道德，純粹忠信。舉孝廉，不就。棄榮辭禄，志尚山水。入天台山學道。精思遐徹，未週一年，感通太上，遣三聖真人下降，以靈寶經授之。其第一真人自稱太上玄一第一真人鬱羅翹；其第二真人自稱太上玄一第二真人光妙音；其第三真人自稱太上玄一第三真人真定光。三真未降之前，太上又命太極真人徐來勒，爲孝先作三洞法師。孝先凡所受經二十三卷，並語禀、請問十卷，合三十三卷。」卷六又説：「徐來勒等三真，以己卯年正月一日日中時，於會稽上虞山傳仙公葛玄，玄字孝先。後於天台山傳鄭思遠、竺法蘭、釋道微。道微傳吴主孫權等。」卷三十八有「太極仙公於天台山静齋念道，稽首禮拜，請問太極法師徐來勒」云云。唐代上清派亦承認徐來勒地位，如道門經法相承次序卷中，潘師正答唐高宗問，亦引用元始天尊與徐來勒之對話。但無論如何，即使站在靈寶派立場，徐來勒地位也應該高於葛玄，本經將葛玄排在第三左位，而以徐來勒居第三右位偏後，恐是添加者之疏忽，而非有意貶低。

邯鄲張君

【按】無上秘要卷八十四得太極道人名品云：「邯鄲張君，前漢末人。」真誥卷十云：「守五斗内一，是真一之上也，皆地真人法也。上黨王真、京兆孟君、司馬季主，皆先按於此道而始矣。魯女生、邯鄲張君，今皆在中嶽及華山，正守此一。亦可得漸階上道而進，復爲不難也。」張君爲劉京之師，出自神仙傳，引文見劉京條。據無上秘要，張君、劉京皆屬受行飛步而得道者，名單見本經後文老聃條，洞真上清太微帝君步天綱飛地紀金簡玉字上經未提到張君、劉京步綱事跡。

庚桑子

【按】無上秘要卷八十四得太極道人名品云：「庚桑，善化導者。」庚桑子原型爲莊子中之庚桑楚，史記正義引莊子云：「庚桑楚者，老子弟子，北居畏累之山。」仙苑編珠卷下「莊周鯤化，桑楚年豐」句注釋説：「庚桑子，名楚，老君弟子。居羽山三年，俗無疵癘，而仍穀熟也。受號洞靈真人。」據舊唐書禮儀志，天寶元年以「莊子號南華真人，文子號通玄真人，列子號沖虛真人，庚桑子號洞虛真人。改莊子爲南華真經，文子爲通玄真經，列子爲沖虛真經，庚桑子爲洞虛真經。」洞真上清太微帝君步天綱飛地紀金簡玉字上經云：「庚桑步綱，遊行八冥。」

蕭史

【按】無上秘要卷八十四得太極道人名品云：「蕭史，善吹簫者。」蕭史原型出自列仙傳，其略云：「蕭史者，秦穆公時人也。善吹簫，能致孔雀、白鶴於庭。穆公有女，字弄玉，好之，公遂以女妻焉。日教弄玉作鳳鳴。居數年，吹似鳳聲。鳳凰來止其屋，公爲作鳳臺，夫婦止其上。不下數年，一旦皆隨鳳凰飛去。故秦人爲作鳳女祠于雍宮中，時有簫聲而已。」蕭史、弄玉乃是所謂「神仙眷屬」，不解本經何以在二者之間插入太上玄一三真、劉京、玄洲上卿太極中候大夫蘇君三位。無上秘要中蕭史以後即是弄玉：「弄玉，秦穆公女，奔蕭史者。」仙苑編珠卷上也説：「弄玉鳴鳳，蕭史同仙。」洞真上清太微帝君步天綱飛地紀金簡玉字上經亦云：「蕭史步綱，隱逸秦樓；弄玉受教，俱到青丘。」

太上玄一三真吴時降天台山，傳葛仙公靈寶經。

【按】無上秘要卷八十三、八十四無此，此爲靈寶派神仙，疑是陶弘景或閻丘方遠所添。三真人各有姓字，詳前太極法師徐來勒條。

劉京

【按】無上秘要卷八十四得太極道人名品云：「劉京，張君弟子。」張君即前邯鄲張君。真誥卷十東陵聖母口訣云：「學道慎勿言，有多爲山神百精所試。夜卧，閉目存眼童子在泥丸中，令内視身神，長生升天。劉京亦用此術。」陶弘景注：「出神仙傳，今爲海神之宗。劉京，渝〔一〕漢末人。出飛步經後。」東陵聖母及劉京皆見於神仙傳，東陵聖母與本經無關，神仙傳劉京條云：「劉京，字太玄，南陽人也，漢孝文皇帝侍郎也。後棄世從邯鄲張君學道，受餌朱英丸方，合服之，百三十歲，視之如三十許人。後師事薊子訓，子訓授京五帝靈飛六甲十二事，神仙十洲真形諸秘要，京按訣行之，甚效。能役使鬼神，立起風雨，召致行廚，坐在立亡。而知吉凶期日，又能爲人祭天益命，或得十年，到期皆死，其不信者，至期亦死。周流名山五嶽，與王真俱行，悉遍也。」

〔一〕渝　疑是衍文。

玄洲上卿太極中候[一]大夫蘇君名林，字子玄。涓子弟子，周君師。

元真一。遊徧人間數百年，玄洲遣迎，雲車羽蓋，驂駕龍虎。錫玄洲上卿，領太極中候大夫。」上清衆經諸真聖秘卷七引源統經目有玄洲上卿蘇君諱林之名；同卷引洞真疏略云：「玄洲上卿姓蘇諱林，字子玄。」真誥多處提到蘇君傳，即見於雲笈七籤卷一百四，題周季通撰之玄洲上卿蘇君傳。傳記載蘇林姓字皆同於前，謂其先後師琴高先生，受煉氣益命之道；華山仙人仇先生，服胎食之法，還神守魂之事；由仇先生之介，師真人涓子，是其本師。涓子升天，遺書與林云：「五斗三一，太帝所秘。精思二十年，三一相見，授子書矣。但有三一，長生不滅，況復守之乎。能存三一，名刊玉札，況與三一相見乎。加存洞房爲上清公，加知三元爲五帝君。後聖金闕帝君所以乘景迅雷，週行十天，實由洞房三元真一之道。吾餌朮精三百年，服氣五百年，精思六百年，守三一三百年，守洞房六百年，守玄丹五百年。中間復周遊名山，看望八海，回翔五嶽，休息洞室，樂林草之垂條，與鳥獸之相激。川瀆吐精，丘陵蓊鬱。萬物之秀，寒暑之節。弋釣長流，遨遊玄瀨。静心山岫，念真養氣。呼召六丁，玉女見衛。輾轉六合，無所羈束。守形思真二千八百餘年，寔樂中仙，不求聞達。今卒被召，上補天位。徘徊世澤，惆悵絶氣。吾其去矣，請從此别。子勤勖之，相望飆室也。」蘇林謹奉

【按】無上秘要卷八十四得太極道人名品云：「蘇林，字子玄，濮陽曲水人。師涓子道學，受三

[一] 候　説郛本、秘册彙函本作「侯」。

法術，施行道成，漢元帝神爵二年三月六日，告弟子周季通『我昨被玄洲召爲真命上卿，領太極中候大夫』云云。

按，蘇林先見於神仙傳，太平御覽卷六百六十二引葛洪神仙傳有『蘇仙公名林，字子玄，周武王時人也，家濮陽曲水。林少孤，以仁孝聞。貧，常自牧牛得道』云云。四庫全書本神仙傳無此，漢魏叢書本有之，標題爲『蘇仙公』，内容略異。同書卷六百七十一引登真隱訣：『玄洲上卿蘇林字子玄，涓子弟子也。同〔一〕紫陽之師，濮陽曲水人，年二十餘，辭家學道，後授三元真一，遊變人間。』後者則是上清派説法，與本經相符。

弄玉

【按】無上秘要卷八十四得太極道人名品云：『弄玉，秦穆公女，奔蕭史者。』弄玉與蕭史夫婦俱仙，不解本經何以分隔，可詳蕭史條。

二女 白水使者。

【按】無上秘要卷八十四得太極道人名品云：『二女，白水陽見禹者。』『二女』或與列仙傳之『江妃二女』有關，原文云：『江妃二女者，不知何所人也。出遊于江漢之湄，逢鄭交甫，見而悦之，不知其神人也。謂僕曰：我欲下請其佩。僕曰：此間之人皆習於辭，不得，恐罹悔焉。交甫不聽，遂

〔一〕同　應是『周』字之訛。

下與之言曰：二女勞矣。二女曰：客子有勞，妾何勞之有。交甫曰：橘是柚也，我盛之以笥，令附漢水，將流而下。我遵其旁，采其芝而茹之，以知吾爲不遜也。願請子之佩。二女曰：橘是柚也，我盛之以莒，令附漢水，將流而下。我遵其旁，采其芝而茹之。遂手解佩與交甫。交甫悦，受而懷之中當心。趨去數十步，視佩，空懷無佩。顧二女，忽然不見。」

別考真誥卷十七云：「江斐登湄而解珮，二女御風於瀟湘。」前句江斐即江妃二女，後句二女似指帝堯之二女，即所謂湘妃者。然郭璞注山海經中山經「帝之二女居之」句云：「天帝之女，處江爲神，即列仙傳所謂江妃二女也。」本經之「二女」究竟云何，尚難論定。洞真上清太微帝君步天綱飛地紀金簡玉字上經亦云：「二女步綱，俱濟白水，乃見金母，棲身東陛。」似道教別有二女故事，遺憾未能探得其詳。

長桑公子 莊子師。

【按】無上秘要卷八十四得太極道人名品云：「長桑公子，莊周師，授扁鵲起死方者。」並說，長桑公子與韋編郎莊周「此二人真仙」。真誥卷十四云：「莊子師長桑公子，授其微言。」陶弘景注釋說：「長桑即是扁鵲師，事見魏傳及史記。」魏傳即魏夫人傳，今傳本未提到長桑公子；史記當指史記扁鵲列傳，傳云：「（扁鵲）少時爲人舍長，舍客長桑君過，扁鵲獨奇之，常謹遇之。長桑君亦知扁鵲非常人也。出入十餘年，乃呼扁鵲私坐，間與語曰：我有禁方，年老，欲傳與公，公毋泄。扁鵲曰：敬諾。乃出其懷中藥予扁鵲：飲是以上池之水，三十日當知物矣。乃悉取其禁方書盡與扁鵠。忽然不見，殆非人也。」因知長桑君即是本經之長桑公子。三洞珠囊卷三引登真隱訣提到長桑公子服朮方，雲笈七籤卷一百十引洞仙傳云：「長桑公子者，常散髮行歌曰：巾金巾，入天門，呼長精，吸玄泉，鳴天鼓，養丹田。柱下史聞之曰：彼長桑公子所歌之詞，得服五星守洞房之道也。」

韋編郎莊周

【按】無上秘要卷八十四得太極道人名品云：「韋編郎莊周，受長桑微言，作內外篇，隱抱犢山。服火丹，白日昇天。」真誥卷十四云：「莊子師長桑公子，授其微言，謂之莊子也。隱於抱犢山，服北育火丹，白日升天，上補太極闈編郎。」靈寶派説法不同，元始上真衆仙記云：「莊周爲太玄博士，治在荆山。」

秦佚

【按】無上秘要卷八十四得太極道人名品云：「秦佚，吊老聃化者。」莊子養生主云：「老聃死，秦失吊之，三號而出。」則秦佚即是秦失。混元聖紀卷三云：「史籍之中，並無老君死處，唯莊子云有秦失弔之語，蓋齊死生之寓言耳。」道教神化老子，諱言其死亡，遂將秦佚（失）還原爲寓言人物，更無論其神仙地位。創教之初，似未顧慮及此。

洞真上清太微帝君步天綱飛地紀金簡玉字上經云：「秦始步綱，神龍吐符。」據無上秘要，秦佚爲受行飛步而得道者，結合本經真靈排列順序，本條以後接輿、伯昏等，皆有步綱事跡，故推測上引文字中「秦始」爲秦佚之訛。

接輿

【按】無上秘要卷八十四得太極道人名品云：「接輿，上峨嵋，號陸通者。」論語、莊子皆提到楚狂接輿。列仙傳云：「陸通者，云楚狂接輿也。好養生，食橐盧木實及蕪菁子。遊諸名山，在蜀峨嵋山上，世世見之，歷數百年去。」洞真上清太微帝君步天綱飛地紀金簡玉字上經云：「接輿步綱，夫妻俱仙，得治峨嵋，封掌山川。」

伯昏

【按】無上秘要卷八十四得太極道人名品云：「伯昏，臨危引弓者。」此即莊子中多次提到之伯昏無人，無上秘要所謂「臨危引弓」，出自莊子田子方：「列禦寇爲伯昏無人射，引之盈貫，措杯水其肘上，發之，適矢復沓，方矢復寓。當是時，猶象人也。伯昏無人曰：是射之射，非不射之射也。嘗與汝登高山，履危石，臨百仞之淵，若能射乎？於是無人遂登高山，履危石，臨百仞之淵，背逡巡，足二分垂在外，揖禦寇而進之。禦寇伏地，汗流至踵。伯昏無人曰：夫至人者，上窺青天，下潛黄泉，揮斥八極，神氣不變。今汝怵然有恂目之志，爾於中也殆矣夫。」洞真上清太微帝君步天綱飛地紀金簡玉字上經云：「伯昏步綱，列爲水靈。」

郄間

【按】無上秘要卷八十三、八十四無此。洞真上清太微帝君步天綱飛地紀金簡玉字上經云：「郊間步綱，乘龍奔辰，放釣棄綸，永爲上真。」疑郄間即是郊間，郊間見神仙傳王真條：「（王真）好道，尋見仙經雜言，説郊間人者，周宣王時郊間采薪之人也，采薪而行歌曰：巾金巾，入天門，呼長精，噏玄泉，鳴天鼓，養泥丸〔一〕。時人莫能知，唯柱下史曰：此是活國中人，其語秘矣，其人乃古之漁父也。何以知之，八百歲人，目瞳正方；千歲人，目理縱。采薪者乃千歲之人也。」

老聃

【按】老聃即是老子，道教成立，遂尊之爲老君，本經前後若干道君，依稀皆與老子有關，此處則是本尊。洞真上清太微帝君步天綱飛地紀金簡玉字上經云：「老聃步綱，稱曰聖師，關令受教，俱會雲臺。」無上秘要卷八十四得太極道人名品亦提到老聃步綱，但使用尊稱：「雲間老君，姓李字伯陽，是太清之老君也。」此亦即本經第四中位之太清太上老君。然稱雲間老君，不見他書，或與太上老君授寇謙之雲中音誦新科之戒有關，即雲中老君也。

關於步綱，無上秘要卷八十四得太極道人名品提出二十七人名單，稱其「並受行飛步之道，非盡太極，猶多有太清者」。此二十七人依次爲：被衣、王倪、齧缺、巢父、支離、蒲衣、雲間老君、尹喜、許由、卞隨、華封、子州、善卷、石户、北人、馬皇、安公、大項、秦佚、接輿、伯昏、庚桑、蕭史、弄玉、二女、邯鄲張君、劉京、除石户外，皆見於本經第三品秩中。無上秘要名單似乎與洞真上清太微帝君步天綱飛地紀金簡玉字上經名單有一定關係，後者共三十一人，較無上秘要多黄帝、桓成、務光、

〔一〕此歌又見前長桑公子條，神話傳説，不必一一坐實也。

彭祖，依次爲：被衣、齧缺、王倪、黄帝、許由、巢父、支離、華封、子州、善卷、石户、北人、蒲衣、安公、桓成、二女、卞隨、務光、馬皇、彭祖、老聃、關令、郊間、大項、秦始、涓子、蕭史、弄玉、接輿、伯昏、庚桑，除石户外皆見於本經，其中務光、彭祖本經位秩稍後，相關引文見各條。

第四中位

太清太上老君爲太清道主，下臨萬民。

【按】所謂太清境，七域修真證品圖云：「太清上仙，其宫在太清境中，太上老君所治。」無上秘要卷八十四得太清道人名品分作兩類，一類「九十九條，係太清中略有位號，無姓名德業，或是世學所得，或是自然之神」；另一類「八十五人，係太清中真仙姓名事跡粗顯者，今亦應進登太極者」。本條見前類〔一〕，云：「太上老君，此太清老君中之尊者。」小字注釋稱太清太上老君「爲太清道主」，即本於此。

真誥單稱「太上」處甚多，卷五説：「太上者，道之子孫。審道之本，洞道之根。是以爲上清真人，爲老君之師。」又説：「老君者，太上之弟子也，年七歲而知長生之要，是以爲太極真人。」又説：

〔一〕本書後文引用此兩類，徑稱「無上秘要卷八十四得太清道人名品前類」、「無上秘要卷八十四得太清道人名品後類」云云。

「太極有四真人，老君處其左。」推測楊、許本意，或許可以認爲，此「太上」乃是玄無抽象之「道」的化身，「老君」則是「太上」具體化之人物。故太上居上清品，老君則低一等級，在太極品。陶弘景注以爲此太上「即謂太上高聖玉晨大道君」，而老君則「爲太極左真人中央黄老君」。比照前引無上秘要，此處之老君，或許也可詮解爲太極老君中之尊者。

真誥只有一處出現「太上老君」，卷五云：「太素傳者道書也，學此應奉太上老君、上清皇人。此皓然虚映景中之道，非仙之尊也，老子所謂谷神是也。」從語氣看，亦不似本經之太清太上老君。

上皇太上無上大〔一〕道君

【按】據無上秘要卷八十四得太清道人名品前類，與太上老君並列者凡七位，依次是：九氣丈人、九老仙都君、天帝君、太上丈人、太上老君、南上大道君、上皇太上北上大道君，並説：「太上老君，此太清老君中之尊者。」除上皇太上北上大道君外，皆收入本經第四中位、左位，認定本條之上皇太上無上大道君即是上皇太上北上大道君之變體，應該不差。無上秘要卷八十四得太清道人名品前類云：「上皇太上北上大道君，此太清北宫之太上高真。」

今本本經七等級，除第四外，其餘各品中位只有一位真靈，代表此品位之最高神祇；本級别則有太清太上老君與本尊並列，略顯另類。然據前言分析，本經之原始版本，第四中位或有三位真靈

〔一〕大　説郛本、秘册彙函本作「太」。

並列，即皇人、玄成清天上皇、元始天王。據無上秘要說，此三尊「不領兆民」，而爲「太清之尊位」。至於九氣丈人、九老仙都君、天帝君、太上丈人、太上老君、南上大道君、上皇太上北上大道君，屬於「領理兆民者」，爲「太清之高真」。按照無上秘要之叙述習慣，每一品級中，愈靠後愈尊貴，皇人、玄成清天上皇、元始天王排在九氣丈人等七位之後，明皇人等三位位秩更高，應居中位。今本以太清太上老君與上皇太上無上大道君居中，似乎是陶弘景時代之主張。登真隱訣卷下「入静」條，先關啟天師、女師、系師三師，次北向再拜訖，三自搏，曰「謹關啟上皇太上北上大道君」云云，陶弘景注釋說：「北上道君，太清之真最貴者也，故禮師竟，便拜之。」然後東向，「關啟太清玄元无上三天无極大道、太上老君、太上丈人、天帝君、天帝丈人、九老仙都君、九炁丈人，百千萬重道炁，千二百官君，太清玉陛下」云云。陶弘景注釋說：「此太清諸官君，三天之正任，主掌兆民禍福所由，故次拜之。」然後南向關啟南上大道君，陶弘景注釋說：「此太清南方之道君耳。位劣於北上，故无上皇、太上之號，是以最後拜之。」此處不關啟皇人、玄成清天上皇、元始天王等，應是此三位「不領兆民」之故。至於上皇太上北上大道君何時改爲上皇太上無上大道君，是筆誤還是刻意爲之，不得而知矣。

左位

正一真人三天法師張 諱道陵。

【按】無上秘要卷八十四得太清道人名品後類云：「正一真人三天法師張道陵學道，至漢安元年壬午歲五月一日，於鶴鳴山仙官來降，授以正一盟威之教，施化領民之法，流行以至於今，號天師。又妻亦得道，爲女師。至孫魯，傳襲道法，魏武拜爲鎮南將軍，真受云張鎮南之夜解者是，爲系師。」本經只有張道陵，無女師、系師，並引於此。此即天師道創始人張道陵，亦稱張天師。太平御覽卷六百七十一引登真隱訣云：「太清正一真人張道陵，沛國人，本大儒，漢延光四年始學道，至漢末於鳥鵠山仙官來降，授以正一盟威之教，施化領民之法，號天師，即真誥云奉張道陵正一平氣者是也。天師靈寶伍符序及太清金液丹序並佳筆，別有傳，已行於世。」

上清派與天師道頗有淵源，魏華存曾是天師道女祭酒，不僅如此，因爲天師道勢力較大，其他教派神仙譜皆爲其留有位置。元始上真衆仙記說：「張道陵爲三天法師，統御六虚，數侍金闕，太上之股肱，治在廬山，三師同宅。」三師即前面提到之天師、女師、系師。前條引登真隱訣，仍先闢啟三師，本經則芟落女師、系師，此出於陶弘景之手，或閭丘方遠所爲，難於確定，然可見本經定本之時，天師道已極度衰微。

東華左仙卿白石生

【按】無上秘要卷八十四得太清道人名品後類云：「白石生，煮石方者，東華左仙卿。」真誥卷五云：「斷穀入山，當煮食白石。昔白石子者，以石爲糧，故世號曰白石生。此至人也，今爲東府左仙卿。煮白石自有方也。白石之方，白石生所造也。又善太素傳。所謂白石有精，是爲白石生也。」神仙傳卷一有白石生，其略云：「白石生者，中黄丈人弟子也。至彭祖之時，已年二千餘歲矣。

不肯修昇仙之道，但取於不死而已，不失人間之樂。其所據行者，正以交接之道爲主，而金液之藥爲上也。初患家貧身賤，不能得藥。乃養豬牧羊十數年，約衣節用，致貨萬金，乃買藥服之。常煮白石爲糧，因就白石山居，時人號曰白石生。亦時食脯飲酒，亦時食穀。日能行三四百里，視之色如三十許人。性好朝拜存神，又好讀仙經及太素傳。彭祖問之：何以不服藥昇天乎？答曰：天上無復能樂於此間耶，但莫能使老死耳。天上多有至尊相奉事，更苦人間耳。故時人號白石生爲隱遁仙人，以其不汲汲於昇天爲仙官，而不求聞達故也。」楊、許接真，年代較葛洪稍晚，因教派有別，同一神仙傳説，各自取材不同。上清派爲白石生安排仙班品秩，葛洪則表揚其不汲汲於登真，差異乃爾。

張叔茂

【按】無上秘要卷八十三、八十四無此，事跡不詳。本經張叔茂、元始天王、玄成青天上皇三條相連，其後注釋説：「此三人，太清尊位，不領兆民。」據無上秘要卷八十四得太清道人名品前類，則是皇人、玄成清天上皇、元始天王三條相連，其後同樣注釋説：「此三條，太清之尊位，不領兆民。」本經別無皇人條，或許張叔茂是後文姜叔茂或第五右位張叔隱之衍誤，而脱漏皇人。無上秘要卷八十四得太清道人名品前類云：「皇人，此爲太帝所使，在峨嵋，黄帝往受真一五牙者。」據七域修真證品圖，黄帝「謁紫府君於青丘，甯先生於青城，太和君於炎洲，天真皇人於峨嵋，問五牙三一之旨，飛升長生之妙方」，則皇人即是靈寶派之天真皇人。

皇人是三皇經之主尊，不詳本經芟落皇人，出於有意或無意。從以張叔茂替换皇人來看，似是故意迴避皇人。

元始天王 西王母之師。

【按】無上秘要卷八十四得太清道人名品前類云：「元始天王，此蓋太清元始天中之王，西王母初學道之師。」按照靈寶派神譜，元始天王乃是天地未分，混沌元初時之盤古真人。元始上真衆仙記云：「昔二儀未分，瞑涬鴻濛，未有成形，天地日月未具，狀如雞子，混沌玄黄，已有盤古真人，天地之精，自號元始天王，遊乎其中。」並説，此「元始天王在天中心之上，名曰玉京山，山中宫殿，並金玉飾之，常仰吸天氣，俯飲地泉」，其後與太元聖母「通氣結精」，於是「生天皇十三頭，治三萬六千歲，書爲扶桑大帝東王公，號曰元陽父。又生九光玄女，號曰太真西王母，是西漢夫人」。元始天王在元始上真衆仙記中，地位實等同於後來之元始天尊。

按照靈寶派神譜，作爲元始天尊之元始天王，其地位高於太上大道君。如洞真太上上清内經，傳經者爲上清高真元始天王，接受者爲太上大道君。在有元始天尊出現之靈寶經典中，元始天王往往以元始天尊直接下屬身份出現。如洞真太上紫書籙傳，上清高真大聖玄神元始天尊，與五老上帝、十方得道衆聖、無數真仙，會於玉京之山，「元始天王從座而起，長跪上白天尊」，元始天尊應元始天王之請，「出五隱六妙三九正一密旨，付授太上道君」。由元始天尊而元始天王而太上（大）道君，次第分明。

今本本經將元始天王安置在第四左位第四，顯然有貶低之意。不論本經第一條上合虚皇道君應號元始天尊之「元始天尊」是否爲閭丘方遠所加，隱藏在本處之元始天王，因其已見於無上秘要，顯然未經改編，而是陶弘景，更可能是陶弘景以前之上清派信仰者刻意安排，意在削減彼派神祇之地位。無上秘要卷三十二引洞真三天正法經云：「玉飛天真書，太清元始天王以授西王母。」即專門强調此元始天王屬於太清。

但客觀言之，除了神譜之製作者如陶弘景等，多數上清派經典，並不太在意神靈之屬於彼我派別，題上相青童君撰之洞真上清青要紫書金根衆經，顯然屬上清經系列，卷下有元始天王經一篇，同樣尊崇元始天王。雲笈七籤卷一百一據之節略爲元始天王紀，按其内容，仍然是將元始天王等同於元始天尊。其文云：「元始天王，稟天自然之胤，結形未沌之霞，記〔一〕體虚生之胎，生乎空洞之際。時玄景未分，天光冥遠，浩漫太虚，積七千餘劫。天朗氣清，二暉纏絡，玄雲紫蓋映其首，六氣之電翼其真。夜生自明，神光燭室。散形靈馥之煙，棲心霄霞之境，練容洞波之濱，獨秉靈符之節，抗禦玄降之章。内氣玄崖，潛想幽窮，忽焉逍遥，流盼忘旋。瓊輪玉輿，碧輦玄龍，飛精流靄，耀電虚宫。東遊碧水豪林之境，上憩青霞九曲之房。進登金闕，受號玉清紫虚高上元皇。太上大道君受金簡玉札，使奏名東華方諸青宫，於時受命，總統億津。玄降玉華之女，金晨之童各三千人。

〔一〕記　據文意應是「託」字。

飛龍毒獸，巨蚪千尋，獲天奮爪，備衛玉闕。天威焕赫，陳於廣庭。飛青羽蓋，流紫鳳章。金真玉光，豁落七元，神虎上符，流金火鈴。結編元皇，位在玉清，掌括上皇高帝之真。」

玄成青天上皇 此三人，太清尊位，不領兆民。

【按】無上秘要卷八十四得太清道人名品前類云：「玄成清天上皇，此太清玄成清天中之皇君。」據無上秘要，皇人、玄成清天上皇、元始天王三條相連，其後注釋説：「此三條，太清之尊位，不領兆民。」本條小字源出於此。

無上秘要卷三十二引洞真三天正法經云：「蓬萊高上真書，玄成清天上皇上皇〔一〕以傳甯封。」太真玉帝四極明科經卷三謂神洲七轉七變儛天經，「萬劫一出，傳玄成清天上皇君、三天玉童、紫極真元君、南極上元君、太微天帝君、後聖道君」等。可注意者，無上秘要卷九十五引洞真神州七變儛天經，則稱玄感清天上皇君。道藏本洞真上清神州七轉七變舞天經及雲笈七籤卷八，亦皆作玄感清天上皇君。究竟當以「玄成」或是「玄感」爲正，且存疑。

南上大〔二〕道君

【按】無上秘要卷八十四得太清道人名品前類云：「南上大道君，此太清南宮之道君。」登真隱

〔一〕上皇　疑衍。

〔二〕大　秘册彙函本、説郛本作「太」。

訣卷下「入静」條，先關啟天師、女師、系師三師，次北向、東向關啟，再南向，「關啟南上大道君，乞得書名神仙玉籍，告諸司命，以長生爲定」。陶弘景注釋説：「此太清南方之道君耳。位劣於北上，故無上皇太上之號，是以最後拜之。」此是針對北上大道君尊號爲上皇太上北上大道君而言，故注釋云云。

太上丈人

【按】無上秘要卷八十四得太清道人名品前類云：「太上丈人，此太清丈人中之尊者。」所謂太清丈人，即太清中之丈人，同卷共有十四丈人名號，其中包括本條太上丈人及後條之九氣丈人。元始上真衆仙記云：「扶桑大帝住在碧海之中，宅地四面，並方三萬里，上有太真宫。碧玉城萬里，多生林木，葉似桑，又有椹，樹長數千丈，二十圍，兩兩同根偶生，更相依倚，名爲扶桑。宫第象玉京也。衆仙無量數，玄洲方丈諸仙未昇天者在此。去會稽岸六萬里，太清仙伯太上丈人所治。」登真隱訣卷下「入静」條，關啟天師、女師、系師三師，次北向，再東向，「關啟太清玄元无上三天无極大道、太上老君、太上丈人、天帝君、天帝丈人、九老仙都君、九炁丈人，百千萬重道炁，千二百官君，太清玉陛下」。兩書所稱之太上丈人當指同一真靈，至於本經第二右位之玄洲仙都太上丈人，如本經小字注釋稱，是「玄洲之主」，位秩高於此。

另據太上大道三元品誡謝罪上法，東向跪拜，稱「歸命東方無極太上靈寶天尊、已得道大聖衆至真尊神、太清玄元無上三天無極大道、無上玄老太上老君、太上丈人、皇上老君、皇上丈人、青靈上真、諸天帝君、諸天帝丈人、太帝君、太帝丈人、九老仙都君、九氣丈人等，百千萬重道氣、千二百官君，太清玉陸下，東極老人、青華大神、上相司馬青童君、金闕後聖帝君、真陽始青神人、靈寶九仙君等，青和玉女、主仙玉郎，東方無極世界一切神靈」。此類奏拜多見於靈寶經典，其依據大約是無上秘要卷九引洞玄元始五老赤書玉篇經，因其神祇與本經大略相同，録文備參：「元始靈寶東天大聖衆至真尊神、太清玄元〔一〕上三天無極大道、無上玄老太上老君、太上丈人、皇上老君、皇上丈人、青靈上真、天帝君、天帝丈人、太帝君、太帝丈人、九老仙都君、九炁丈人等，百千萬重道氣、千二百官君、太清玉陛下，東極老人、青華大神、上相司馬青童、金闕後聖帝君、真陽始青神人、靈寶九仙君等，青和玉女、主仙四郎，常以月十五日上會靈寶太玄都玉京山青華玉陛宮，奉齋朝天文，共集校定學仙人名功過深淺。其日，天帝自下，日月星宿、天上天下、地上地下、五嶽四瀆、河海神靈，莫不慘然俱下，周行諸天下地上，察校學士兆民功過輕重，列言青宮。其日修齋奉戒，則五帝保舉，上言東華，生死爲仙，勒下三界，神靈侍衛，千災不干。有犯科律，移付地官。」

天帝君

【按】無上秘要卷八十四得太清道人名品前類云：「天帝君，此太清中東宮之一帝。」此天帝君即前條引登真隱訣卷下「入静」條，東向關啟者。陶弘景注釋：「此太清諸官君，三天之正任，主掌

〔一〕「上」字前疑奪「無」字。

兆民禍福所由，故次拜之。」本經相連之太上丈人、天帝君、九老仙都君、九氣丈人，應皆出於登真隱訣此條，可相互參詳。

九老仙都君

【按】無上秘要卷八十四得太清道人名品前類云：「九老仙都君，此太清之仙都，非玄洲者。」所謂「非玄洲者」，可參前玄洲仙都太上丈人條按語。本尊亦見前太上丈人條引登真隱訣卷下「入静」，東向關啟者。雲笈七籤卷九十八太真夫人贈馬明生詩二首，其中有句云：「仰登冥仙臺，虛想詠靈人。忽遇扶桑王，九老仙都真。」

九氣丈人此並太清三天東宮之真官，章奏關啟，學道所得。

【按】無上秘要卷八十四得太清道人名品前類云：「九氣丈人，此太清之丈人，上三天東宮之真官，章奏所關，主諸神鬼之職。」據無上秘要，九氣丈人、九老仙都君、天帝君、太上丈人、太上老君、南上大道君、上皇太上北上大道君，七尊並列，末後説：「此七條並太清之高真，領理兆民者，悉應是學道所得。」所謂「學道所得」，即是可以通過修學而獲得此品秩，與「自然之神」不同。本經小字注釋將此兩條注釋合併爲「章奏關啟，學道所得」，遂致語意含混不清。

九氣丈人亦可寫作九炁丈人，靈寶、上清諸派皆有此真靈，元始上真衆仙記云：「蓬萊山對東大海之東北岸，山週迴五千里，暝海中濤浪衝天，九氣丈人所治。」顯然與本經説法不同。

中嶽真人高丘子

【按】無上秘要卷八十四得太清道人名品後類云：「高丘子，中嶽真人。」真誥卷五云：「昔高丘子殷人也，亦好道，入六景山，積五百二十餘歲。但讀黄素道經，服餌朮，後合鴻丹，以得陸仙，遊行五嶽二百餘年。後得金液，以升太清也。今爲中嶽真人。」陶弘景注：「此説與劍經序亦略同。」卷十四「吞琅玕之華而方營丘墓者，衍門子、高丘子、洪涯先生是也」句，説「高丘子墓在中山聞喜縣」（原注：「中山有安喜縣，聞喜乃屬河東。」），又説：「此三郡縣人並云：上古死人之空冢矣。而不知高丘子時以尸解，入六景山。後服金液之末，又受服琅玕華於中山，方復託死，乃入玄州，受書爲中嶽真人，於今在也。」據抱朴子内篇極言，高丘子爲彭祖弟子之一，「皆歷數百歲，在殷而各仙去」。

景雲真人

【按】據無上秘要卷八十四得太清道人名品前類，景雲真人與司命元君定録紫臺真人，監山真人，定氣真人並列，有云：「此四真人號，並有姓名。」上清高上玉晨鳳臺曲素上經之太極左真人曲素訣辭提到，傳授之時，需設立密室，奉請太清高仙景雲真人、太上丈人，並説「太清高仙景雲真人啟天大録，太上丈人下授五嶽君，佩之卻禍除殃，辟惡逐邪，朝衆精，從百禽，命鬼物，延年十萬，還魂卻老，安身長存。」其祝辭亦稱太清高仙景雲真人、終天大録太上丈人云云。

鬼谷先生

【按】無上秘要卷八十四得太清道人名品後類云：「鬼谷先生，周時人，在城陽山鬼谷中。」據史記蘇秦列傳，蘇秦「師於齊，而習之於鬼谷先生」，史記集解引徐廣曰：「潁川陽城有鬼谷，蓋是其人所居，因爲號。」裴駰案：風俗通義曰，「鬼谷先生，六國時從横家」。史記索隱云：鬼谷，地名也。扶風池陽、潁川陽城並有鬼谷墟，蓋是其人所居，因爲號。又樂壹注鬼谷子書云，「蘇秦欲神祕其道，故假名鬼谷」。元始上真衆仙記云：「鬼谷先生爲太玄師，治青城山。」上清衆經諸真聖秘卷五引文同。自古傳説鬼谷先生隱居陽城之鬼谷，此則説在青城山，或是陽城山之誤。杜光庭録異記卷一載鬼谷先生神仙故事，其略云：「鬼谷先生者，古之真仙也。云姓王氏，自軒轅之代，歷於商周，隨老君西化流沙，洎周末，復還中國。居漢濱鬼谷山，受道弟子百餘人，惟張儀、蘇秦不慕神仙，好縱横之術。」鬼谷先生著作，鬼谷子最著名，此書有陶弘景注釋本，道藏别有鬼谷子天髓靈文，多載神秘法術，殆後人託名之作。

泰清王

【按】無上秘要卷八十三、八十四無此，事跡不詳。

九天郎吏

【按】無上秘要卷八十四得太清道人名品前類云：「北斗真符、九天郎吏、大精生神、八威、司命、司厄、司危，此七真雜號。」郎吏即郎官，史記平準書云：「軍功多用越等，大者封侯卿大夫，小者郎吏。」據上清金真玉皇上元九天真靈三百六十五部元籙言，奉受玄録，便得有諸將軍兵士真官將吏等付度其身，其中「無上上元九天上靈飛天郎吏飛符攝召力士十將軍，兵士各十萬人」，此或即本經所稱之九天郎吏。

北斗直符七人

【按】無上秘要卷八十四得太清道人名品前類作北斗真符，從功能推測，似當以本經作「直符」爲正。「直符」即值守下界章符之神靈。如上清元始變化寶真上經九靈太妙龜山玄籙卷中便提到有「神仙龜山吏兵千乘萬騎，真人功曹，飛行將軍，直符吏」等。上清修身要事經提到五帝各有直符吏一人，則本經「北斗直符」，乃是指北斗直符官吏。

定氣真人

【按】據無上秘要卷八十四得太清道人名品前類，定氣真人與景雲真人等並列爲四真人，引文見該條。事跡不詳。

監仙真人

【按】無上秘要卷八十四得太清道人名品前類作監山真人，與景雲真人等並列爲四真人，引文見該條。從功能推測，似當以本經作監仙真人爲正。如無上秘要卷二十二引洞真經及道跡真跡經説，玉華青宮之東架上有「寶經三百卷，玉訣九千篇，主學仙簿録應爲真人者授之，玉晨監仙侍郎典之」。卷三十九引明真经，則有三十三天監仙司馬。元始上真衆仙記云：「左元放今爲天柱真人，監仙侯。」茅山志卷十説陸修静爲上清監仙大夫。諸監仙官吏品秩或異，功能則同。

五仙夫人

【按】無上秘要卷八十四得太清道人名品前類云：「五仙夫人、郭内女夫，此二夫人女號。」他處未見此尊號，古靈寶經中關奏啟請，常見有五仙君，及往往與連袂出現之五仙丈人，如元始五老赤書玉篇真文天書經卷下，太上大道三元品戒謝罪上法等，皆是如此。五仙夫人或是五仙君之夫人，亦有可能是陶弘景或陶以前製作者，誤五仙丈人爲五仙夫人，遂取與郭内女夫（即次條之郭内夫人）並列爲二夫人。

郭内夫人

【按】無上秘要卷八十四得太清道人名品前類與五仙夫人並列者有郭内女夫，出處不明，本條或據此改造，事跡不詳。

二十四官君將吏

【按】無上秘要卷八十四得太清道人名品前類云：「二十四官君將吏，定有二十五官，以應身中二十五神。」道藏本此句與太清五帝條文連續，未提行。

身神二十四，不聞有二十五。據雲笈七籤卷三十一引太微帝君太一造形紫元内二十四神回元經〔一〕，人身上部八景神：腦神名覺元子，字道都；髮神名玄文華，字道衡；皮膚神名通衆仲，字道連；

〔一〕身神名諱，各經不同，此以雲笈七籤爲據，異文不另注。

目神名虛監生，字道童；項髓神名靈謨蓋，字道周；脊神名益歷輔，字道柱；鼻神名沖龍玉，字道微；舌神名始梁峙，字道岐。中部八景神：喉神名百流放，字道通；肺神名素靈生，字道平；心神名煥陽昌，字道明；肝神名開君童，字道青；膽神名龍德拘，字道放；左腎神名春元真，字道卿；右腎神名象地無，字道玉；脾神名寶元全，字道騫。下部八景神：胃神名同來育，字道展；窮腸中神名兆滕康，字道還；大小腸中神名蓬送留，字道廚；胴中神名受厚勃，字道虛；胸膈神名廣瑛宅，字道仲；兩脇神名辟假馬，字道成；左陰左陽神名扶流起，字道圭；右陰右陽神名苞表明，字道生。

請官則有二十五，據登真隱訣卷下「請官」，（一）若有急事上章，當上請天昌君，黃衣兵十萬人；（二）若面目有患，當上章及入静，請天明君五人，官將百二十人；（三）若欬逆上氣，吐下青黃赤白五瘟蠱毒六魃之鬼，當請北里大機君，官將百二十人；（四）若心腹脹滿，小腹拘急，帶下十二病之鬼，當請封離君；（五）若腹内飲食不消，結堅淋露不愈者，上章啟事，當請赤素君，官將百二十人；（六）若上氣逆引，絞急腹中，不下飲食者，上章啟事，當請天官五衡君，官將百二十人；（七）若大吐下者，當請地官五衡君，官將百二十人；（八）若小腹脹滿急痛，當請九河北海君，官將百二十人；（九）若井竈鬼爲疾病者，當請王法君五人，官將百二十人；（十）若病廱疽惡瘡，當請九集君，官將百二十人；（十一）若病瘦瘠，骨消肉盡垂困者，當請天官陽袟君，官將百二十人，左右吏百二十人；（十二）令病者開生門，益壽命，當請南上君，官將百二十人；（十三）若久病著床困篤者，當請須臾君，官將二十人；（十四）卻滅家中惡鬼，令厭絕精祟者，當請石仙君一人，官將百二十人；

（十五）若欲辟斥故氣，斷絶注鬼，卻死來生，卻禍來福，當請蓋天大將軍十萬人；（十六）若欲收捕衆老之精，侵怪家中者，當請無上元士君五人，官將百二十人；（十七）若卜問病者，云犯行年本命，太歲土王，墓辰建破，當請制地君五人，官將百二十人；（十八）若家中有考訟鬼，不正之氣，致不安穩者，當請四胡君五人，官將百二十人；（十九）若家中多死喪逆注氣，身中刑害，當請運氣解厄君，兵十萬人；（二十）若家中有五墓之鬼作祟，傷死往來者，當請無上高倉君，兵十萬人；（二十一）若家中水火復注者，當請無上天君，兵十萬人；（二十二）若欲破房廟座席禱鬼邪物者，當請平天君，官將百二十人；（二十三）若欲學神仙，而轗軻疾病疰連沈滯者，當請虛素天精君，赤衣兵十萬人；（二十四）若家有惡鬼不肯散，故爲家祟者，當請赤天食氣君，官將百二十人；（二十五）若家中轗軻不寧，惡夢錯亂，魂魄不守者，當請收神上明君，官將百二十人。

　　此二十五官君將吏出自天師道之千二百官儀，陶弘景注釋説：「儀中無此三君名號職主，今既併在後，或當是天師新出也。亦並爲要用，但依此所主請之。又上章時亦宜兼復取官儀中相配用，不必專止此二十五。」意指虛素天精君、赤天食氣君、收神上明君三君不見於千二百官儀，但總數合計二十五則無疑問。故登真隱訣正文繼續説：「右正一真人口訣，治病制鬼之要言也。以應二十四神，身中之三宮也。」陶弘景注：「按今官將有二十五號，而云二十四神者，猶以一官應極根之幽神，爲二十五也，則亦最後者應是矣。此神神相應，不可盡求配類。三宮即二十四神八景之宮耳，非三一之宮也。」按如陶説，則是二十五官吏以應身中二十四神，與無上秘要之説恰好相反。

千二百官君將吏二條氣化結成。

【按】無上秘要卷八十四得太清道人名品前類二十四官君將吏與千二百官君將吏相連，並説：「此並氣化結成，非人學所得。」此必本於上條提到之千二百官儀，此書早已失傳，部分内容見於登真隱訣、正一法文經章官品、赤松子章曆，如赤松子章曆卷六久病大厄金紫代形章，啟請諸官君將吏，末後説：「章上所請千二百官君將吏兵，並勑下某身所住所居里中。」

趙伯玄

【按】無上秘要卷八十四得太清道人名品後類云：「燕昭王、甯仲君、張子房、臧延甫、劉子先、趙伯玄，此六人並服丹而解化得仙者。」本經亦此六人而次第相反。真誥卷十四云：「漱龍胎而死訣，飲瓊精而叩棺者，先師王西城及趙伯玄、劉子先是也。」上清金真玉光八景飛經云：「趙伯玄，昔師萬始先生，一受書道成，當登金闕，而無招靈致真、豁落七元二符。於俯仰之格，方退還戎山。七百年後詣清真小童，依盟受之，誓於委羽之山，今昇爲上清左司君。」雖同是上清經典，所説位秩卻有不同。又據上清洞真解過訣云：「養生有如水火之交耳，得其益則白日昇天，犯戒法則身没三泉也。又其日尤重於七節，趙伯玄所謂生死門户者也。」

劉子先

【按】見無上秘要卷八十四得太清道人名品後類，亦見於真誥卷十四，引文參趙伯玄條。太真玉帝四極明科經卷二云：「金書祕字、上元真書二卷，青真小童君所修，以傳太極真人、清虛真人、南嶽赤松、劉子先，舊科七千年三傳，若有金名玉字，書於帝籙，七百年内聽得三傳。」雲笈七籤卷九亦同。

臧延甫

【按】見無上秘要卷八十四得太清道人名品後類，引文參趙伯玄條。真誥卷十四云：「服金丹而告終者，臧延甫、張子房、墨狄子是也。」

張子房

【按】見無上秘要卷八十四得太清道人名品後類，亦見於真誥卷十四，引文分别見趙伯玄、臧延甫條。張子房即漢初張良，據史記留侯世家，良得黄石公傳授太公兵法，輔佐劉邦定鼎天下，所謂「運籌策帷帳中，決勝千里外」，封爲留侯，晚年自稱「願棄人間事，欲從赤松子遊」，乃學辟穀，導引輕身。

史書説張良辟穀學仙，最終未遂心意，卒葬黄石冢，道教則改編入神仙譜。真誥卷五又説：「昔漢初有四五小兒，路上畫地戲。一兒歌曰：著青帬，入天門，揖金母，拜木公。到復是隱言也，時人莫知之，唯張子房知之，乃往拜之，此乃東王公之玉童也。所謂金母者，西王母也；木公者，東王公也。仙人拜王公，揖王母。」雲笈七籤卷一百六紫陽真人周君内傳謂周義山「登牛首山，遇張子房，受太清真經」。無上秘要卷八十四又説司馬季主弟子王養伯「與張良共採藥不反」。詳細事跡，可參後文王養伯條。至於宋代所出之道書太清金闕玉華仙書八極神章三皇内祕文卷上乃謂「漢張子房爲王屋山道君，主五湖四海三澗九江沈溺死人之事。」顯然未依據本經，而别有杜撰。

甯仲君

【按】見無上秘要卷八十四得太清道人名品後類，引文參趙伯玄條。真誥卷十四云：「挹九轉而尸㲉，吞刀圭而蟲流，司馬季主、甯仲君、燕昭王、王子晉是也。」道書載甯仲君事跡皆本於此，頗疑甯仲君是漢武帝時著名方士董仲君之訛，神仙傳卷七云：「董仲君者，臨淮人也。服炁煉形，二百餘歲不老。曾被誣繫獄，乃佯死，須臾蟲出，獄吏乃舁出之，忽失所在。」

燕昭王

【按】見無上秘要卷八十四得太清道人名品後類，亦見於真誥卷十四，引文分别見趙伯玄、甯仲君條。

燕昭王築黄金臺招募賢才，終得以躋身戰國七雄之列，史書留名，可參戰國策、史記燕召公世家。其傳説故事見於王嘉拾遺記卷四，與神仙有關者凡三則，一説燕昭王好神仙之術，乃有玄天之女，託形下降。昭王知其神異，處於崇霞之臺，設枕席以寢宴，遣侍人以衛之。此似暗喻修行房中交接之術。其二，燕昭王召其臣甘需曰：「寡人志於仙道，欲學長生久視之法，可得遂乎？」需曰：「臣遊昆臺之山，見有垂髮之叟，宛若少童，貌如冰雪，形如處子。血清骨勁，膚實腸輕，乃歷蓬瀛而超碧海，經涉升降，遊往無窮，此爲上仙之人也。蓋能去滯欲而離嗜愛，洗神滅念，常遊於太極之門。今大王以妖容惑目，美味爽口，列女成群，迷心動慮，所愛之容，恐不及玉，纖腰皓齒，患不如神。而欲卻老雲遊，何異操圭爵以量滄海，執毫釐而迴日月，其可得乎。」此則主張清虚無爲，恬淡寡欲。其三，燕昭王思諸神異，有谷將子，學道之人也，言於王曰：「西王母將來遊，必語虚無之術。」不逾一年，王母果至。與昭王游於燧林之下，説炎帝鑽火之術。取緑桂之膏，燃以照夜。忽有飛蛾銜火，狀如丹雀，來拂於桂膏之上。此蛾出於員丘之穴，穴洞達九天，中有細珠如流沙，可穿而結，因用爲珮，此是神蛾之矢也。蛾憑氣飲露，飛不集下，群仙殺此蛾合丹藥。西王母與群仙遊員丘之上，聚神蛾，以瓊筐盛之，使玉童負筐，以遊四極，來降燕庭，出此蛾以示昭王。王曰：「今乞此蛾以合九轉神丹。」王母弗與。此則故事依稀與真誥説燕昭王服九轉丹尸解相關。五代杜光庭仙傳拾遺亦採納此故事，則言「王無疾而殂，形骨柔軟，香氣盈庭」，未用尸解之説。

茅初成

【按】無上秘要卷八十四得太清道人名品後類云：「茅初成，一名本初，司命君高功，師鬼谷先生，入華陰山學道，乃乘雲駕龍，白日昇天。」上清衆真諸經聖秘卷八引天地宫府真經云：「茅山仙人茅初成，諱濛。」據四庫全書本神仙傳卷五，茅初成爲茅盈（即司命君）高祖，故無上秘要作「高功」疑誤。

神仙傳卷五云：「（茅盈）高祖父濛，字初成，學道於華山，丹成，乘赤龍而升天。即秦始皇時也。有童謡曰：神仙得者茅初成，駕龍上天升太清，時下玄洲戲赤城，繼世而往在我盈，帝若學之臘嘉平。其事載史記詳矣。秦始皇方求神仙長生之道，聞謡言，以爲己姓符合謡讖，當得升天，遂詔改臘爲嘉平。」檢史記秦始皇本紀，確有「更名臘曰嘉平」事，然未有言及茅君者，裴駰集解引太原真人茅盈内紀云：「始皇三十一年九月庚子，盈曾祖父濛，乃於華山之中，乘雲駕龍，白日升天。先是其邑謡歌曰：神仙得者茅初成，駕龍上升入泰清，時下玄洲戲赤城。繼世而往在我盈，帝若學之臘嘉平。始皇聞謡歌而問其故，父老具對：此仙人之謡歌，勸帝求長生之術事。於是始皇欣然乃有尋仙之志，因改臘曰嘉平。」

少室山伯北臺郎千壽

【按】無上秘要卷八十四得太清道人名品後類云：「劉千壽，沛人，少室仙伯北臺郎。」真誥卷一開列出場真靈清單，其中有少室真人北臺郎劉千壽，小字注：「沛人。」上清衆真諸經聖秘卷八引天地宫府真經亦作少室山伯北臺郎劉千壽，故疑本經奪「劉」字。

赤松子

【按】無上秘要卷八十三、八十四無此，本經第二左位之第二即爲左聖南極南嶽真人左仙公太虚真人赤松子；第二左位之第五太虚上霄飛晨中央道君，小字注釋亦言爲「赤松」；皆與本條赤松子重複，原因不詳。

大梁真人魏顯仁

【按】無上秘要卷八十四得太清道人名品後類云：「魏顯仁，大梁真人。」真誥卷一開列出場真靈清單，其中有大梁真人魏顯仁，小字注：「長樂人。」雲笈七籤卷二十七天地宫府圖之七十二福地，「第十六天姥岑，在剡縣南，屬真人魏顯仁治之」。

華山仙伯秦叔隱

【按】無上秘要卷八十四得太清道人名品後類云：「秦叔隱、馮翊，此二人華山仙伯。」本經缺馮翊，據真誥卷一開列出場真靈清單，其中有華山仙伯秦叔隱，小字注釋：「馮翊人。」陶弘景精研真誥，其編訂真靈位業圖固然不會有此錯誤，此或無上秘要過録真靈位業圖早期傳本時，將原文小注地名馮翊誤會爲人名，遂以馮翊爲華山仙伯，與秦叔隱並列；亦可能陶弘景之前原始版本即有此誤，無上秘要照録而已；而陶弘景改訂本當無誤，故今本亦不誤。

葛衍真人周季通

【按】無上秘要卷八十三、八十四無此，本經第二左位紫陽左真人周君即爲本尊，或因真誥卷一所開列真靈出場清單稱葛衍真人周季通，遂在此處重出。然本尊既然不見於無上秘要現存部分，則其應該在失傳之玉清、上清名單中，换言之，無上秘要本條並未重出，本經已據之將其安排在第二左位，此處再次出現，究竟是原始版本如此，而陶弘景疏忽，或閭丘方遠增添蛇足，難以確證。

太和真人山世遠

【按】無上秘要卷八十四得太清道人名品後類云：「山世遠，晉人，傳説讖記者，太和真人。」真誥卷一開列出場真靈清單有此，尊號亦同。同書卷九、卷十五皆提到：「山世遠受孟先生法，暮卧，先讀黄庭内景經一過乃眠，使人魂魄自製鍊。恒行此二十一年，亦仙矣。是爲合萬過，夕得三四過，乃佳。」卷十二謂「學道當如山世遠」，注釋說：「世遠傳未出，其捨家尋學，事在讖書。即尹公度弟子，已得爲太和山真人。」因疑前引無上秘要「傳說識記」之「識」字是「讖」之訛。卷十四又說山世遠「昔居武當，今來大霍，欲從司命君受書」。注釋說：「山已得爲太和真人，則應居在南陽太和山矣。」

句曲真人定録右禁師茅君諱固，字季偉，爲地真。

【按】無上秘要卷八十四得太清道人名品後類云：「茅季偉受行上清下真品經，又服太極九轉丹，受書爲地真上仙，句曲真人，定録右禁郎。」此茅盈之弟、茅衷之兄，故稱中茅君，爲真誥中來自神仙世界主角之一。卷一開列出場真靈清單，稱爲句曲真人定録右禁郎茅季偉，降辭多稱茅定録或定録君。

茅固、茅衷兄弟成仙事跡，皆附載於雲笈七籤卷一百四太元真人東嶽上卿司命真君傳中，其略云：「時二弟在官，聞盈玄跡眇邁，白日神仙，乘飛步虛，越波淩津，靈官奉從，著於民口，節蓋旌旗，光耀天下。始乃信仙化可學，神靈可致。然後明松喬不虛，鼎湖實有。於是並各棄官還家，以日仄之年，方修盈糟粕遺事。不得口訣，未爲補益。乃相與共歎而相謂曰：家兄得道，非他人也。曷不往從親稟問密訣，而留此按云云方書，以規度世乎。縱往而不達，兄之神仙，終不使吾等死於非所也。遂共棄家，扶輿自載，以尋斯舉。以漢元帝永光五年三月六日渡江，求兄于東山，遂與相見。悲忻流涕，告二弟曰：悟何晚矣。二弟跪曰：固、衷頑下，不達道德，願賜長生，濟弟元元。盈曰：卿已老矣，欲難可補復。縱得真訣，適可成地上仙耳。其上清升霄大術，非老夫所學。今且當漸階其易行，以自支住。於是並教二弟服青牙始生、咽氣液之道，以住血斷、補焦枯、攝筋骨之益，亦停年不死之法也。因以長齋三年，授以上道，使存明堂玄真之氣，以攝運生精，理和魂神。三年之内，竭誠精思，神光乃見。於是六丁奉侍，天兵衛護。盈又各賜九轉還丹一劑，並神方一首，各拜而服之，仙道成矣。後授紫素之書各百字，以付固、衷，固、衷拜受，其時亦有執儀者以啟正之。紫素文曰：太上有命，天載真書。言咸陽茅固，家于南關，厥字季偉，受名當仙。位爲定録，兼統地真。使保舉有道，年命相關，勤恭所蒞，四極法令。宫館洞臺，治丹陽句曲之山。固其勖之，動静察聞。又曰：盈、固弟衷，挺業該清。雖晚反正，思微徹誠。斷馘六天，才穎標明。今屈司三官，保命建名。總括岱宗，領死記生。位爲地仙，九宫之英。勸教童蒙，開道方成。教訓女官，授諸妙靈。蒞治百鬼，典祟校精。開察水源，江海流傾。封掌金穀，藏録玉漿。監植龍芝，洞草夜光。治於良常之山，帶北洞之口，鎮陰宫之門也。」

磻冢〔一〕真人右禁郎王道寧

【按】無上秘要卷八十四得太清道人名品後類云：「王道寧，常山人，主西方録善籍，保舉學道。嶓家真人左禁郎。」真誥卷一所開列真靈出塲清單稱嶓冢真人左禁郎王道寧，小字注：「常山人。」上清衆經諸真聖秘卷八引天地宫府真經作嶓冢山真人左禁郎王道寧。磻冢即是嶓冢，見尚書

〔一〕冢　秘册彙函本、説郛本作「家」。

禹貢。無上秘要作「嶓家」，顯然有誤。至於「右禁郎」與「左禁郎」孰是孰非，則不能深考。元始上真衆仙記云：「趙文和、王真人爲西方鬼帝，治嶓冢山。」此則别派説法，不同於本經。

太清右公李抱祖

【按】無上秘要卷八十四得太清道人名品後類云：「李抱祖，岷山人，受青精飷飯者，太清右公。」太平御覽卷六百六十九引道學傳云：「太清右公李抱祖，岷山人，受青精飷飯方。」

蓬萊左公宋晨生

【按】無上秘要卷八十四得太清道人名品後類云：「宋晨生，與張理禁共論空者，蓬萊左公。」張理禁即第六右位之理禁張玄賓，論空有之事載真誥卷十三，引文見後文理禁張玄賓條，其中提到，張「昔曾詣蓬萊宋晨生，晨生者，蓬萊左公也」。上清衆真諸經聖秘卷八引天地宫府真經作蓬萊左仙公宋晨生。

蓬萊右公賈保安

【按】無上秘要卷八十四得太清道人名品後類云：「賈寶安，鄭人，蓬萊右公。」真誥卷一開列出場真靈清單有此，作蓬萊右仙公賈寶安，小字注釋：「鄭人。」上清衆真諸經聖秘卷八引天地宫府真經尊號與真誥同，亦作賈寶安。則似當以「寶」爲正，本經「保」同音致訛。

潛山真伯趙祖陽

【按】無上秘要卷八十四得太清道人名品後類云：「趙祖陽，涿郡人，潛山真伯。」真誥卷一開列出塲真靈清單有此，尊號亦同。

九疑仙侯張上貴

【按】無上秘要卷八十四得太清道人名品後類云：「張上貴，楚人，九疑仙侯。」真誥卷一開列出塲真靈清單有此，作九嶷山侯張上貴，小字注释：「楚人。」

蓬萊左卿姜叔茂

周大賓

【按】無上秘要卷八十四得太清道人名品後類云：「周大賓、姜叔茂，此二人秦人，蓬萊左卿。」上清衆真諸經聖秘卷八引天地宫府真經説法亦同，仍以周大賓居姜叔茂之前。

兩真事跡見真誥卷十三，其中周大賓寫作周太賓：「秦時有道士周太賓，及巴陵侯姜叔茂者，來住句曲山下，又種五果並五辛菜。叔茂以秦孝王時封侯，今名此地爲姜巴者是矣，以其因叔茂而名地焉（原注：地號今亦存，有大路從小茅後通延陵，即呼爲姜巴路也。但秦孝公時，未併楚置郡，巴陵縣始晉初，不知那有巴陵之封，恐是巴蜀之巴故也）。此二人並已得仙，今在蓬萊爲左卿。今南鄭諸姜，則叔茂之後。茂曾作書與太極官僚云：昔學道於鬼谷，道成於少室，養翮於華陽，待舉於逸域。時乘飆輪，宴我句曲。悟言永歎，代謝之速。物存人亡，我勞如何。太賓亦有才藝，善鼓琴。昔教麇長生、孫廣田。廣田即孫登也，獨絃能彈而成八音，真奇事也（原注：孫登即嵇康所謂長嘯者，亦云見彈一絃之琴，斯言非虛矣）。叔茂種五辛菜，常賣以市丹砂而用之。今山間猶有韭薤，即其遺種邪（原注：今呼爲韮山，在大茅西，甚多大韮，又餘處亦有蒜薤耳。非出姜巴一處也）。」雲笈七籤卷一百十一洞仙傳之周太賓附録姜叔茂小傳，亦本於真誥，不繁録。

毛伯道

劉道恭

二人王屋山得道。

【按】無上秘要卷八十四得太清道人名品後類云：「劉道恭、毛伯道，此二人共合丹服，託死而仙。」兩人皆見於真誥卷五：「昔毛伯道、劉道恭、謝稚堅、張兆期，皆後漢時人也。學道在王屋山中，積四十餘年，共合神丹。毛伯道先服之而死，道恭服之又死，謝稚堅、張兆期見之如此，不敢服之，並捐山而歸去。後見伯道、道恭在山上，二人悲愕，遂就請道，與之茯苓持行方。服之，皆數百歲，今猶在山中，遊行五嶽。此人知神丹之得道，而不悟試在其中，故但陸仙耳，無復登天冀也。」

東方朔

【按】無上秘要卷八十四得太清道人名品後類云：「東方朔服初神丸，仕漢武帝者。」初神丸之名見三洞珠囊引登真隱訣，可以殺穀蟲，去三尸。仙苑編珠卷上引登真隱訣云：「東方朔字曼倩，仕漢武，服初神丸。至宣帝時棄官，於會稽賣藥，後昇爲歲星。」歲星之説亦見於太平御覽卷五引漢武故事云：「東方朔是木帝精，爲歲星，下遊人中以觀天下。」

東方朔是漢武帝時人，漢書有傳，以文學見長，又能察言觀色，委婉進諫。因其言語詼諧，見識廣博，故武帝以俳優待之，後漸成爲傳奇人物。漢書東方朔傳贊云：「朔之詼諧，逢占射覆，其事浮淺，行於衆庶，童兒牧豎莫不眩耀，而後世好事者因取奇言怪語附著之朔。」十洲記、神異經皆託名東方朔撰，所記神仙諸事；道藏之洞玄靈寶五嶽古本真形圖亦題東方朔撰。列仙傳已載東方朔事跡，其略云：「東方朔者，平原厭次人也。久在吴中，爲書師，數十年。武帝時，上書說便宜，拜爲郎。至昭帝時，時人或謂聖人，或謂凡人。作深淺顯默之行，或忠言，或戲語，莫知其旨。至宣帝初，棄郎以避亂世。置幘官舍，風飄之而去。後見於會稽，賣藥五湖。智者疑其歲星精也。」三洞珠囊卷二引道學傳第五云：「東方朔字曼倩，平原厭次人也。潔其道而穢其跡，清其質而濁其文。若乃遠心廣度，宏才麗辯，倜儻博物，觸類多能也。」

馬明生

【按】無上秘要卷八十四得太清道人名品後類云：「馬明生，臨淄人，遇太真夫人以靈丸，後師安期生，受服太清丹。在世五百年去世。」太真夫人即太真王夫人，見本經第二女真位。雲笈七籤卷九十八太真夫人贈馬明生詩二首，文繁不録。

早期道教之各教派皆有馬明生形象出現。太平御覽卷六百六十一引真人傳云：「馬明生者，齊國臨淄人也。本姓帛名和，字君賢。爲縣吏捕賊所傷，遇太真元君，與藥即愈。隨至太山石室中，金床玉几，珍物奇偉，人跡所不能及。事之勤亦至矣，太真乃授以長生之方，曰：我所授服太和自然龍胎之體，適所以授三天真人，不可以教始學者。後隨安期先生服餌仙去，爲真人。裴真人弟子三十四人，其十八人學真道，餘學仙道。」此與前引無上秘要説法略同，當出於上清派傳説。唯混馬明生與帛和爲一人，不解所謂〔一〕。無上秘要卷二十三引正一炁治圖云：「湧泉治，上應虚宿，昔馬明生學道得仙，太上老君至此，化形往此治。上有泉水，治萬民疾病，無不除愈，時世之人遂傳爲咒水。治在遂寧郡界。」亦見三洞珠囊卷七引二十四治品，云：「第三湧泉山神治。昔廣漢馬明生學道得仙，太上老君至此，化形住此。治在遂寧郡小漢縣界，上有靈泉，治萬民病，無不差愈，傳世爲祝水。」皆代表天師道説法。元始上真衆仙記云：「馬明生今在鍾山。」此似靈寶派説法。

太平御覽多處提到馬明生内傳、馬明生別傳，今已失傳，雲笈七籤卷一百六有馬明生真人傳，文字甚長，仍主要是上清派説法，不贅引。然揆其淵源，似由葛洪神仙傳改造而成，神仙傳作馬鳴生，其略云：「馬鳴生者，齊國臨淄人也。本姓和，字君賢。少爲縣吏，因逐捕而爲賊所傷，當時暫死，得道士神藥救之，遂活，便棄職隨師。初但欲求受治瘡病耳，知其有長生之道，遂久事之。隨師負笈，西之女几山，北到玄丘山，南湊瀘江，周遊天下，勤苦備嘗。乃受太清神丹經三卷歸。入山合藥服之，不樂升天，但服半劑，爲地仙矣。常居所在，不過三年，輒便易處，人或不知其是仙人也。架屋舍，畜僕從，乘車馬，與俗人無異。如此輾轉遊九州五百餘年，人多識之，怪其不老。後乃修大丹，白日升天而去也。」

〔一〕太平御覽卷六百六十三引真誥，叙馬明生事跡與前引真人傳略同，唯不言其一名帛和，疑前文有錯簡。然後篇引文並不見於真誥，其出處恐是楊、許所作之高真傳記。

彭鏗西入流沙。

【按】無上秘要卷八十四得太清道人名品後類作「彭籛」，云：「彭籛，殷時人，善房中之道，道授彭真人。」真誥亦作彭鏗，卷十四云：「至於青精先生、彭鏗、鳳綱，南山四皓、淮南八公，並以服上藥，不至一劑，自欲出處嘿語，肥遁山林，以遊仙爲樂，以升虚爲戚。非不能登天也，弗爲之耳。」原注：「鏗則彭祖名也。」

彭籛、彭鏗皆是彭祖，列仙傳卷上説：「彭祖者，殷大夫也。姓籛名鏗，帝顓頊之孫，陸終氏之中子，歷夏至殷末，八百餘歲。常食桂芝，善導引行氣。歷陽有彭祖仙室，前世禱請風雨，莫不輒應。常有兩虎在祠左右，祠訖，地即有虎跡，云後升仙而去。」另據神仙傳，彭祖除導引閉氣、服食藥物外，尤其「善於補導之術」，即所謂房中術者。神仙傳云：「男女相成，猶天地相生也。所以導養神氣，使人不失其和。天地得交接之道，故無終竟之限；人失交接之道，故有傷殘之期。能避衆傷之事，得陰陽之術，則不死之道也。天地晝分而夜合，一歲三百六十交，而精氣和合者有四，故能生育萬物，不知窮極，人能則之，可以長存。次有服氣，得其道則邪氣不得入，治身之本要也。」並説：「其餘吐納導引之術，及念體中萬神，有含影守形之事，一千七百餘條，及四時首向、責己謝過、卧起早晏之法，皆非真道。」彭祖通過采女，以房中法術傳授殷王，「王試爲之，有驗，欲秘之。乃令國中有傳彭祖道者誅之，又欲害彭祖以絶之」，彭祖因此隱去，不知所之。傳言「其後七十餘年，聞人於流沙之西見之」；抱朴子内篇極言云「彭祖爲大夫八百年，然後西適流沙」；洞真上清太微帝君步天綱飛地紀金簡玉字上經云「彭祖步綱，乃之流沙」。此皆本注言「西入流沙」之所由來。

鳳綱

【按】無上秘要卷八十四得太清道人名品後類云：「鳳綱〔一〕，能作藥起死者。」鳳綱亦見真誥卷十四，引文見彭鏗條，原注：「鳳綱並諸仙人各有别顯。」同書卷十並載有鳳綱口訣。鳳綱亦見神仙傳卷一，其略云：「鳳綱者，漁陽人也。常採百草花，以水漬泥封之，自正月始，盡九月末止。埋之百日，煎丸之。卒死者以此藥内口中，皆立生。綱長服此藥，得壽數百歲不老，後入地肺山中仙去。」抱朴子内篇遐覽記載鄭隱藏書中有鳳綱經，書雖不傳，亦證明鳳綱傳説開始於葛洪以前。

韓終

【按】無上秘要卷八十四得太清道人名品後類云：「韓終，秦時人，爲霍林仙人。」真誥卷十二提到：「(協辰)夫人，漢司空黄瓊女黄景華也，韓終授其岷山丹，服得仙。」韓終亦作韓衆，上清道類事相卷四引登真隱訣云：「東海勞盛山北陰之室，有霍林仙人韓衆，撰服御之方也。」元始上真衆仙記也説：「韓衆今爲霍林真人。」雲笈七籤卷二十七天地宫府圖之七十二福地，「第二十三洞真墟在潭州長沙縣，西嶽真人韓終所治之處」，位號與本經不同。

〔一〕綱　應是「綱」之訛。

韓終見於史記秦始皇本紀：「使韓終、侯公、石生求仙人不死之藥。」亦見於楚辭遠遊：「奇傅說之得星辰兮，羨韓衆之得一。」宋洪興祖補注引列仙傳云：「齊人韓終，爲王採藥，王不肯服，終自服之，遂得仙也。」抱朴子内篇仙藥云：「韓終服菖蒲十三年，身生毛，日視書萬言，皆誦之，冬袒不寒。」

墨翟 宋大夫，水解矣〔一〕。

【按】無上秘要卷八十四得太清道人名品後類云：「墨翟，宋人，善機巧，咽虹丹以投水，似作水解。」此即注釋所本，其出處見真誥卷四：「墨狄咽虹丹以投水。」元始上真衆仙記云：「墨翟爲太極仙卿，治馬跡山。」

無上秘要卷八十四得太清道人名品後類復有黑羽，原注：「疑是墨翟。」其説則本於真誥卷五之墨羽，真誥原注：「墨羽應是墨翟。或是木羽也。」黑羽、墨羽、木羽，本經皆不取。

墨翟即是墨子，葛洪神仙傳奉之爲仙，其略云：「墨子者，名翟，宋人也，仕宋爲大夫。外治經典，内修道術，著書十篇，號爲墨子。」「入山精思至道，想像神仙。於是，夜常聞左右山間有誦書聲者。墨子卧後，又有人來，以衣覆之，墨子乃伺之。忽有一人，乃起問之曰：君豈山嶽之靈氣乎，將度世之神仙乎，願且少留，誨以道教。神人曰：子有至德，好道，故來相候。子欲何求？墨子曰：

〔一〕宋大夫水解矣　原作「宋大水解」，全不能通，當是雙行末「夫」、「矣」斷爛所致，據秘册彙函本、説郛本補。

願得長生，與天地同畢耳。於是神人授以素書朱英丸方，道靈教戒，五行變化，凡二十五卷。告墨子曰：子既有仙分，緣又聰明，得此便成，不必須師也。墨子拜受合作，遂得其效。乃撰集其要，以爲五行記五卷，乃得地仙。隱居以避戰國，至漢武帝時，遂遣使者楊遼，束帛加璧，以聘墨子。墨子不出。視其顔色，常如五六十歲人。周遊五嶽，不止一處也。」

欒子長

【按】無上秘要卷八十四得太清道人名品後類云：「欒子長，齊人，吴羌時受韓君靈寶五符，乃敷天書，藏於東海勞盛山中，爲吴王所得。」太上洞玄靈寶五符序卷上云：「靈寶要訣，霍林仙人授欒子長，隱於勞盛山之陰。」敦煌所出梁道士宋文明通門論殘卷也説：「昔夏禹例出靈寶經中衆文爲此卷，藏勞盛山陰，欒子長於霍林仙人邊得，遂行人間。」

可注意者，真誥卷八説法頗有不同：「我嘗見南陽欒子長，淳樸之人，不師不受，順天任命，亦不知修生之方。行不犯惡，德合自然。雖不得延年度世，死登福堂，練神受氣，名賓帝録。遂得補修門郎，位亞仙次。」此係「太元真人告許長史」者，據本卷末陶弘景云：「右四條別一手書，陸修静後於東陽所得，不與諸跡同。辭事僞陋，不類真旨，疑是後人所作。」又注釋説「欒子長非受五符者」，意即縱此降辭出於真靈，這位「補修門郎」之南陽欒子長，亦非受靈寶五符之齊人欒子長。按，修門郎地位甚低，本經居第七等，故有關欒子長位秩，本經顯然未取真誥之説。至於元始上真衆仙記云：「欒子長闔家得仙，未昇天任，並住方丈之室，神洲受太玄生籙，五芝爲糧也。」則似與真誥之説有關。

欒子長見於神仙傳卷二，其略云：「欒子長者，齊人也。少好道，因到霍林山，遇仙人，授以服巨勝赤松散方。仙人告之曰：蛇服此藥，化成龍。人服此藥，老成童。又能昇雲上下，改人形容，崇氣益精，起死養生。子能行之，可以度世。子長服之，年一百八十歲，色如少女。妻子九人，皆服其藥，老者返少，小者不老。乃入海，登勞盛山而仙去也。」

李明

雷平山，合丹也〔一〕。

【按】無上秘要卷八十四得太清道人名品後類云：「李明，句曲山下合丹，升玄洲者。」真誥卷十三云：「雷平山之東北有山，俗人呼爲大横山，其實名鬱岡山也。名山記云：所謂岡山者也。下有泉水，昔李明於此下合神丹而升玄洲，水邊今猶有處所。」另，雲笈七籤卷二十七洞天福地記之七十二福地云：「第六十司馬悔山，在台州天台山北，是李明仙人所治處。」未詳是此李明否。

商山〔二〕四皓

【按】無上秘要卷八十四得太清道人名品後類云：「東園公、綺里季、夏黄公、角里先生，此四人商山四皓。」商山四皓名字見於史記留侯世家，初不言有神仙事跡，漢書王貢兩龔鮑列傳云：「漢

〔一〕雷平山合丹也　原作「雷平合丹」，亦通，秘册彙函本、説郛本並作「雷平山合丹也」。援前墨翟條小字注釋之例，疑道藏本雙行末「山」、「也」斷爛，因據秘册彙函本、説郛本補。

〔二〕山　原作「西」，據秘册彙函本、説郛本改。

興有園公、綺里季、夏黄公、角里先生，此四人者，當秦之世，避而入商洛深山，以待天下之定也。自高祖聞而召之，不至。其後吕后用留侯計，使皇太子卑辭束帛致禮，安車迎而致之。」顔師古注：「四皓稱號本起於此。」約在東晉，四皓由隱士轉化爲神仙，元始上真衆仙記云：「廣成丈人今爲鍾山真人九天仙王。漢時四皓仙人、安期、彭祖，今並在此輔焉。」抱朴子内篇至理引孔安國秘記云：「（張）良本師四皓，角里先生、綺里季之徒，皆仙人也，良悉從受其神方，雖爲吕后所强飲食，尋復修行仙道，密自度世，但世人不知，故云其死耳。」商山四皓亦作南山四皓，故真誥卷十四云：「至於青精先生、彭鏗、鳳綱、南山四皓、淮南八公，並以服上藥，不至一劑，自欲出處嘿語，肥遁山林，以遊仙爲樂，以升虚爲戚，非不能登天也，弗爲之耳。此諸君自展轉五嶽，改名易貌，不復作尸解之絶也。」另據雲笈七籤卷二十七洞天福地記之七十二福地云，「第五十八商谷山在商州，是四皓仙人隱處」。

淮南八公

【按】無上秘要卷八十四得太清道人名品後類云：「淮南八公，即是八老先生。」八老先生請參前第三右位八老元仙條按語。

淮南子高誘叙目云：「天下方術之士多往歸焉。於是遂與蘇飛、李尚、左吴、田由、雷被、毛被、伍被、晉昌等八人，及諸儒大山、小山之徒，共講論道德，總統仁義，而著此書。」此即淮南八公之張本。藝文類聚卷七十八引列仙傳云：「漢淮南王劉安言神仙黄白之事，名爲鴻寶萬畢三卷，論變化之道，於是八公乃詣王，授丹經及三十六水方。」抱朴子内篇仙藥云：「昔仙人八公，各服一物，以得陸仙，各數百年，乃合神丹金液，而升太清耳。」八公事跡亦見神仙傳卷六淮南王條，文繁不録；真誥亦提到淮南八公，引文見前條。

青烏公

【按】無上秘要卷八十四得太清道人名品後類云：「青烏公、黄山居，此二人彭祖弟子。」此説亦見抱朴子内篇極言引黄石公記云：「彭祖之弟子，青衣烏公、黑穴公、秀眉公、白兔公子、離婁公、太足君、高丘子、不肯來七八人，皆歷數百歲，在殷而各仙去。」真誥卷五云：「昔青烏公者，身受明師之教，審仙妙之理，至於入華陰山中學道，積四百七十一歲。十二試之，有三不過，後服金汋而升太極。太極道君以爲試三不過，但仙人而已，不得爲真人，況俗意哉。」原注：「青烏公似是彭祖弟子也。」

元始上真衆仙記以堯、舜、禹、湯、青烏爲五帝佐相，其中，「青烏治長山，及馮修山長」。雲笈七籤卷二十七洞天福地記之七十二福地云：「第二十四青玉壇，在南嶽祝融峰西，青烏公治之。」皆與本經不同。此外堪輿家之青烏子，似亦非此青烏公。

黄山君

【按】無上秘要卷八十四得太清道人名品後類云：「青烏公、黄山居，此二人彭祖弟子。」其黄山居即黄山君之訛。神仙傳卷一黄山君條云：「黄山君者，修彭祖之術，年數百歲，尤有少容，亦治地仙，不能飛昇。彭祖既去，乃追論其言，爲彭祖經。得彭祖經者，便爲木中之松柏也。」

真誥卷十有黄仙君口訣云：「服食藥物，不欲食蒜及石榴子，豬肝、犬頭肉至忌，都絶爲上。道士自不可食豬犬肉而交房中，令藥力不行。又計食一斤，損筭百日，子其慎之。」原注：「此彭祖弟子撰傳者。」三洞珠囊卷三引真誥第五云云，内容同此，而稱黄山君，似今本真誥之黄仙君亦黄山君之訛。

甯封

【按】無上秘要卷八十四得太清道人名品後類云：「甯封服石腦而赴火，則作火解。」真誥卷四云「甯生服石腦而赴火」，即此。

甯封見於列仙傳，其略云：「甯封子者，黄帝時人也，世傳爲黄帝陶正。有人過之，爲其掌火，能出五色煙，久則以教封子。封子積火自燒，而隨煙氣上下，視其灰燼，猶有其骨。時人共葬於甯北山中，故謂之甯封子焉。」雲笈七籤卷六云：「昔黄帝於峨眉山詣天真皇人，請靈寶五芽之經；於青城山詣甯封真君，受靈寶龍蹻之經。」今道藏有上清太上開天龍蹻經，即甯封傳授黄帝者。

方明

力牧

昌宇

【按】無上秘要卷八十四得太清道人名品後類云：「方明、力牧、昌宇，此三人黄帝臣。」莊子徐無鬼云：「黄帝將見大隗乎具茨之山，方明爲御，昌寓驂乘。」昌寓即是昌宇。淮南子覽冥訓云：「昔者黄帝治天下，而力牧、太山稽輔之。」史記五帝本紀亦言黄帝「舉風后、力牧、常先、大鴻以治民」。此皆傳説中黄帝之臣，道書則編排入神仙譜系，如太上洞玄靈寶五符序卷下説軒轅黄帝「出而遠遊，昌宇驂乘，方明爲御，力牧從焉。東到青丘，過風山，見紫府先生，受三皇内文天文大字，以劾召萬神，役使群靈」。五嶽真形圖序論謂黄帝因「衡山峙立無輔，乃與昌宇、力牧、方明等，章祠三天太上，使命霍山、潛山爲南嶽儲君」。雲笈七籤卷二十七洞天福地記之七十二福地云：「第十五沃州，在越州剡縣南，屬真人方明所治之。」又云：「第二十一馬嶺山，在郴州郭内水東，蘇耽隱處，屬真人力牧主之。」

莊伯微 漢時人。

【按】無上秘要卷八十四得太清道人名品後類云：「莊伯微合服金汋者。」真誥卷五云：「昔在莊伯微，漢時人也，少時好長生道，常以日入時正西北向，閉目握固，想見崑崙，積二十一年。後服食，入中山學道，猶存此法。當復十許年後，閉目乃奄見崑崙。存之不止，遂見仙人授以金汋之方，遂以得道。」

右位

太清仙王趙車子

【按】無上秘要卷八十四得太清道人名品後類云：「趙車子，太清仙王。」據上清七聖玄紀經，泰清仙王趙車子與東極真人陵陽子明，南極真人赤松子，西極真人王方平，北極真人安期生，栢成子高，九宫上相長里先生，太極左公北洛先生等爲「八真」，參見太極左公北谷先生條。

太清金液神丹經卷上提到，合丹需齋戒燒香，奉請「九天真王、三天真皇、高皇太上君、高皇君、太上君、太帝君、九天三老君、三天三老君、太上真人、太上地真、靈真玉女、九氣丈人、九老仙都君、太清仙王、天真太一君、地真太一君、都官太一君、中官太一君、天仙太一君、地仙太一君、太一玉童、太一玉女、黄羅、紫明二郎、黄羅、紫明二夫人、華蓋火光使君、九光丈人、丹朱祖宗南上之精君」等，其中即有太清仙王。另據太上靈寶五符序卷下，軒轅黄帝往峨眉山請教皇人，其居乃在山北絶巖之下，侍者皆是衆仙玉女，「坐賓三人，皆稱太清仙王」。

太清仙王李元容

【按】無上秘要卷八十四得太清道人名品後類云：「李元容，師赤君，太清仙王。」太清仙王解釋見上條。事跡不詳。

小有仙王鄧離子

【按】無上秘要卷八十四得太清道人名品後類云：「鄧離子，師赤君，小有仙王。」事跡不詳。

五嶽司西門叔度

【按】無上秘要卷八十四得太清道人名品後類云：「叔度，胡姓康，名獻，師赤君，五嶽司西門。」事跡不詳。

據無上秘要，李元容、鄧離子、叔度三人皆師從赤君。真誥卷十四有小字注釋説：「七聖玄紀中云，赤君下教，變跡作沙門，與六弟子俱，皆顯姓名也。」太平御覽卷六百五十九引七聖紀曰：「南嶽赤君下教，變跡爲道士，與六弟子俱顯姓名。」太平御覽所稱七聖紀，當是同一文獻之晚出版本，故改「沙門」爲「道士」。遺憾的是，今道藏之上清七聖玄紀經僅存篇目，無具體内容。但篇目中有八真傳，提到南極真人赤松子，即此南嶽赤君，疑上述弟子事跡皆見於此傳記中。又，本條無上秘要稱叔度爲胡人，亦與真誥引七聖玄紀説「赤君下教，變跡作沙門」相合。

中央真人宋德玄

【按】無上秘要卷八十四得太清道人名品後類云：「宋德玄，周時人，行靈飛之道，中嶽真人。」與本經説「中央真人」小有不同。真誥卷十四云：「九疑真人韓偉遠，昔受於中嶽宋德玄。德玄者，周宣時人，服此靈飛六甲得道。能一日行三千里，數變形爲鳥獸，得玄靈之道，今在嵩高。」道藏中靈飛諸經亦提到宋德玄，皆同真誥，如此則應以「中嶽真人」爲正。

樓觀派神仙亦有宋德玄，似稍晚出，據真誥等材料改編而成者。仙苑編珠卷上「宋倫遊空，葛洪兀然」句，注引樓觀傳云：「宋倫字德玄，年二十二，日誦五千文，服黄精白朮，感老君降授中景之道，通真之經。倫行之，望巖申步，日行三千里，淩波涉險，不由津路也。」雲笈七籤卷一百四有太清真人傳，則又較仙苑編珠更加繁複，節録備參：「太清真人宋倫，字德玄，洛陽人也。以厲王甲辰歲入道，於是凝心寢景，抱一沖和，不交人事，日誦五千文數遍，服黄精白朮，積二十餘年。乃密感老君，項負圓明，面放金光，披九色離羅之帔，建七映暉晨之冠，有仙童六人，負真執籙。倫匍匐乞哀，乃告倫曰：吾有景中之道，通真之經，生乎三元之始，出乎九玄之庭，五德合慶，六氣凝精，分真散景，保遐固齡。子能修之，立致雲輧，出有入無，徹幽洞冥，三光並耀，二氣齊靈，變化適意，飛昇上清。倫拜授之。乃開藴，出靈飛六甲素奏丹符以付於倫。倫得經修之，乃自然通感。常有玉童六人，更遞待之。察物如神，言無不驗。能望巖申步，淩波涉險，不由津路。或化爲麞鹿，或託作鳩鴿，翱翔原陸，試人之心。年九十餘，以景王時，受書爲太清真人，下司中嶽神仙之録焉。」

中嶽仙卿衍門子

【按】無上秘要卷八十四得太清道人名品後類云：「衍門子，中元仙卿。」與本經説中嶽仙卿不同。真誥卷十四云：「呑琅玕之華而方營丘墓者，衍門子、高丘子、洪涯先生是也。衍門子墓在漁陽潞縣。」陶弘景注：「幽州漁陽有潞縣，今上黨亦有潞縣。衍門即羨門也。」又云：「衍門子今在蒙山大洞黄金之庭，受書爲中元仙卿。」中華道藏本太上洞玄靈寶五鍊生尸妙經卷下云：「考其近者，衍門子師夜光，高丘子師石公，洪崖先生師金母，並受靈寶滅度五練之法，升天之傳。衍門子死於漁陽洛縣長丘山，高丘子死於中山聞喜縣高附山，洪崖先生死於武威姑臧縣浪山中，並受此文以鎮其墓。衍門子卌年墓崩而形化，後入蒙山大洞黄金之庭，受書爲仙卿。高丘子七十二年墓崩，爲人所發，擗棺而形飛，今爲中嶽真人。洪崖先生百廿年墓開，尸形飛騰，受書爲青城真人。此之諸賢，並受滅度之法，升天之傳，鎮靈之道，而得崇虚淩清，策空高霞，遊晏紫微，受號真人也。此之近事，非復悠遠之傳。」

據真誥陶注，衍門子即是羨門子，亦即史記提到之羨門或羨門高。秦始皇本紀説：「三十二年，始皇之碣石，使燕人盧生求羨門、高誓。」裴駰集解引韋昭云：「古仙人。」封禪書説：「宋毋忌、正伯僑、充尚、羨門高，最後皆燕人，爲方仙道，形解銷化，依於鬼神之事。」此見羨門子神仙傳説濫觴於秦朝或許更早。抱朴子内篇仙藥云：「移門子服五味子十六年，色如玉女，入水不沾，入火不灼也。」又，御覽卷九百九十引典術云：「羨門子服五味子十六年。」則此移門子亦即羨門子。

中嶽真人孟子卓

【按】無上秘要卷八十四得太清道人名品後類云：「孟子卓，中嶽真人。」據上清衆真諸經聖秘卷八引天地宫府真經，中嶽真人孟子卓與中嶽真人王仲甫「領署于九玄之司」。上清金書玉字上經云：「秦時徐福，本凡人也，亦悟見二星，乃不敢道，遂得增年，於是始信天下有仙，乃知學道耳。韓衆、司馬季主，及中嶽真人孟子卓、張巨君，逮尹軌之徒，皆亦得見之者也。」

西嶽真人馮延壽

【按】無上秘要卷八十四得太清道人名品後類云：「馮延壽，西嶽真人。」真誥卷九云：「楚莊公時（原注：此即春秋時楚莊王也。），市長宋來子恒灑掃一市。久時，有一乞食公入市，經日乞。恒歌曰：天庭發雙華，山源彰陰邪。清晨按天馬，來詣太真家。真人無那隱，又以滅百魔。恒歌此乞食，一市人無解歌者，獨來子忽悟，疑是仙人，然故未解其歌耳。乃遂師此乞食公，棄官追逐。積十三年，此公遂授以中仙之道。來子今在中嶽，乞食公者，西嶽真人馮延壽也。周宣王時史官也。」上清衆真諸真聖秘引天地宫府真經有之。

真誥卷十又有上清真人馮延壽口訣，尊號與此不同，原注云：「前云是楚市乞人西嶽真人馮延壽，西嶽之號，自不妨上清之目也。」話雖如此，本經西嶽真人馮延壽居第四太清品，位秩顯然低於第二之上清品，似不能自圓其説。

南嶽真人傅先生

【按】無上秘要卷八十四得太清道人名品後類云：「傅先生，南嶽真人。」真誥卷五云：「昔有傅先生者，其少好道，入焦山石室中。積七年，而太極老君詣之，與之木鑽，使穿一石盤厚五尺許，云穿此盤便當得道。其人乃晝夜穿之，積四十七年，鑽盡石穿，遂得神丹，乃升太清，爲南嶽真人。此有志之士也，子其識之。」雲笈七籤卷一百十引洞仙傳，説法皆同，唯太極老君作太極真人。

青城真人洪崖先生

【按】無上秘要卷八十四得太清道人名品後類云：「洪崖先生，青城真人。」真誥卷十四「呑琅玕之華而方營丘墓者，衍門子、高丘子、洪涯先生是也」句，説「洪涯先生墓在武威姑臧縣」（原注：「涼州記作姑臧縣。」）。同卷又云：「洪涯先生今爲青城真人。」真誥作「涯」，他書多作「崖」。

又据據中華道藏太上洞玄靈寶五錬生尸妙經卷下，「洪崖先生師金母，並受靈寶滅度五練之法」云云，引文詳中嶽仙卿衍門子條。

九疑真人韓偉遠

【按】無上秘要卷八十四得太清道人名品後類云：「韓偉遠，受宋德玄靈飛六甲者，九疑真人。」韓偉遠見真誥卷十四，引文詳中央真人宋德玄條。

岷山真人陰友宗

【按】無上秘要卷八十四得太清道人名品後類云：「陰友宗，岷山真人。」真誥卷一開列出場真靈清單有此，稱號亦同。元始上真衆仙記云：「務成子、力墨子，爲岷山真人。」說法與本經不同。

司命太元定録紫臺四真人

【按】據無上秘要卷八十四得太清道人名品前類，司命元君定録紫臺真人與景雲真人，監山真人，定氣真人並列，云：「此四真人號，並有姓名。」本經以景雲真人、監山真人、定氣真人置第四左位，獨將此置第四右位，尊號中「四真人」遂不知所指。

中嶽真人王仲甫

【按】無上秘要卷八十三、八十四無此，據上清衆真諸經聖秘卷八引天地宫府真經，中嶽真人孟子卓與中嶽真人王仲甫「領署于九玄之司」。真誥卷十云：「昔有道士王仲甫者，少乃有意，好事神仙。恒吸引二景湌霞之法，四十餘年，都不覺益。其子亦服之，足一十八年，白日升天。後南嶽真人忽降仲甫而教之云：子所以不得升度者，以子身有大病，腦宫虧減，筋液不注，靈津未溢。雖復接景湌霞，故未爲身益。仲甫遂因服藥治病，兼修其事。又一十八年，亦白日升天。今在玄州，受書爲中嶽真人，領九玄之司，於今在也。」原注：「此説殊切事要。仲甫父子無餘别顯也。」

北陵丈人

【按】見無上秘要卷八十四得太清道人名品前類，屬「十四丈人號」之一。上清大洞九微八道大經妙籙提到：「蓬萊高上真書，玄威清天上皇以傳甯封，佩此真符，横行江河四海，群龍衛從，水精振伏，一名蓬萊太玄之札，一名九流真書。北陵丈人以授馬皇，紋泉而乘雲昇天。」

太玄丈人

【按】見無上秘要卷八十四得太清道人名品前類，屬「十四丈人號」之一。此外，無上秘要卷五十、五十二，元始五老赤書玉篇真文天書經卷下及太上大道三元品戒謝罪上法等皆提到太玄丈人尊號。

北上丈人

南上丈人

【按】兩尊號皆見無上秘要卷八十四得太清道人名品前類，屬「十四丈人號」之一。

太氣丈人

【按】無上秘要卷八十四得太清道人名品前類有大氣丈人，屬「十四丈人號」之一，應即此太氣丈人之别寫。道經中别有三氣丈人、五氣丈人，並見無上秘要卷五十，少見稱太氣丈人或大氣丈人者。

益命丈人

【按】見無上秘要卷八十四得太清道人名品前類，屬「十四丈人號」之一。

飛真丈人

【按】見無上秘要卷八十四得太清道人名品前類，屬「十四丈人號」之一。

九道丈人

【按】見無上秘要卷八十四得太清道人名品前類，屬「十四丈人號」之一。

示安丈人

【按】無上秘要卷八十四得太清道人名品前類有永安丈人，屬「十四丈人號」之一，應即此示安丈人之別寫。

百福丈人

【按】無上秘要卷八十四得太清道人名品前類無此尊號，但有百神氣丈人爲本經所無，疑同是一號。

百千神氣丈人

【按】見無上秘要卷八十四得太清道人名品前類，屬「十四丈人號」之一。從北陵丈人以來共十一丈人尊號，基本同於無上秘要卷八十四之「十四丈人號」，所缺者爲天帝丈人、太上丈人、九氣丈人，後兩位本經已置第四左位，仍缺天帝丈人。十一丈人號之順序與無上秘要相反，稍不同者，百神氣丈人（即本經之百福丈人）與百千神氣丈人次序倒乙。

登天上籙玉女四人

【按】見無上秘要卷八十四得太清道人名品前類，屬「十五玉女神女號」之一。所稱「四人」，據無上秘要，仍計爲一條。

上天玉女三人

【按】見無上秘要卷八十四得太清道人名品前類，屬「十五玉女神女號」之一，唯「三人」作「四人」。所稱「四（三）人」，據無上秘要，仍計爲一條。

三天玉女百人

【按】見無上秘要卷八十四得太清道人名品前類，屬「十五玉女神女號」之一。所稱「百人」，據無上秘要，仍計爲一條。太上洞淵神咒經卷三提到：「三天玉女與大梵天王夫人等人千萬人，來下聽經。」卷八又説：「若有刑獄，天遣力士、三天玉女、十方大神仙人，來助道士，令此病人速得治瘥，官事解了，令主人萬願從心。」然不能肯定此經所謂三天玉女，與本經之三天玉女，宗教意義是否完全等同。

青腰玉女官十人

【按】見無上秘要卷八十四得太清道人名品前類，屬「十五玉女神女號」之一。所稱「十人」，據無上秘要，仍計爲一條。上清太上開天龍蹻經卷五，甯封告黄帝，人身法象於天，「左有青腰玉女，右有白素玉女，中有玄光玉女」。青腰玉女、白素玉女皆見於本經，玄光玉女爲本經所無。又據無上秘要卷九十二引洞真九赤斑符五帝内真經，東方青帝侍從有青腰玉女十二人；同卷引洞真素奏丹符靈文，説服佩青帝甲乙通靈玉符，則甲乙青腰玉女降見。又雲笈七籤卷十八引老子中經，説第七神仙爲甪里先生，其妻青腰玉女；第十九神仙亦提到青腰玉女，説法與上清太上開天龍蹻經同；第二十四神仙，「東方之神女名曰青腰玉女，南方之神女名曰赤圭玉女，中央之神女名曰黄素玉女，西方之神女名曰白素玉女，北方之神女名曰玄光玉女。」以上青腰玉女之宗教意義，亦未必與本經相同。至於外丹術以青腰玉女爲礦物空青之隱名，更無關於本經矣。黄帝九鼎神丹經訣卷二提到青腰玉女有云：「青腰玉女者，风伯之女也，殊卑於玄女、素女也。玉女者，凡人之女也，学得道号为玉女，并神仙之妻妾仪使也。」附録於此，以備「玉女」之一説。

下等玉女

【按】無上秘要卷八十四得太清道人名品前類有百等玉女，屬「十五玉女神女號」之一，應即此下等玉女之别寫。

北宫玉女

【按】見無上秘要卷八十四得太清道人名品前類，屬「十五玉女神女號」之一。

五帝玉女

【按】見無上秘要卷八十四得太清道人名品前類，屬「十五玉女神女號」之一。上清五常變通萬化鬱冥經之龍飛九道尺素隱訣提到：「天真下降，五帝衛靈，九晨給以金晨玉童九百人，九皇給以玉華玉女七百人，五皇又給五帝玉女各五百人。」單行本之洞真上清龍飛九道尺素隱訣説法亦同。又上清修身要事經説：「道士欲施用神杖法，當叩齒三十六通，思五帝直符吏各一人，衣隨方色，有五色之光，流焕杖上，五帝玉女各一人，合侍衛杖左右。」按此説則所謂五帝玉女，乃是五方之帝之玉女，應以五人爲一組。然據無上秘要卷九十八引洞真外國放品經，則稱從五帝玉女三十六人飛行上昇，此又非五之倍數。

另據洞真太上紫度炎光神玄變經，五帝皆有玉童、玉女侍衛，名號各經小異，玆據此經之鎮魂固魄飛騰七十四方靈丸整理如下，異文參考雲笈七籤卷七十七之大洞西華玉堂仙母金丹法，云：東方青帝爲青陽玉童、青腰玉女；南方赤帝爲絳宫玉童、太丹〔一〕赤圭玉女；西方白帝爲耀靈玉童、太素〔二〕玉女；北方黑帝爲太極玉童、太玄玉女；中央黄帝爲中央黄機玉童、黄素玉女。其中僅青腰玉女、太素玉女兩位名號與本經相同，録此備參。

太素玉女

【按】見無上秘要卷八十四得太清道人名品前類，屬「十五玉女神女號」之一。真誥卷十七楊羲記夢，見有白衣女子，行於空中，西向就白龍，入龍口中，須臾復出，三入三出乃止。旁有老翁告

〔一〕丹　雲笈七籤作「一」。

〔二〕太素　雲笈七籤作「素靈」。

曰：「此太素玉女蕭子夫。取龍炁以鍊形也。此人似方相隸爲官也。」太素玉女爲經中常見，多數與西方白帝有關，引文見上條。另據上清瓊宮靈飛六甲左右上符，有六甲靈飛左右玉女名字六十人，共分六組：甲子太玄宮左靈飛玉女部太玄玉女十人；甲戌黄素宮左靈飛玉女部黄素玉女十人；甲申太素宮左靈飛玉女部太素玉女十人；甲午絳宮右靈飛玉女部絳宮玉女十人；甲辰拜精宮右靈飛玉女部拜精玉女十人；甲寅青要宮右靈飛玉女部青要（腰）玉女十人。如此諸處之太素玉女，其宗教意義亦未必與本經相同。

天素玉女

【按】無上秘要卷八十四得太清道人名品前類有天來玉女，屬「十五玉女神女號」之一，應即此天素玉女之别寫。

白素玉女

【按】見無上秘要卷八十四得太清道人名品前類，作白素玉女十人，屬「十五玉女神女號」之一。白素玉女多與青腰玉女相對，又説爲西方之玉女，皆見青腰玉女條。另據太上洞房内經注，「左連青宫，右夾皓清」句注云：「左爲青府，青童所居也。右爲皓清府，白素玉女之所居也。廣而存之，則青童可爲九老君；微而精之，則白素玉女爲西清母。此左右目中神别名，晝夜存之，可得仙也。」此以白素玉女爲目中之神，似無關本經，聊備一説耳。

平天玉女

【按】見無上秘要卷八十四得太清道人名品前類，屬「十五玉女神女號」之一。

六戊玉女

【按】見無上秘要卷八十四得太清道人名品前類，屬「十五玉女神女號」之一。道經中六甲、六丁最常見，六戊則罕聞。

青天益命玉女

【按】見無上秘要卷八十四得太清道人名品前類，屬「十五玉女神女號」之一。此疑當與本經前出之益命丈人爲一類，事跡則不可考。

神丹玉女

【按】見無上秘要卷八十四得太清道人名品前類，屬「十五玉女神女號」之一。洞真太上紫書籙傳、洞真太上九赤班符五帝内真經、上清元始變化寶真上經九靈太妙龜山玄籙等，多次提到太丹玉女，未知與此有關否。

五〔一〕流玉女

【按】見無上秘要卷八十四得太清道人名品前類，作「五流玉女侍人」，屬「十五玉女神女號」之一。

〔一〕五　説郛本作「九」。

右十五玉女號。

【按】此句本於無上秘要之「此十五玉女神女號」。循前後多數條文，此類情况皆作小字注釋，然後面之「右十五使者自然之神」等，亦同本條例，故維持原狀。無上秘要十五玉女神女順序與本經小異，即：登天上籙玉女四人、上天玉女四人、三天玉女百人、百等玉女、北宫玉女、五帝玉女、太素玉女、青腰玉女官十人、青天益命玉女、天來玉女、平天玉女、白素玉女十人、六戊玉女、神丹玉女、五流玉女侍人。

高上將軍

【按】見無上秘要卷八十四得太清道人名品前類，作「高上將軍四人，領天帝兵十萬人」，屬「四將軍使天兵號」之一。

衡山使者

【按】見無上秘要卷八十四得太清道人名品前類，作「衡山使者，領天帝十萬人」，屬「四將軍使天兵號」之一。「衡山」與「衡山」未考孰是，道經雖有泰山使者、廬山使者、龜山使者諸名，又有東嶽使者、南嶽使者、西嶽使者、北嶽使者、中嶽使者，又有主七十二名山使者等，然此處單顯一衡山使者，仍覺突兀，故本經衡山使者寫法未必一定正確，且存疑。

上天力士

【按】見無上秘要卷八十四得太清道人名品前類，屬「四將軍使天兵號」之一。

天丁力士

天丁力士以上四人，並有姓氏，各領天兵十萬，號四將軍。

【按】見無上秘要卷八十四得太清道人名品前類，屬「四將軍使天兵號」之一。真誥卷十五云：「威南、威北兵，如道家天丁力士甲卒之例也。」卷十天蓬咒也説：「天丁力士，威南禦凶。」道經稱天丁力士處甚多，然皆不以爲專名，此殊不可解。唯晚出之上清天心正法卷三説：「天丁力士，姓勾，名民子。」聊備一説。

高上將軍以來四真，合稱「四將軍」，僅見於本經與無上秘要，此亦證明本經與無上秘要卷八十三、八十四關係密切也。

「以上四人」云云，本於無上秘要「此四將軍使天兵號」，本經作小字注釋，未如前「右十五玉女號」，刻作大字也。

飛天使者

【按】見無上秘要卷八十四得太清道人名品前類，作卻飛使者，屬「十一使者號」之一。據太玄八景籙，上部、中部、下部八景洞天飛行自然靈寶神仙，傳事飛天使者各八十一人。上清靈寶大法卷六提到：「敕命飛天使者，捧持諸天玉字真文，敷鎮玄壇，召迎善瑞，消除氛穢，成就齋功。」無上秘要之卻飛使者，或即「卻非」之意，然本經及無上秘要皆另有主非使者嚴白虎，故此處似仍應以本經之飛天使者爲正。

九天使者

【按】見無上秘要卷八十四得太清道人名品前類，作九龍使者，屬「十一使者號」之一。據洞真上清青要紫書金根衆經卷上提到，傳授靈符，需奉請九天使者、鑒真大夫，其他道經亦多見此尊號。九龍使者見上清靈寶大法卷四十五之東極青玄救苦九龍符命，乃需要祝九龍使者隨符而行，其他道經亦多見此尊號。本經九天使者與無上秘要九龍使者兩歧，未考孰是。

九天真王使者

【按】見無上秘要卷八十四得太清道人名品前類，屬「十一使者號」之一。顧名思義，九天真王使者乃是九天真王之使者。雲笈七籤卷二十一引三天正法經云：「九天真王與元始天王俱生始氣之先，天光未朗，鬱積未澄，溟涬無涯，混沌太虛，浩汗流冥七千餘劫，玄景始分，九氣存焉。一氣相去九萬九千九百九十歲。清氣高澄，濁氣下布。九天真王、元始天王，稟自然之孕，置於九天之號。」此可見九天真王與元始天王地位等同，然不解何故，本經有元始天王，無九天真王；乃至有九天真王之使者，仍無九天真王。

高仙啟天使者

【按】見無上秘要卷八十四得太清道人名品前類，屬「十一使者號」之一。

遊天使者

【按】見無上秘要卷八十四得太清道人名品前類，屬「十一使者號」之一。

太清使者

【按】見無上秘要卷八十四得太清道人名品前類，屬「十一使者號」之一。據晚出之廬山太平興國宫採訪真君事實卷一引南唐降現真國記云：「使者真君有五號，一曰九天真王、二曰朱陵上帝、三曰火鍊真人、四曰南上真君、五曰九天採訪使者。」又説：「上三皇時下降爲九龍使者；中三皇時爲九都使者；下三皇時爲元都使者。黄帝時爲真元使者；帝堯時爲太清使者；帝舜時爲九疑使者；大禹時爲元夷蒼水使者，助禹治水成功；周穆王時爲天靈使者；唐玄宗皇帝時爲九天採訪使者。」此太清使者究係與本經偶然重合，或受本經影響，不得而知。

六乙使者

六丙使者

六丁使者

六壬使者

六癸使者

【按】見無上秘要卷八十四得太清道人名品前類，屬「十一使者號」之一。按照干支，共有六甲、六乙、六丙、六丁、六戊、六己、六庚、六辛、六壬、六癸共十組，本經干支使者僅此五組，另有六戊玉女見前，其餘付闕，無上秘要同此，意義不詳。

右十五使者，自然之神。

【按】此句本於無上秘要上述十一使者後「此十一使者號，多是自然之神，非盡世學」句。本經作「十五」，乃是將無上秘要之十一使者與四將軍合併計數。

東方靈威仰

南方赤熛弩

西方曜魄寶

北方隱侯局

中央含樞紐 此太清五帝，自然之神。

【按】見無上秘要卷八十四得太清道人名品前類，順序及少數字寫法略異：「五帝東方靈威仰，西方曜魄寶，南方赤飄弩，北方隱侯局，中央含樞紐。」其後又説：「又各有五方天官大夫、玉女諸靈官。」再以後爲説明文字，云：「此太清之五帝，亦是自然之神，非太常所使五方天帝君者。」與本經小字同出一轍。

此本是儒家經典之五方上帝，依照方位爲東南西北中，按照顔色則青赤白玄黄，至遲在漢代緯書中，五方上帝已各有名號。太平御覽卷八百八十一引河圖云：「東方蒼帝，神名靈威仰，精爲青龍；南方赤帝，神名爲赤熛怒，精爲朱鳥；中央黄帝，神名含樞紐，其精爲麒麟；西方白帝，神名白招矩，精爲白虎；北方黑帝，神名叶光紀，精爲玄武。」史記天官書索隱引詩含神霧云：「五精星坐，其東蒼帝坐，神名靈威仰，精爲青龍。」〔一〕晚出之道教乃將五方上帝納入神仙系統，如元始五老赤

〔一〕緯書所載五方上帝神名，各書引文略有差異，此皆據黄奭黄氏異書考輯本。

書玉篇真文天書經卷上詳載元始五老靈寶官號服色隨從，其略云：

東方安寶華林青靈始老，號曰蒼帝，姓爛，諱開明，字靈威仰。頭戴青精玉冠，衣九炁青羽飛衣。常駕蒼龍，建鶉旗，從神甲乙官將九十萬人。其精始生，上號東方青牙九炁之天，中爲歲星，下爲泰山。室有青腰玉女，堂有太上真王。

南方焚寶昌陽丹靈真老，號曰赤帝，姓洞浮，諱極炎，字赤熛弩。頭戴赤精玉冠，衣三炁丹羽飛衣。常駕丹龍，建朱旗，從神丙丁官將三十萬人。其精始生，上號南方朱丹三炁之天，中爲熒惑星，下爲霍山。室有太丹玉女，堂有元炁丈人。

中央玉寶元靈元老，號曰黄帝，姓通班，諱元氏，字含樞紐。頭戴黄精玉冠，衣五色飛衣。常駕黄龍，建黄旗，從神戊己官將十二萬人。其精始生，上號中央元洞太帝之天，中爲鎮星，下爲嵩高山。

西方七寶金門皓靈皇老，號曰白帝，姓上金，諱昌開，字曜魄寶，一字白招拒。頭戴白精玉冠，衣白羽飛衣。常駕白龍，建素旗，從神庚辛官將七十萬人。其精始生，上號明石七炁之天，中爲太白，下爲華陰山。室有太上素女，堂有元氣大夫。

北方洞陰朔單鬱絶五靈玄老，號曰黑帝，姓黑節，諱靈會，字隱侯局，一字叶光紀。頭戴玄精玉冠，衣玄羽飛衣。常駕黑龍，建皂旗，從神壬癸官將五十萬人。其精始生，上號玄滋五炁之天，中爲辰星，下爲常山。室有夜光玉女，堂有太玄真人。

可注意者，本經西方曜魄寶、北方隱侯局與緯書之白招矩、叶光紀不同，元始五老赤書玉篇真文天書經則在曜魄寶、隱侯局之後，各加一字白招拒、一字叶光紀，以示調和。而本經及無上秘要卷十九引洞玄五符經，皆不用白招拒、叶光紀等緯書名字，且無上秘要專門説，此「非太常所使五方天帝君者」，意欲與儒家祭祀之五帝劃清界限，故四庫全書總目提要批評本經説：「其用緯書靈威仰、赤熛怒、曜魄寶、含樞紐之名已屬附會，而易叶光紀爲隱侯局，尤爲無據。」

又可注意，本經將此五方之帝定義爲「太清之五帝」，排列在第四右位，與靈寶經將此五老推崇爲元始五老完全不同，此或又含有不同派別之教義分歧。

五嶽君 五百年而一替。

【按】無上秘要卷八十四得太清道人名品前類云：「五嶽君，此職五百年一代。」上清高上玉晨鳳臺曲素上經云：「太清高仙景雲真人啟天大録，太上丈人下授五嶽君，佩之卻禍除殃，辟惡逐邪，朝衆精，從百禽，命鬼物，延年十萬，還魂卻老，安身長存。」又據上清太上八素真經説，後聖李君既受書爲金闕帝君，「又書一通，各付五嶽，使五嶽君領守之焉。須壬辰吉會，聖君來下，當命召五嶽，出此笥書，以付上相四輔，使教上真之才也。」然此五嶽君是一位，或是五位，不甚分明。五嶽真形圖序論云：「人有此文在家者，五嶽君各遣五神來奉衛圖文。所居山川源澤諸靈，各遣待人營護子耳。他人憎嫉謀議，口舌凶逆賊害，及縣官繫子者，五嶽所衛二十五神，及山川侍官，即白所居之部嶽君，嶽君即使鬼物反害，彼人自中也。」按如此説，五嶽君實五嶽之君，當是五人。另據無上秘要卷一八引洞真五帝内真經記五嶽君冠服，乃東嶽泰山君、南嶽衡山君、西嶽華山君、北嶽恒山君、中嶽嵩山君五位合稱五嶽君。

河侯

河伯 此三條，是得道之人所補。

【按】無上秘要卷八十四得太清道人名品前類以「河侯河伯」連爲一條，居五嶽君之次，其後云：「又有河伯少女者，非必胎生，皆化附而已。」然後才説：「此三條是得道人所補。」揆其意，乃是以五嶽君、河侯河伯、河伯少女爲三條，本經無河伯少女，而將「河侯河伯」分爲兩條。

真誥卷十二云：「昔有一人，數旦旦詣河邊拜河水，如此十年。河侯河伯遂與相見，與其白璧十雙，教授水行不溺法。此人見在中嶽得道。」此亦以河侯河伯爲一神，而此條陶弘景注釋説：「河侯、河伯，故當是兩神邪？」看法正與本經相同。杜光庭墉城集仙録卷五洛川宓妃條云，馮夷服虹丹爲水仙，位證河侯；吕公子服水玉而爲河伯。並解釋説：馮夷者好道，遇涓子以虹丹授之，服而爲水仙，位爲河侯。

河伯少女見真誥卷十四：「蔡天生者，上谷人也，小爲嘯父，賣雜香於野外，以自業贍。情性仁篤，口不言惡。道逢河伯少女，從天生市香，天生知是異人，再拜上一檐香，少女感之，乃教其朝天帝玉皇之法，遂以獲仙。託形烏杖，隱存方臺。少女今猶往來之也，天生師之。」

西嶽丈人

【按】無上秘要卷八十四得太清道人名品前類有此。真誥卷十二云：「昔有劉少翁，曾數入太華山中，拜禮向山，如此二十年。遂忽一旦得見西嶽丈人，授其仙道。」小字注釋説：「禁山符有西嶽君、西嶽公，不知是此丈人邪？」

三天玉童

【按】無上秘要卷八十四得太清道人名品前類有此。在多數道經中，三天玉童地位甚高，如元始高上玉檢大籙有玉清三天玉童道君；上清衆真諸真聖秘卷一引太清上經變化七十四方經有「上三天玉童，諱高玉賢，字無常在」，卷二引上清元始變化真上經九靈太妙龜山元録上云：「虚生上三天玉童，元玄虚之氣，諱高玉賢，字無常在。」卷三引高上元始玉皇譜録，亦有玉清三天玉童道君。凡此皆不與本經三天玉童位秩吻合，疑與元始天王同例，刻意貶低也。

洛水神女此三條，亦是學道人所補。

【按】無上秘要卷八十四得太清道人名品前類有此，其後有小字注釋云：「此應是宓妃。」然後再云：「此三條亦應是人學所得。」意思與本經小注稍違，本經言「所補」，即五嶽君條經若干年「一替」，含升轉變動之意。

洛水神女大約因曹植洛神賦而來，李善注文選引漢書音義如淳曰：「宓妃，宓羲氏之女，溺死洛水爲神。」賦序云：「黄初三年，余朝京師，還濟洛川。古人有言，斯水之神，名曰宓妃。」杜光庭墉城集仙録卷五洛川宓妃條云：「洛川宓妃，宓犧氏之女也，得道爲水仙，以主於洛川矣。常遊洛水之上，以衆女仙爲賓友，自以遊宴爲適，或祥化多端，亦猶朝雲暮雨之狀耳。」其説固然晚出，然本條之末杜光庭云：「五嶽十山九江八澤皆有仙曹靈府，以司明世人罪福功過，亦生掌山川寶貨靈草神芝，或統御洞天真經玉籍。其任不常，或千年、五百年，亦有遷易，玄真杳隔，世莫得知也。」則顯然與本經注釋「學道人所補」同一意義。

飛天丈人

太一中黄

玄上玉童

猛獸先生此自然之神，主天下鬼神禽獸。

【按】無上秘要卷八十四得太清道人名品前類有此，飛天丈人、太一中皇、玄上玉童、猛獸先生，共四位，「主天下山川鬼神禽獸，應是自然之神，非人學所得」。敦煌卷子斯三七五〇等綴合失題道經殘卷，中華道藏擬名陶公傳授儀，王卡敦煌道教文獻研究擬名陶弘景五法傳授儀，其開篇即提到：「請西嶽神君，主司衆神；飛天丈人，主摧滅虎膽，制厭精氣；太一中黄，主吐氣敕虎，衝熏凶目；玄上玉童，主閉虎五藏，逃走他宿；猛獸先生〔一〕，震虎制禽，役使可得。」所稱四真，顯然與本經出於同一宗教體系。又據唐代道士張萬福編醮三洞真文五法正一盟威籙立成儀之請官啟事第六云，「謹奉請西嶽君，及飛天丈人、太一中黄、玄上玉童、虎王李君、猛獸先生，一合來下，降臨醮

〔一〕生　據敦煌道藏第五册卷子影印本，原卷作「王」字，中華道藏本據之標點爲：「……逃走他宿猛獸。先王震虎制禽，役使可得。」然據本經及無上秘要可知，猛獸先生是專有名詞，故徑改爲「生」，句讀亦改變。

席」。其說應本於前篇。其中虎王李君爲新增。綜上引文，無上秘要之太一中皇，似應以本經之太一中黄爲正。

趙昇期在王屋山。

【按】無上秘要卷八十四得太清道人名品後類云：「趙叔期，尋卜師受胎精中記者。」真誥卷五云：「昔趙叔期學道在王屋山中，時時出民間。聞有能卜者在市閭中，叔期往見之。因語叔期曰：欲入天門，調三關，存朱衣，正崑崙。叔期知是神人，因拜叩頭，就請要訣。因以一卷書與之，是胎精中記。拜受此書，入山誦之，後合神丹而升天。」則似當以無上秘要作趙叔期爲是。

陰長生

【按】無上秘要卷八十四得太清道人名品後類云：「陰長生，南陽人，師馬君，受太清丹法。」馬君即馬明生，已見前。陰長生事跡見神仙傳卷五，其略云：「陰長生者，新野人也，漢陰皇后之親屬。少生富貴之門，而不好榮位，專務道術。聞有馬鳴生得度世之道，乃尋求，遂與相見。執奴僕之役，親運履之勞。鳴生不教其度世之道，但日夕與之高談當世之事，治生佃農田之業。如此二十餘年，長生不懈怠。同時共事鳴生者十二人，皆悉歸去，唯長生不去，敬禮彌肅。鳴生告之曰：子真是能得道者。乃將長生入青城山中，煮黄土爲金以示之。立壇西面，以太清神丹經授之，乃別去。長生歸，合丹但服其半，即不昇天。乃大作黄金數十萬斤，佈施天下窮乏，不問識與不識者。周行天下，與妻子相隨，舉門而皆不老。後於平都山白日昇天。」雲笈七籤卷一百六有陰真君傳並陰真君自叙，與神仙傳多同，不煩録。另據元始上真衆仙記云，「陰長生爲地肺真人」。

劉偉道漢時人。

【按】無上秘要卷八十四得太清道人名品後類云：「劉偉道，中山人，服金丹者。」真誥卷五云：「昔中山劉偉道學仙在嶓冢山，積十二年。仙人試之，以石重十萬斤，一白髮懸之，使偉道卧其下，偉道顔無變色，心安體悦。卧在其下，積十二年。仙人數試之，無所不至，已皆悟之，遂賜其神丹而白日昇天。」原注：「此應是漢時人。」

郭崇子殷人。

【按】無上秘要卷八十四得太清道人名品後類云：「郭崇子，彭祖弟子，轝惡人者。」真誥卷五云：「昔有郭崇子者，殷時人也，彭真人之弟子。嘗兄弟四人俱行，爲惡人所擊，傷其左臂。三弟大怒，欲取治之，崇子曰，無用，笑而各去。此人後仕宦，而崇子轝致之，數數非一。此人乃往謝之，而猶轝不止。其人曰：我惡人也，不可以受君子之施。乃自殺。後崇子得道，太極真人以爲有殺人之過，不得爲真人。」原注：「此蓋爲善之過，尚招其弊，況爲惡乎。今時事亦多有類此者，故以爲戒。」郭崇子行事頗近法華經之常不輕菩薩，不知陶弘景此注有所影射否。

郭聲子洛市中卜。

【按】無上秘要卷八十四得太清道人名品後類云：「郭聲子，洛市作卜師者。」真誥卷五云：「昔初有真人郭聲子，在洛市中作卜師。時劉、石、張、臧四姓並欲學道，常自歎云：不遇明師。明師出而已不覺，皆爲試不過，皆無所得也。」卷十二又云：「（葛玄）亦恒與謝稚堅、黄子陽、郭聲子相隨。」本經第六地仙散位又重出郭聲子，應是编者疏忽，詳該條。

周君

【按】無上秘要卷八十四得太清道人名品後類云：「周君，受老君素書七卷，讀萬遍得道者。」真誥卷五云：「昔周君兄弟三人，並少而好道，在於常山中，積九十七年，精思無所不感。忽然見老公，頭首皓白，三人知是大神，乃叩頭流血，涕淚交連，悲喜自搏，就之請道。公乃出素書七卷，以與誦之。兄弟三人俱精讀之，奄有一白鹿在山邊，二弟放書觀之，周君讀之不廢。二弟還，周君多其弟七過。其二弟内意或云仙人化作白鹿，呼周視之。周君不應。周君誦之萬過，二弟誦得九千七百三十三過。周君翻然飛仙，二弟取書誦之，石室忽有石爆成火，燒去書，二人遂不得仙。今猶在常山中，陸行五嶽也。」

徐季道 鵠鳴山。

【按】無上秘要卷八十四得太清道人名品後類云：「徐季道，受仙人五神事者。」真誥卷五云：「昔徐季道學道在鵠鳴山中，亦時時出民間。忽見一人著皮袴練褶，柱桃枝杖，逢季道，季道不覺之。數數非一，季道乃悟而拜謝之。因語季道曰：欲學道者，當巾天青，詠大曆，躡雙白，徊二赤。此五神之事也，其語隱也。大曆，三皇文是也。」原注：「此即太素五神事也，别有經法。」

鹿皮公

【按】無上秘要卷八十四得太清道人名品後類云：「鹿皮公，呑玉華而蟲流。」與仇季子同屬於「服丹而尸解」者。真誥卷四云：「鹿皮公呑玉華而流蟲出戸。」鹿皮公之原型則見於列仙傳，其略云：「鹿皮公者，淄川人也。少爲府小吏木工，舉手能成器械。岑山上有神泉，人不能至也。小吏白府君，請木工斤斧三十人，作轉輪懸閣，意思横生。數十日，梯道四間成，上其巔，作祠舍，留止其旁，絶其二間以自固。食芝草，飲神泉，且七十年。淄水來，三下呼宗族家室，得六十餘人，令上山半。水盡漂一郡，没者萬計。小吏乃辭遣宗家，令下山。著鹿皮衣，遂去，復上閣。後百餘年，下賣藥於市。」

仇季子

【按】無上秘要卷八十四得太清道人名品後類云：「仇季子，咽金液而臭聞百里。」與鹿皮公同屬於「服丹而尸解」者。真誥卷四云：「仇季子咽金液而臭聞百里。」雲笈七籤卷二十七天地宫府圖之七十二福地，「第三十五金精山，在虔州虔化縣，仇季子治之」。

司録君

【按】見無上秘要卷八十四得太清道人名品前類，屬「六君號」之一，不詳本經何故將本尊從六君中割裂，移在此處。道經中，司録君常與司命君相駢聯，如雲笈七籤卷十八引老子中經云：「諸神常當存念之，令與司命君、司録君共削去某死籍，即爲真人長生矣。」卷十九亦提到：「皇天上帝太上道君、天一太一北斗君、日月陰陽君、司命君、司録君，曾孫小兆王某好道，願得長生，唯司命、司録君削去死籍，更著長生玉曆仙籍，定爲真人。」或許因爲上清派之司命君特指司命東嶽上真卿太元真人茅君，即大茅君茅盈，因茅君地位甚高，遂不與司録君並列也。

張巨君

【按】無上秘要卷八十四得太清道人名品後類云：「張巨君，授許季山易法。」雲笈七籤卷一百十引洞仙傳有張巨君，其略云：「張巨君者，不知何許人也。許季山得病不愈，清齋祭太山請命，晝夜祈訴。忽有神人來問曰：汝是何人，何事苦告幽冥？天使我問汝，可以實對。季山曰：僕是汝南平輿許季山，抱疾三年，不知罪之所在？故到靈山，請決死生。神人曰：我是仙人張巨君，吾有易道，可以射知汝禍祟所從。季山因再拜請曰：幸蒙神仙回降，願垂告示。巨君爲筮卦，遇震之恒，初九、六二、六三有變。巨君曰：汝是無狀之人，病安得愈乎？季山曰：願爲發之。巨君曰：汝曾將客東行，爲父報仇，於道殺客，内空井中，大石蓋其上。此人上訴天府，以此病謫汝也。季山曰：實有此罪。巨君曰：何故爾耶？季山曰：父有爲人所搏恥，蒙此以終身，時與客報之，未至，客欲告怨主，所以害之。巨君曰：冥理難欺，汝勤自首，吾還山爲請命。季山漸愈。巨君傳季山筮訣，遂善於易占。但不知求巨君度世之方，惜哉。」

張巨君事跡亦見於他書。雲笈七籤卷二十七天地宫府圖之七十二福地，兩處由巨君主持，云「第三十二龍虎山，在信州貴溪縣，仙人張巨君主之」。「第五十三德山，在朗州武陵縣，仙人張巨君治之」。上清金書玉字上經云：「秦時徐福，本凡人也，亦悟見二星，乃不敢道，遂得增年，於是始信天下有仙，乃知學道耳。韓衆、司馬季主，及中嶽真人孟子卓、張巨君，逮尹軌之徒，皆亦得見之者也。」

郭芍藥

【按】無上秘要卷八十四得太清道人名品後類云：「郭芍藥，漢度遼將軍東平郭騫女。」真誥卷十四云：「郭芍藥，漢度遼將軍東平郭蹇女也。少好道篤誠，真人因授其六甲。」上清瓊宫靈飛六甲左右上符等亦作郭少藥，應同是一人。

趙愛兒

【按】無上秘要卷八十四得太清道人名品後類云：「趙愛兒，劉虞别駕漁陽趙該姊。」真誥卷十四云：「趙愛兒者，幽州刺史劉虞别駕漁陽趙該姊也。好道，得尸解，後又受此符。」關於趙愛兒身份，上清瓊宫靈飛六甲左右上符説：「趙愛兒者，幽州刺史劉虞妻，别駕趙該姊也。好道，得屍解後，又受此符。」較真誥多一「妻」字，意義迥别。然據真誥原注，「此事乃出靈飛六甲經中，長史抄出之」。故亦不保證此「妻」字是衍或者奪，且存疑。

王魯連此三人女真。

【按】無上秘要卷八十四得太清道人名品後類云：「王魯，是魏明帝城門校尉范王伯綱女。」據真誥卷十四云：「王魯連者，魏明帝城門校尉范陽王伯綱女也。亦學道，一旦忽委壻李子期，入陸渾山中，真人授此法。子期者，司州魏人，清河王傅也。其常言此婦狂走，云一旦失所在。」上清瓊宫靈飛六甲左右上符云：「王魯連，魏文帝城門校尉范陵王伯周女也。亦學道，一旦忽委化。壻李子期入陸渾山中，真人又授此法。子期者，司馬魏人清河王傅也。常言此婦狂走，云一旦失所在矣。」説法雖然小異，但確知無上秘要之王魯即爲本經之王魯連無疑。

本條小注「此三人女真」，指郭芍藥以來三人，無上秘要次序相反，故於郭芍藥條下注釋云：「此三人並受行靈飛六甲之道。」其説皆本於真誥卷十四云：「其女子有郭芍藥、趙愛兒、王魯連等，並受此方法而得道者。」

救苦真人君軌

【按】無上秘要卷八十三、八十四無此，亦未在他處檢得救苦真人君軌之號。救苦真人似與救苦天尊同例，皆由佛教觀音信仰轉化而來，至遲唐代有此尊號。雲笈七籤卷一百十七引道教靈驗記文銖臺二僧擊救苦天尊像驗提到，救苦天尊現身説：「我奉太上之敕，歷救衆生之苦，名曰救苦真人。」

不詳本經之救苦真人是陶弘景原本，或閭丘方遠所添，仍疑救苦真人與君軌是誤相駢聯，君軌應是尹軌之訛。蓋前後按語皆證明，本經與無上秘要卷八十三、八十四淵源深厚，無上秘要卷八十四得太清道人名品後類有尹軌，與徐福、張巨君、黑羽同屬一組。本經張巨君見前；黑羽即墨翟亦見前；徐福誤寫爲除福，見後條；則將尹軌誤書作君軌，亦不足奇。

無上秘要卷八十四得太清道人名品後類云：「尹軌，字公度，晉時人，善煮石。」尹軌傳記見神仙傳卷九，真誥卷十二小字注釋亦提到尹軌，云山世遠「即尹公度弟子，已得爲太和山真人」。

司危

司厄

司命

八威

【按】無上秘要卷八十四得太清道人名品前類云：「北斗真符、九天郎吏、大精生神、八威、司命、司厄、司危，此七真雜號。」除大精生神外，皆見於本經。

據上清衆真諸真聖秘卷一引素靈洞玄大有妙經，有「司命司録司危司非度生君，諱度世，字延生」，此以一位道君掌管命、禄、危、非等，與本經不同。無上秘要卷二十五三皇要用品引洞神經，則有單獨召請司命、司禄、司危者。另據玉清無極總真文昌大洞仙經卷八云：「四司者，司命、司禄、司非、司危，乃天上四司；司命、司禄、司功、司殺，爲地下四司。」此雖晚起解釋，亦備一説。

八威似屬於早期靈寶經體系，抱朴子内篇遐覽提到八威五勝符，無上秘要卷二十六靈寶符效品引洞玄元始五老赤書玉篇經，有八威策文；卷九十五咒語有「役使六甲，以致八威」之語，似亦指八威符之直符者。

除福

【按】三種版本皆作除福，然據本經此後相連之帛和、華子期、鮑察、欒巴、葛洪五條，無上秘要卷八十四得太清道人名品後類，依次爲「葛洪、欒巴、鮑察、華子期、帛和、徐福……」恰與本經次序顛倒，因疑此除福即是徐福之訛。

無上秘要卷八十四得太清道人名品後類云：「徐福，秦時人。」徐福與尹軌、張巨君、黑羽同屬一組，説：「徐福等四人，並見二星。」所謂「二星」，據上清金書玉字上經解釋，北斗有九星，凡人僅能見其七，另有兩枚是「帝皇太尊之精神」，唯有「諸成道高仙貴真，及上清、太清之官，乃得見之」，並説：「秦時徐福，本凡人也，亦悟見二星，乃不敢道，遂得增年，於是始信天下有仙，乃知學道耳。韓衆、司馬季主，及中嶽真人孟子卓、張巨君，逮尹軌之徒，皆亦得見之者也。」

帛和

【按】無上秘要卷八十四得太清道人名品後類云：「帛和，字仲理，王西城弟子，受三皇天文、太清丹方。」此即帛家道創始人帛和，神仙傳云：「帛和，字仲理。師董先生行炁斷穀術，又詣西城山師王君，君謂曰：大道之訣，非可卒得，吾暫往瀛洲，汝於此石室中，可熟視石壁，久久當見文字，見則讀之，得道矣。和乃視之，一年了無所見，二年似有文字，三年了然見太清中經、神丹方、三皇文、五嶽圖，和誦之上口。王君回，曰：子得之矣。乃作神丹，服半劑，延年無極，以半劑作黄金五十斤，救惠貧病也。」

華子期

【按】無上秘要卷八十四得太清道人名品後類云：「華子期，九江人，受角里先生靈寶赤杯方。」

太上洞玄靈寶五符序卷上云：「華子期者，九江人也。少好仙道，入山隱跡，採服草藥，棲身林皐二十餘年。忽遇角里先生，乃授之仙隱靈寶方。一曰河圖隱存符，二曰伊雒飛龜，三曰平衡。案合服之，日更少壯，色如少女，一日行五百里，能舉千斤，一歲十易皮。乃入潛山中，而白日升天矣。」神仙傳卷二記載略同，另據雲笈七籤卷二十七天地宫府圖之七十二福地，「第三十四泉源，在羅浮山中，仙人華子期治之」。

鮑察

【按】無上秘要卷八十四得太清道人名品後類云：「鮑察，上黨人，鮑宣五世孫，受道於王君。」據真誥卷十四，張祖常「師事上黨鮑察者，漢司徒鮑宣五世孫也。察受道於王君」。原注云：「鮑宣，漢司隸校尉，爲王莽所害。宣子永，永子昱，昱子某。」雲笈七籤卷二十七天地宫府圖之七十二福地，云「第二十九三皇井，在温州横陽縣，真人鮑察所治處」。

欒巴

【按】無上秘要卷八十四得太清道人名品後類云：「欒巴，後漢豫章、桂陽太守，修劍兵解之道，入鶴鳴山中。」真誥卷十四云：「欒巴昔作兵解，去入林慮山中，積十三年，而後還家，今在鵠鳴赤石山中。」原注：「漢書云，巴爲桂陽、豫章太守，後下獄死，當仍是用靈丸解云也。亦出仙傳中。」欒巴後漢書有傳，稱其「素有道術，能役鬼神」，其事跡亦載神仙傳卷五。

葛洪隱羅浮山。

【按】無上秘要卷八十四得太清道人名品後類云：「葛洪於羅浮山合太清金液，服之隱化。」葛洪與楊羲、許謐同時而稍早，並與許謐有姻親關係。但葛洪之丹鼎與許謐之上清，道教主張有所不同，故真誥雖未涉及葛洪之仙班品秩，但將葛玄、左慈貶爲下品，本經承其宗旨，亦將葛玄等安排在第六等。至於本經取葛洪爲第四等，高於其祖葛玄、其師鄭思遠，大約與元始上真衆仙記有關。元始上真衆仙記謂葛洪静齋於羅浮山，遇仙人曰：「子是籍九天之嘉慶，乘運挺英，復千年之後，太清有仙伯之名。」因此入太清之品。

葛洪傳記見晉書，事跡又有抱朴子外篇自叙可參，道教傳記似以馬樞道學傳較早，據陳國符輯本，「葛洪，字稚川。讀書萬卷。求勾漏令，意在丹砂。著内外篇凡一百一十六篇，碑誄詩賦百卷，檄章牋表三十卷，神仙傳十卷，良吏傳十卷，隱逸傳十卷，集異傳十卷，抄五經史百家之言方伎雜事三百一十卷，金匱藥方百卷，肘後要方四卷。年八十一，兀然若睡而蜕」。

左東无〔一〕上王

【按】見無上秘要卷八十四得太清道人名品前類，同作左東无〔二〕上王，屬「七王號」之一。

〔一〕无　秘册彙函、説郛本皆作「元」。

〔二〕无　敦煌卷子伯三七七三無上秘要殘卷作「無」。

四天官王

【按】見無上秘要卷八十四得太清道人名品前類，作四天君〔一〕王，屬「七王號」之一。

昌命天王

佐命君王

飛真虎王

九都去死王

四海陰王

【按】皆見無上秘要卷八十四得太清道人名品前類，屬「七王號」之一。其中飛真虎王無上秘要作飛真虛王，四海陰王無上秘要作四海司陰王。此七王順序無上秘要與本经不同，依次爲：四海司陰王、九都去死王、飛真虛王、佐命君王、四天君王、昌命天王、左東元上王。

太一元君

【按】見無上秘要卷八十四得太清道人名品前類，屬「六君號」之一。

上清金書玉字上經提到洞房上經爲「青靈陽安君以傳中央黄老君，三天太一元君即造太玄主仙府，使定金書，刻玉字，名曰洞房上經」，故祝贊有「使某飛仙，乘雲登晨，上朝玉帝，太一元君」之

〔一〕君　敦煌卷子伯三七七三無上秘要殘卷同。

句。然據潘引真靈位業經，此爲玉清之三天太一元君，與本條無關，可參前玉天太一君條按語。晚出之靈寶無量度人上經大法卷六十三說人之誕育，由「太一元君執注生之符，長生帝君定命品高下，司録定年，丈人勒籍，司命定筭壽」等。道法會元卷一百一十四說，「太一元君統水兵，蓬萊使者都水庭」，似亦不與本經之太一元君屬於同一體系。

上虚君

【按】見無上秘要卷八十四得太清道人名品前類，屬「六君號」之一。上清衆真諸真聖秘卷一引太清上經變化七十四方經之「上元下真八景」有「玄寂九元上虚君」；上清紫精君皇初紫靈道君洞房上經之「太上迴元隱道用除罪籍内篇」提到仰存七星，其「第四紐星璇璣玄冥天權魄精上虚君」。從位秩看，二者似皆非本經之上虚君。

摩病上元君

七星瑶光君

【按】皆見無上秘要卷八十四得太清道人名品前類，屬「六君號」之一。

三元萬福君

【按】見無上秘要卷八十四得太清道人名品前類，作三天萬福君，屬「六君號」之一。據登真隱訣卷下，南向再拜，「勑三天萬福君，令致四方財寶，八方之穀帛」。則似當以無上秘要作三天萬福君爲正，然陶弘景注釋說：「此萬福君猶是官將主財寶者。千二百官儀第七卷之十五云：无上萬福吏二十八人，官將百二十人，主來五方利。金銀、錢絹、布帛、絲綿、穀米，所思立至。黄生主之。又第三之十三，亦有萬福君五人，官將百二十人，主辟斥故氣，精祟注氣，卻死來生，卻禍來福，所思者至。」此外，元始五老赤書玉篇真文天書經卷下有無上萬福君，敦煌殘卷無上秘要卷五十二亦有此尊號〔一〕。由此見萬福君亦有多種，故不排除此三元萬福君别是一萬福君。另據上清高上玉真衆道綜監寶諱，萬福君諱推，但不詳此萬福君爲誰人。

從太一元君以來，皆見於無上秘要，屬「六君號」，順序則相反；無上秘要第一爲司禄君，本經移在前列，請參該條按語。

夜光夫人

和適夫人

【按】見無上秘要卷八十四得太清道人名品前類，分别作夜光大夫、和適大夫，屬「二大夫號」。夫人、大夫，未詳孰是。

〔一〕道藏本無上秘要卷五十二無此記載，又，敦煌本寫作无上萬福君。

第五中位

九宫尚書姓張名奉字公先，河内人，先爲河北司命〔一〕禁保侯，今爲太極仙侯，兼〔二〕領北職，位在太極矣。

【按】本經第三右位已有太極仙侯張奉，此處重出似非作者疏忽。真誥卷十二云：「張激子當爲太極仙侯。激子者，河内張奉者也，字公先，少時名激子耳。」又云：「激子修此得道，今在東華宫，行爲太極所署也。或領九宫尚書，與北河侯對職治水考。北河司命或爲禁保侯，亦並共業故也。北河司命亦治在洞天之中，與張激子對局。」意即張奉即將升爲太極仙侯，並領九宫尚書。不妨按照人間職官理解，太極仙侯是其勳官，九宫尚書則其職事官。據本經，太極仙侯班秩在前，故稱太極仙侯張奉，此無可疑問。其所以另出九宫尚書一條，通考本經安排之真靈格局，九宫屬第五等級，作者既然打算以九宫尚書爲九宫中第一尊神，則不可或缺矣。爲避免張奉之名出現兩次，故此處僅稱九宫尚書，而不稱九宫尚書張奉。無上秘要卷八十三得九宫道人名品亦同法處理，僅言「尚書一人，度在太極」，不言姓字。下條大字僅有「左相」二字，亦是此意。

〔一〕河北司命　秘册彙函本、説郛本皆作「河北河命」，據真誥及無上秘要，當作「北河司命」。

〔二〕兼　原作「公」，秘册彙函本、説郛本作「兼」。後者於意爲長，據改。

至於本經此條小字注釋部分之錯訛，可參看太極仙侯張奉條。

左位

左相清虛真人，從小有洞天王受王真人替，已度上清。

【按】無上秘要卷八十三得九宫道人名品云：「九宫上相二人，度在上清。」亦未注出姓字。本經注釋爲清虛真人，即王褒，可參本經右輔小有洞天太素清虛真人四司三元右保公王君條。雲笈七籤卷一百六之清虛真人王君内傳即王褒傳記，按其所説，王褒「授書爲太素清虛真人，領小有天王三元四司右保上公，治王屋山洞天之中」，又能「出入上清，受事太素，寢宴太極」，並不言其爲九宫左相，真誥亦無此説法。因本經右輔小有洞天太素清虛真人四司三元右保公王君在第二右位，無上秘要缺卷八十五，無所對應者，遂不能確知該書是否也是如此。

又據本經前文，有領九宫上相者二，即同在第二左位之領九宫上相長里先生薛君與太微右真公領九宫上相希林真人燕君，已經符合無上秘要卷八十三説：「九宫上相二人，度在上清。」何以又多出清虛真人爲九宫左相？不妨取本條注釋與太微右真公領九宫上相希林真人燕君條注釋對比，希林真人燕君條注釋云：「從小有天王受王君替代。」兩注釋幾乎一樣，然究竟當理解爲希林真人燕君乃上一任九宫左相，今已由王褒替代，或清虛真人乃上一任九宫左相，今則由希林真人替代？若理解爲前者，則「九宫上相」當冠在清虛真人尊號内，而不應出現在希林真人尊號中；若理解爲後者，則此處注釋必有錯誤。又本經陶弘景序提到：「希林真人，爲太微右公而領九宫上相。」是知九宫上相仍由希林真人所領，即此處之左相，而非如注釋説爲清虚真人。故疑此處注釋有誤。

左仙公郭四朝兼玉臺執蓋郎

【按】無上秘要卷八十三得九宫道人名品云：「左仙公郭四朝，燕人。兄弟四人得道，四朝最長，先治句曲，司三官，領羅酆帥晨侯六百年，職滿上補九宫左仙公，領玉臺執蓋郎。」此説出自真誥卷十三，有云：「（郭）四朝燕國人也，兄弟四人並得道，四朝是長兄也。真法：其司三官者，六百年無違坐，超遷之。四朝職滿，上補九宫左仙公，領玉臺執蓋郎。中間久闕無人，後以思和代四朝也。」真誥此文不特可以解釋郭四朝之來龍去脈，亦可明前兩條涉及「替代」之事。即此郭四朝本爲三官保命，治所在句曲山，任職滿六百年，乃由小茅君茅衷（思和）所替代，四朝升任現職。故本經正文大字，第五左位本條爲左仙公郭四朝兼玉臺執蓋郎，第六左位爲三官保命小茅君。此又可以證明上條之兩位九宫上相，應當以本經正文大字爲准，即長里先生與希林真人，而無關於前任之清虚真人也。

左仙公王遥甫

赤君弟子，齊獻公時人。

【按】無上秘要卷八十三得九宫道人名品云：「石仙公王遥，有胡姓竺，名石賓，赤君弟子。」疑即本條，唯無上秘要傳本文字有所訛誤，如「石」或是「右」之訛，與本經作「左」不同；「有」則是「甫」

之訛，當與上句連讀爲王遥甫也。上清衆經諸真聖秘卷五引太上大道君傳云：「甲子之旬，壬申、癸酉之年，當有一人先出於赤城江陽之山南之野。一人者，道士也，當披七色法衣，從六人執仗器，皆是仙童也。」仙童之第六爲仙童竺石賓，據無上秘要，即是本尊。其六位仙童（或稱侍童）皆是佛教人士，暗含道高於佛之意。

辛彦雲赤君弟子，隨師下降。

【按】無上秘要卷八十三得九宫道人名品云：「仙伯辛彦雲，胡姓安，名法曇，赤君弟子。」據上條太上大道君傳引文云云，其仙童之第一即爲侍童安法曇。

散　位未受其職。

朱陵嬪丁淑〔一〕英

【按】無上秘要卷八十三得九宫道人名品云：「朱陵嬪、丁淑英、郗綜婦，此三人好行陰德。」此三名皆指丁淑英，無上秘要誤會爲三人，本經則不誤。真誥卷八云：「郗綜婦丁淑英者，有救窮之陰德，又遇趙阜之厄而不言，内慈自中，玄感皇人，故令福逮於回，使好仙也。綜墓在東平，淑英今爲朱陵嬪，數遊三上，司命亦令聽政焉。」

〔一〕淑　秘册彙函本、説郛本皆作「叔」，據真誥，當以「淑」爲正。

管城子尹虔子師。

蘇門先生

周壽陵

【按】無上秘要卷八十三得九宫道人名品云：「管成子、蘇門先生、周壽陵，此三人是虔子等師。」其中管成子，真誥亦作此字，因本經三種版本皆作「城」，姑仍之。無上秘要之説出自真誥卷十四，云：「華陰山中有學道者尹虔子、張石生、李方回，並晉武帝時人。授〔一〕仙人管成子蒸丹餌朮法，俱服得延年健行；又受蘇門周壽陵服丹霞之道。」其可注意者，蘇門亦是地名，中州蘇門山，晉孫登曾隱於此。真誥此處是指隱於蘇門之周壽陵，或蘇門與周壽陵兩人，難測究竟。本經與無上秘要顯然取後説，以蘇門先生單獨一人。另，世説新語棲逸記阮籍善嘯，入蘇門山遇真人，嘯聲更有過之。劉孝標注引魏氏春秋曰：「阮籍常率意獨駕，不由徑路，車跡所窮，輒慟哭而反。嘗遊蘇門山，有隱者，莫知姓名，有竹實數斛，杵臼而已。籍聞而從之。談太古無爲之道，論五帝、三王之義，蘇門先生翛然曾不眄之。籍乃嘐然長嘯，韻響寥亮。蘇門先生乃逌爾而笑。籍既降，先生喟然高嘯，有如鳳音。」此或本經蘇門先生之張本。

〔一〕授　疑當是「受」之訛。

孟德然鄭景世〔一〕師。

【按】無上秘要卷八十三得九宫道人名品云：「孟德然，鄭景世等師。」真誥卷十四云：「廬江潛山中有學道者鄭景世、張重華，並以晉初受仙人孟德然口訣，以入山。」敦煌本太玄真一本際經卷五，提到有仙人孟德然匍匐長跪，啟請老君，並自稱名懺悔。因本際經晚出，恐是姓字偶然相同，未必與本經相關也。

宋君

【按】無上秘要卷八十三得九宫道人名品云：「宋君，平仲節師。」真誥卷十四云：「括蒼山有學道者平仲節，河中人。以大胡亂中國時來渡江，入括蒼山，受師宋君存心鏡之道，具百神，行洞房事。」

李法成趙廣信師。

【按】無上秘要卷八十三得九宫道人名品云：「李法成，趙廣信師。」真誥卷十四云：「有學道者趙廣信，陽城人，魏末來度江，入此山（指小白山），受李法成服炁法，又受師左君守玄中之道，内見五藏徹視法，如此七八十年。」

從管城（成）子以來六人，無上秘要與本經次序相同，並於本條後注釋説：「此六人，亦或在太

〔一〕世　三本皆作「女」，據無上秘要卷八十三、真誥卷十四、本經正文改。

清者，亦或在地真、地仙者，不可品定。雖是後諸人之師，而修學成道，未必爲勝。」

鄧元伯

王玄甫霍山人。

【按】無上秘要卷八十三得九宫道人名品云：「鄧元伯吴人〔一〕，王玄甫沛人。此二人俱霍山受服青精石飯，吞丹景，思洞房，積二十四年，太帝遣迎在北玄圃臺，受書爲中真。」此見真誥卷十四，云：「霍山中有學道者鄧伯元、王玄甫，受服青精石飯，吞日丹景之法。用思洞房已來，積三十四年，乃内見五藏，冥中夜書。以今年正月五日，太帝遣羽車見迎伯元、玄甫。以其日遂乘雲駕龍，白日登天。今在北玄圃臺，受書位爲中嶽真人。」小字注释云：「伯元吴人，玄甫沛人。」因知本經之鄧元伯爲鄧伯元之訛。

尹虔子華山〔二〕。

張石生爲東源伯。

李方回三人並晉時服朮。

【按】無上秘要卷八十三得九宫道人名品云：「尹虔子、張石生、李方回，此三人並晉武時人，俱

〔一〕人　原無，且刻作「鄧伯元　吴王玄甫沛人」，無法句讀，據真誥卷十四注釋補。

〔二〕華山　説郛本後多一「人」字，據真誥，此三人在華陰山中修道，非華山人也，不足取。

在華山受蒸丹餌法，服丹霞之道五十年，太一遣迎在玄洲，爲高仙人，石生爲源伯。」此本於真誥卷十四，云：「華陰山中有學道者尹虔子、張石生、李方回，並晉武帝時人。授〔一〕仙人管成子蒸丹餌朮法，俱服得延年健行；又受蘇門周壽陵服丹霞之道。行已五十年，精心内視，不復飲食，體骨輕健，色如童子。以今年二月十二日，太一遣迎，以其日乘雲升天。今在玄州，受書爲高仙真人，張石生爲東源伯。」

張禮正衡山，漢末服黄精。

治明期衡山。

【按】無上秘要卷八十三得九宫道人名品云：「張禮正，後漢末人。治明期，魏末人。此二人俱在衡山中，受服王君虹景丹，積四十三年，又守一三十年，東華遣迎在方諸飆室爲上仙。」此本於真誥，唯治明期作治明期，卷十四云：「衡山中有學道者張禮正、治明期二人，禮正以漢末在山中服黄精，顔色丁壯，常如年四十時。明期以魏末入山，服澤瀉柏實丸，乃共同止巖中，後俱授西城王君虹景丹方。從來服此丹，已四十三年。中患丹砂之難得，俱出廣州爲沙門，是滕含爲刺史時也。遂得内外洞徹，眼明身輕，一日行五百里。又兼守一，守一亦已三十年。以三月一日，東華遣迎，以其日乘雲升天。今在方諸飆室，俱爲上仙。」

〔一〕授　疑是「受」之訛。

鄭景世盧江潛山。

【按】無上秘要卷八十三得九宫道人名品云：「鄭景世、張重華，此二人晉初人，俱在潛山中受行守五藏吞日法，服胡麻及玄丹，北玄老君太一遣迎在玄洲。」此本於真誥卷十四，云：「廬江潛山中有學道者鄭景世、張重華，並以晉初受仙人孟德然口訣，以入山。行守五藏含日法，兼服胡麻，又服玄丹，久久不復飲食，而身體輕强，反易故形。以今年四月十九日，北玄老〔一〕太一迎以雲軿，白日升天，今在玄州。」本經將鄭景世與張重華割裂，後者安排在第五右位之散位，參見該條。

右　位

右相已度上清。

【按】無上秘要卷八十三得九宫道人名品云：「九宫上相二人，度在上清。」亦未注出姓字。參左相條按語，擔任此職位者當是第二左位之領九宫上相長里先生薛君。

右保召公奭從羅南明公受此位。

【按】無上秘要卷八十三得九宫道人名品云：「右保召奭，即周成王太保召公，封於燕，周公弟。先在酆都爲南明公，年限未滿而多陰德，故先得上補此位。」真誥卷十五云：「邵公奭爲南

〔一〕老　似當據無上秘要補「君」字。

明公。」召公或作邵公，皆指周文王子姬奭，武王伐紂，封於燕地。卷十六又説：「邵奭爲東明公，云行上補九宮右保公。」小字注釋云：「前云邵爲南明公，今乃是東，若非名號之誤，則東南之差。既尋當遷擢，則必應是啟。中君脱爾云邵耳。亦可是有甘棠之德，故不限其年月耳。」〔一〕至於本經小字注釋中「羅」字，當是「羅酆山」之省略或缺訛。本經第七左位又有南明公召奭，可參看。

右保司展上公

【按】無上秘要卷八十三得九宮道人名品云：「右保司展上公，高辛時人，於伏龍地種李者。」真

〔一〕此應是陶弘景注釋，陶不解何以前篇降辭説召公奭爲南明公，此條忽然又説爲東明公，且升轉年限不符合「仙界」之規定——據真誥卷十六云：「夫有上聖之德，既終，皆受三官書爲地下主者。一千年，乃轉補三官之五帝。或爲東西南北明公，以治鬼神。復一千四百年，乃得遊行太清，爲九宮之中仙也。」故陶弘景提出兩種可能：其一，既然此處説「東明公」，據卷十五降辭，「夏啟爲東明公」，從年限來看，似乎應該是指夏啟，茅中君言稱「邵奭」，只是口誤。其二，也不排除召公奭因甘棠盛德，提前升遷。但陶弘景又在卷十五注釋中再次説：「又按後定録告云：邵奭爲東明公，行上補九宮右保。此乃仙階之證，而與前不同。且啟尚未去，邵理不得仙，恐脱爾，誤云邵耳。既云東明公，則應猶是啟也。其疑事别在後也。」卷十六注釋又説：「以年限言之，是聖德更不及忠孝也。計此終後凡二千四百年，乃得入仙階。益知前應是夏啟，非召公明矣。」可見陶仍然傾向於自己第一種解説，即上補九宮右保公者，是夏啟，而非召公奭。

誥卷十三云：「昔高辛時，有仙人展上公者，於伏龍地植李，彌滿其地。展先生今爲九宮内右司保，其常向人説，昔在華陽下，食白李，味異美，憶之未久，而忽已三千年矣。」

右真公郭少金

【按】無上秘要卷八十三得九宮道人名品云：「右真公郭少金，撰甘草丸者。」據三洞珠囊卷三引登真隱訣第七有「九宮右真公郭少金甘草丸方」。太平御覽卷六百七十一引登真隱訣〔一〕，謂清虚王真人授南嶽魏夫人穀仙甘草丸方，「本九宮右真公郭少金撰集，此方諸宮久已有之。至郭氏更撰集，次弟序説所治耳」。

協晨夫人黄景華黄瓊之女。

【按】無上秘要卷八十三得九宮道人名品云：「協晨夫人、黄景華，此二人在易遷中。」同卷得地仙道人名品云：「黄景華，漢司空黄瓊女，受命來教諸女人道法。」其後注釋云：「此一人九宮真人，協晨夫人爲師。」如此確知無上秘要以協晨夫人、黄景華爲兩人，與本經以協晨夫人爲黄景華尊號，顯然不同。

據真誥卷十二，易遷館中「又有協辰夫人者，九宮之女也，太上往遣來教此等法，皆以保命授

〔一〕太平御覽此段引文屬於接上元寶經後之「又曰」，故多認爲是上元寶經之文。實此上元寶經亦是此前登真隱訣引文之一部分，故冠於甘草丸方前之「又曰」，乃是登真隱訣之又曰。可詳登真隱訣輯校相關論述。

書，協辰夫人主教領之也。夫人漢司空黄瓊女黄景華也，韓終授其岷山丹，服得仙。」則本經此處符合真誥原意，後文第六左位又出現九宫協晨夫人，則似屈從無上秘要而設立者。

文德右仙監張叔隱

【按】無上秘要卷八十三得九宫道人名品云：「文德右仙監張叔隱，受青精方者。」太平御覽卷六百七十四引登真隱訣云：「文德宫，張叔隱處之。」

真人禺君章

【按】無上秘要卷八十三得九宫道人名品云：「真人虞尹章，上洛人，受青精方者。」疑即是此。

散　位

張重華晉初服胡麻。

【按】無上秘要卷八十三得九宫道人名品云：「鄭景世、張重華，此二人晉初人，俱在潛山中受行守五藏吞日法，服胡麻及玄丹，北玄老君太一遣迎在玄洲。」參前鄭景世條。另據雲笈七籤卷二十七天地宫府圖之七十二福地，「第三仙磕山，在温州梁城縣十五里，近白溪草市，真人張重華治之」。

平仲卿[一]括蒼山受憄[二]境。

【按】無上秘要卷八十三得九宫道人名品云：「平仲節，河東人，來括蒼山受行心玄，具百神，行洞房，積四十五年，中央黄老君遣迎在滄浪靈臺。」真誥卷十四亦云：「括蒼山有學道者平仲節，河中人。以大胡亂中國時來渡江，入括蒼山，受師宋君存心鏡之道，具百神，行洞房事。如此積四十五年中精思，身形更少，體有真炁。今年五月一日，中央黄老遣迎。即日乘雲駕龍，白日升天。今在滄浪雲臺。」原注云：「大胡亂者是劉淵、劉聰時也。石勒爲小胡。」故疑本經平仲卿當依真誥等作平仲節。

趙廣信魏末小白山。

【按】無上秘要卷八十三得九宫道人名品云：「趙廣信，陽城人，魏末來到小白山，受服氣法，守玄中之道七八十年，後合九華丹，一服，太一道君遣迎在東華。」真誥卷十四亦云：「有學道者趙廣信，陽城人，魏末來度江，入此山（指小白山），受李法成服炁法，又受師左君守玄中之道，内見五藏徹視法，如此七八十年。周旋郡國，或賣藥出入人間，人莫知也。多來都下市丹砂，作九華丹，丹成一服，太一道君以今年六月十七日遣迎。停三日，與山中同志别去，遂乘雲駕龍，白日登天。今

〔一〕卿　秘册彙函本、説郛本作「鄉」，據真誥、無上秘要，似當以「節」爲正。

〔二〕憄　秘册彙函本作「悘」。

在東華。」

虞公生海中狼山。

【按】無上秘要卷八十三得九宫道人名品云：「虞翁生，會稽人，吴時入海中狼伍山，受介君食日精法，行雲氣迴形之道，太帝遣迎在暘谷山。」真誥卷十四亦云：「海中有狼五山，中有學道者虞翁生，會稽人也。昔受仙人介君食日精法，以吴時來隱此山，兼行雲炁迴形之道，精思積久，形體更少如童子。今年七月二十三日，東太帝遣迎，即日乘雲升天。今在暘谷山中。」原注云：「狼五山在海中，對白章岸，今直呼爲狼山。」故疑本經虞公生當依真誥等作虞翁生。

朱孺子赤水〔一〕山。

【按】無上秘要卷八十三得九宫道人名品云：「白羊公朱孺子，吴末入赤水山，服菊花、朮餌，受西歸子入室存泥丸法，西王母遣迎在積石臺。」引文謂朱孺子道號爲白羊公，與真誥及本經不合，且無上秘要本卷得地仙道人名品重出白羊公，故疑本條「白羊公」三字有誤。真誥卷十四云：「赤水山中學道者朱孺子，吴末入山，服菊花及朮餌，後遇西歸子，從乞度世。西歸子授以要言，入室存泥丸法，三十年遂能致雲雨於洞房中。今年八月五日，西王母遣迎，即日乘五色雲車登天。今在積石臺。」

〔一〕水　原作「术」，據秘册彙函本、説郛本、真誥、無上秘要改。

黄盧子西嶽公，姓葛，禁氣召龍。

【按】無上秘要卷八十三得九宫道人名品云：「西嶽公黄盧子，姓葛，名越。禁人，善氣禁，能召龍使虎，後乘龍昇天，以符法傳弟子。」真誥卷二十提到西嶽公禁山符，雲笈七籤卷六提到：「黄盧子、西嶽公皆受禁虎豹之術。」此則以黄盧子、西嶽公爲兩人，與本經注釋、無上秘要所説有異。

黄盧子見神仙傳卷四，其略云：「黄盧子者，姓葛，名起，甚能理病，若千里，只寄姓名與治之，皆得痊癒，不必見病人身也。善氣禁之道，禁虎狼百蟲皆不得動，飛馬不得去，水爲逆流一里。年二百八十歲，力舉千鈞，行及奔馬。頭上常有五色氣，高丈餘。天大旱時，能至淵中召龍出，催促便昇天，即便降雨，數數如此。一旦，乘龍而去，與諸親故辭别，遂不復還矣。」

孫田廣一名登。

麋長生周大賓弟子。

【按】無上秘要卷八十三得九宫道人名品云：「孫登、麋長生，此二人周太賓弟子。」兩人事跡見真誥卷十三，引文參本書第四左位周大賓條。真誥與無上秘要並作「麋」，本經作「麋」，未詳孰是。

許肇先在羅酆都，爲職東明公右司晨。

【按】無上秘要卷八十三得九宫道人名品云：「許肇，字阿，仙侯七世祖。先在酆都爲東明公右師晨。」仙侯即許謐，許肇爲其七世祖，説見真誥。卷十二云：「亦如子七世祖父許肇字子阿者，有賑死之仁，拯飢之德，故令雲蔭流後，陰功垂澤。」關於許肇職位，卷七提到許謐有小疾，「右帥晨許肇亦深以爲意」。卷十六説：「許肇今爲東明公右帥晨。帥晨之任，如世間中書監。」原注云：「許肇字子阿，即長史七代祖司徒敬也。雖有賑救之功，而非陰德，故未蒙受化。既福流後葉，方使上拔，然後爲九宫之仙耳。此帥晨之官，四明亦並應有之。」因疑本經小字注釋「右司晨」，爲「右帥晨」之訛。本經第七左位重出右師晨許肇，並請參該條按語。

許副字仲先，修大洞真經。

【按】無上秘要卷八十三得九宫道人名品云：「許副，字仲先，仙侯父也。先在酆都爲彈方侯。」許肇與許副相連，無上秘要説：「此二人，仙侯既修大洞，今並已上補九宫之仙。」揆其原意，許肇、許副兩人本是地仙，因許謐修習大洞真經，遂得上升九宫，非言許副修大洞真經也。本經小字注釋或誤。

許副見真誥卷二十，云：「副，字仲先，庶生，即長史之父也。淳和美懿，州郡所稱。爲晉元帝安東參軍，又征北參軍，帶下邳太守。後爲寧朔將軍，與孔坦討沈充，封西城縣侯。出爲剡令，有風化，與謝奕兄弟周旋。值蘇峻亂，又攜親族往剡。事平，還拜奉車都尉，年七十七亡。」許副冥中職務見卷十五，云：「許長史父今爲彈方侯。彈方侯有二人，各司南北。許長史父〔一〕爲南彈方侯，劉贊爲司馬。」本經第七右位重出南彈方侯許副，並請參第七左位右師晨許肇條。

〔一〕父　真誥各本皆缺，據真誥意，爲南彈方侯者是許長史之父許副，而非許長史，故補「父」字。

按語。

第六中位

右禁郎定録真君中茅君治華陽洞天。

【按】無上秘要卷八十三得地真道人名品云：「定録君，已度在太清。」此即茅固，已見第四左位句曲真人定録右禁師茅君，詳情可參該條，此處重複，或仍可理解爲「勳官」與「職事官」之不同。

左位

三官保命小茅君

【按】無上秘要卷八十三得地真道人名品云：「茅衷，字思和，司命君小弟，所受行與中君同，而受書爲三官保命司，治良常山帶北洞口，鎮陰宫門，總括岱宗，領死記生，勸導童蒙，治法百鬼。」並說：「（茅固與）茅衷等二人，主司察三官，領教男女學人。」茅盈、茅固、茅衷三兄弟合稱「三茅君」，或稱大茅君、中茅君、小茅君；或按照職位稱司命君、定録君、保命君。茅衷職位本經作三官保命，無上秘要、真誥卷一皆作三官保命司。茅衷事跡，皆附載於雲笈七籤卷一百四太元真人東嶽上卿司命真君傳，引文詳第四左位句曲真人定録右禁師茅君條。

三官大理都李豐

【按】無上秘要卷八十三得地真道人名品云：「李豐，三官大理都，魏中書令，爲司馬。」據無上秘要，李豐與范安遠、荀中侯、王附子，「此四人主三官之獄，如今廷尉監職。」本經將范安遠安排在第六右位。真誥卷十四云：「范帥云：三官有獄官，不名廷尉，名大理。李豐今爲大理都，餘一守缺，以擬王附子，不以與許虎也。守職如今獄之三官也。」原注云：「李豐字安國，改字宣國。馮翊人，李義子，本寒微，有才志，遂事魏爲尚書僕射，與夏侯玄謀廢晉景王，事泄召來，令人以刀鐶撞腰煞之。大理當爲大理，即古之獄官。前漢洎魏時，廷尉亦名大理。此職是仙官也。王附子是王厶之小名，許虎即虎牙也。」在人間職官中，廷尉是九卿之一，主管司法，漢以來或稱廷尉，或改稱大理，然無「大理都」之職。詳真誥本文，「李豐今爲大理都，餘一守缺」句亦可標點爲「李豐今爲大理，都餘一守缺」，如此則無上秘要與本經誤讀真誥，遂以李爲「三官大理都」。然真誥本句小注說：「大理當爲大理。」顯然有脱漏，疑即涉及此「三官大理都」，應作「大理〔都〕當爲大理」。則「大理都」之説淵源已久，無從訂正矣。

三官大[一]理守王附子

【按】無上秘要卷八十三得地真道人名品云：「王附子，三官大理守，如今廷尉監職。」真誥云

〔一〕大　秘册彙函本作「太」。

云皆見上條。人間職官無「大理守」，此不詳是真誥原意，或後人誤讀。

苟中侯不顯名字。

【按】無上秘要卷八十三得地真道人名品云：「苟中侯，名不顯。」真誥苟中侯與苟中候兩見。此公在卷十五屢言鬼官人事，小字注釋説：「苟中侯既隸司命，統諸鬼官，故究知之。」

白水仙都朱交甫

【按】無上秘要卷八十三得地真道人名品有白水仙都朱交甫，亦在真誥卷一出場，排在三官保命司茅思和、太和真人山世遠之前，不詳何故在本經中位秩如此之低。另，周氏冥通記卷四云：「夢見定録云：臨海燒山中有仙人遊在人間，自號彭先生，實是鄭玄字子陰，陸渾仙人也。朱交甫令其觀上人情及修道者。」

北河司命保禁侯桃俊

【按】無上秘要卷八十三得地仙道人名品云：「桃浚，字公仲，錢唐人，少爲郡幹佐，後爲交趾太守，棄世入增城山得道，來兼此職。句曲茅山下華陽洞宫北河司命禁保侯。」真誥卷十二云：「定録官寮有左右理中監，準今長史、司馬職。又有北河司命，主水官考。此職常領九宫禁保侯，禁保侯職，主領應爲種民者。」如此本經之「保禁侯」似當以無上秘要及真誥作「禁保侯」爲正。卷十二茅定録降辭云：「北河司命頃闕無人，昔以桃俊兼之耳。俊似錢唐人，少爲郡幹佐，末負笈到太學受業，明經術災異，晚爲交阯太守。漢末棄世，入增城山中學道，遇東郭幼平。幼平，秦時人，久隱增城得道者也。幼平教俊服九精鍊氣輔星在心之術，俊修之道成，今在洞中，兼北河司命，主水官之考罰。此位雖隸定録，其實受事於東華宮中節度。桃俊，字翁仲者也。」小字注釋云：「漢書無此事，今冢在錢唐臨平，墳壇歷然，苗裔猶存。鄉近時聞鼙角之響，故人不敢侵毁之。皆知呼爲桃司命冢。」此即本條之張本。

無上秘要將真靈分爲八品，得地真道人名品位次高於得地仙道人名品，本經則將二者合併在第六中，次序亦打亂。因本處第一次正式在按語中提到「無上秘要卷八十三得地仙道人名品」云云，故特别説明。

左理中監韓崇如大府長史，左如司馬。

【按】無上秘要卷八十三得地仙道人名品云：「韓崇，字長季，吴郡毗陵人，漢明帝時宛陵令，汝南太守。年七十四，隱解入大霍山，又來爲左理中監職。」前條引真誥卷十二云：「定録官寮有左右理中監，準今長史、司馬職。」又云：「左理中監，準大府長史」；「右理中監，準職如司馬。」本經注釋本於此，然有訛誤，似宜作「左理中監如大府長史，右如司馬」，較爲妥當。

韓崇亦見真誥卷十二，云：「左理中監準大府長史，昔用韓崇以居之。崇，字長季，吴郡毗陵人也。少好道，林屋仙人王瑋玄曾授之以流珠丹一法，崇奉而修之，大有驗。瑋玄語之，子行此道，亦可以出身仕宦，無妨仙舉也。崇遂仕，稍至宛陵令，行仁以爲政，用道以撫民，虎狼深避，蝗不集界。遷汝南太守，拔書佐袁安，安後位至司徒，時人通以崇有識物之鑒也。陰皇后葬，京師近郡二千石妻，當會園陵。而崇獨居清素，妻忿崇哭泣。詔問其故，太常馮奚答曰：汝南太守韓崇，清苦遠尚，味道忘形，身享重官，而妻自紡績。政化仁簡，視民如傷，深達奇博，有君子之鑒。斯則昏夕之夜光，陛下之子産也。妻不通寒儉之節，哭怨無衣，將足以顯崇明德耳。上奇之，加崇俸禄，秩中二千石。後孝明皇帝巡狩汝南，上治崇府，崇使妻出住孤獨老嫗家。上聞歎曰：韓崇所謂百鍊不銷也。賜縑五十匹。崇在郡積十四年，政化洽著，舉天下最。年七十四，瑋玄乃授以隱解法，得去入大霍山，受瑋玄遁化泥丸紫户術以度世。今在洞中爲左理中監。」

九宫協晨夫人

【按】無上秘要卷八十三得地仙道人名品云：「黄景華，漢司空黄瓊女，受命來教諸女人道法。」其後注釋云：「此一人九宫真人協晨夫人爲師。」本經此條似與前第五右位之協晨夫人黄景華重複，詳該條按語。

文解地上主者 鮑靚南海太守。

【按】無上秘要卷八十三、卷八十四皆無「文解地上主者」之名號，真誥卷七提到地下主者云：「地下主者，解下道之文官；地下鬼帥，解下道之武官。文解一百四十年一進，武解二百八十年一進。武解，一解之下者也。」卷十三又云：「鬼帥武解，主者文解，俱仙之始也。度名東華，簡刊上帝，不隸酆宫，不受制三官之府也。」如此宜以「地下主者」爲正，本經作「地上」，或許傳寫之訛。不特如此，若以「文解地上主者」稱號爲仙職，按真誥則當有「武解地下鬼帥」與之對應。另據無上秘要卷八十三得地仙道人名品，鮑靚、李東皆文解得道，元始上真衆仙記謂「鮑靚爲地下主者」。因疑無上秘要或将相關道經之注釋語誤爲仙職，而又單列「文解地上主者」條目。兹將次條鮑靚與本條合併，中間空開一格，篇末索引仍將「文解地上主者」與「鮑靚」各自作爲正式標目。後文類似情況甚多，調整以後皆在注釋中說明，不復出現在正文中矣。

無上秘要卷八十三得地仙道人名品云：「鮑靚，字太玄，琅琊人。晉元、明帝時爲南海太守，陰君授其解法得道。」並言其與李東「二人文解得道」。真誥兩處提到鮑靚，卷十二云：「鮑靚，靚及妹，並是其七世祖李湛、張慮，本杜陵北鄉人也，在渭橋爲客舍，積行陰德，好道希生，故令福逮於靚等，使易世變練，改氏更生，合爲兄弟耳。根冑雖異，德蔭者同，故當同生氏族也。今並作地下主者，在洞宫中。靚所受學，本自薄淺，質又撓滯，故不得多也。欲知之，其事如此。」卷十四云：「鮑靚因吾屬長史，鼠子輩既爾，可語郡守，令得反。」小字注釋云：「鼠子恐是鮑靚小名，鮑爲南海郡，仍解化。兒輩未得歸都，所以屬之。鮑即許先生之師也。」元始上真衆仙記云：「鮑靚爲地下主者，帶潛山真人。復五百年，當爲崑兵侍郎。」

岱宗神侯領羅酆右禁司鮑元節

【按】無上秘要卷八十三得地真道人名品云：「鮑元節，東海人，岱神侯領羅酆右禁司，主領使鬼神，司二宫，及試教學真者。」鮑元節在真誥卷一出場，小字注释云「东海人」，排在華山仙伯秦叔隱、葛衍真人周季通之前，不詳何故在本經中位秩如此之低。

地仙散位

許虎牙名聯〔一〕，字文暉，受楊君守一之道。

【按】無上秘要卷八十三得地真道人名品云：「許虎牙，名聰，字元暉，仙侯第二子，棲身信向。」許虎牙是許謐次子，真誥卷二十云：「中男名聯，字元暉，少名虎牙，正生。敦厚信向，郡主簿功曹。謝安爲護軍，又引爲功曹，除永康令、衛尉丞、晉永康縣令、衛尉丞、輔國司馬，受楊君守一之道。」許虎牙是許謐次子，真誥卷二十云：「中男名聯，字元暉，少名虎牙，正生。敦厚信向，郡主簿功曹。謝安爲護軍，又引爲功曹，除永康令、衛尉丞、晉康太守，不之官。又爲輔國司馬。安帝元興三年，於家去世，年六十八，則成帝咸康三年丁酉歲生也。」

王真上黨人也。

孟君京兆人也。

魯女生在中嶽。此三人，受行三一真一。

【按】無上秘要卷八十三得地真道人名品云：「玉〔二〕真，上黨人。孟君，京兆人。魯女生，在中嶽。玉真等三人，受行五斗真一之道。」真誥卷十云：「守五斗內一，是真一之上也，皆地真人法

〔一〕聯　此字原殘爛模糊，據秘册彙函本、説郛本、真誥補。無上秘要作「聰」。

〔二〕玉　據神仙傳、後漢書及真誥等，確應以「王」爲正。下一「玉」字同。

也。上黨王真、京兆孟君、司馬季主，皆先按於此道而始矣。魯女生、邯鄲張君，今皆在中嶽及華山，正守此一。亦可得漸階上道而進，復爲不難也。」此即無上秘要及本經之所出，其中王真、魯女生皆見於神仙傳等，資料附録於後。孟君則見真誥卷十三小字注釋，云：「孟君，京兆人，或呼爲孟先生，不知何名位。」

王真見神仙傳卷六，其略云：「王真，字叔堅，上黨人也。少爲郡吏，年七十，乃好道。尋見仙經雜言，説郊間人者，周宣王時郊間采薪之人也，采薪而行歌曰：巾金巾，入天門，呼長精，噏玄泉，鳴天鼓，養泥丸。時人莫能知，唯柱下史曰：此是活國中人，其語秘矣，其人乃古之漁父也。何以知之？八百歲人，目瞳正方；千歲人，目理從。采薪者乃千歲之人也。真讀此書而不解其旨，逐搜問諸所在道士，經年，而遇有解其旨者，語真曰：此近淺之術也，爲可駐年反白而已。乃語訣云：巾金巾者，恒存肺炁入泥丸中，徐徐以繞身，身常光澤；噏玄泉者，漱其口液而服之，使人不老，行之七日有效；鳴天鼓者，朝起常叩齒三十六下，使身神安，又夜恒存赤氣，從天門入周身内外，在腦中變爲火，以燔身，身與火同光，如此存之，亦名曰煉形；泥丸，腦也；天門，口也，習閉炁而吞之，名曰胎息；習漱舌下泉而咽之，名曰胎食。行之勿休。真受訣，施行胎息胎食煉形之方，甚有驗。斷穀二百餘年，肉色光美，徐行及馬，力兼數人，自歎曰：我行此術唯可不死，豈及神丹金玉之方邪？乃師事薊子訓，子訓授其肘後方也。」後漢書方術列傳云：「王真、郝孟節者，皆上黨人也。王真年且百歲，視之面有光澤，似未五十者。自云：周流登五嶽名山，悉能行胎息胎食之方，嗽舌下泉咽之，不絶房室。」

魯女生亦見神仙傳卷十，其略云：「魯女生者，長樂人也。服胡麻餌朮，絶穀八十餘年，甚少壯，一日行三百餘里，走逐麞鹿。鄉里傳世見之二百餘年，入華山中去。時故人與女生别後五十年，入華山廟，逢女生乘白鹿，從後有玉女數十人也。」

左元放

李〔一〕仲甫弟子，在小括山。

【按】無上秘要卷八十三得地真道人名品云：「左元放，名慈，漢魏時人，李仲甫弟子，服爐火九華丹，晉初來華陽洞，積年復出，今已受職。」真誥多次提到左慈，卷十二云：「左慈今在小括山，常行來，數在此下，尋更受職也。慈顔色甚少，正得鑪火九華之益。」小字注釋云：「左慈，字元放，李仲甫弟子，即葛玄之師也。魏武父子招集諸方士，慈亦同在中。建安末，渡江尋山，仍得入洞，又乞丹砂合九華丹。九華丹是太清中經法。小括即小括蒼山，在永嘉橋谿之北。」另，元始上真衆仙記云：「左元放今爲天柱真人，監仙侯。」此亦見元始上真衆仙記與本經不同譜系。

左慈與葛洪淵源甚深，故神仙傳卷八有其長篇傳記，今合併葛玄傳記，略述梗概如後：慈，字元放，廬江人。見漢祚將盡，天下亂起，乃學道術，尤明六甲，能役使鬼神，坐致行廚。於天柱山精思，得九丹金液經，遂能變化萬端，不可勝紀。曹操聞而召之，閉一室中，使人守視，斷其穀食，日與

〔一〕李　秘册彙函本、説郛本作「孟」。

二升水，期年乃出之，顔色如故。操乃欲從慈學道。慈曰：學道當得清浄無爲，非尊者所宜。曹公怒，乃謀殺之，慈已知之，施展種種法術，令操無能爲力，乃止。又有丹陽葛玄，字孝先，遁跡名山，參訪異人，乃從左慈，受九丹金液仙經。左慈後告葛仙公言：當入霍山中合九轉丹。丹成，遂仙去矣。

九疑山女真羅郁今在湘東山。

【按】無上秘要卷八十三得地真道人名品云：「九疑山女真羅郁，昇平年中來降羊權，自稱萼緑華，今在湘東山，已年九百歲。」真誥卷一開篇即是愕緑華降贈羊權詩，並説：「愕緑華者，自云是南山人，不知是何山也。女子年可二十，上下青衣，顔色絶整，以升平三年十一月十日夜降厶厶。」又云：「訪問此人，云是九嶷山中得道女羅郁也。宿命時，曾爲師母毒殺乳婦。玄州以先罪未滅，故令謫降於臭濁，以償其過。與權尸解藥。今在湘東山，此女已九百歲矣。」

杜陵夫人

宜安宋姬此二人並受西梁真人青精方，而不書位號，未委何仙，且在地真之列。

【按】無上秘要卷八十三得地真道人名品云：「杜陵朱夫人、宜安宋姬，此二人並受西梁真人青精方，而不書位號，未知何仙真，且在地真之例。」此即本經小注之所本。至於「青精方」，真誥卷十四小字注釋云：「青精亦出彭傳及王君傳䭀飯方中。」太平御覽卷六百七十一引登真隱訣云：「太極真人青精䭀飯方。按彭祖傳云：大宛有青精先生，能一日九食，亦能終歲不飢，即是此矣。真上仙之妙方，斷穀之奇靈也。」杜陵朱夫人、宜安宋姬，未見他書，應是上清派構造之傳記，如清虚真人王君内傳、南嶽魏夫人内傳、太元真人東嶽上卿司命真君傳之類，出現之仙靈，今本脱漏耳。

許邁字叔玄，小名映，改名遠遊。東華署爲地仙矣。

【按】無上秘要卷八十三得地仙道人名品云：「許邁，字叔玄，小名映，改名遠遊，仙侯同生第三兄。少好道，棄家遊山。於臨安西山，後入赤山，被三試得過，又移蓋竹山，度名東華，玄爲地仙。」真誥卷二十云：「先生名邁字叔玄，小名映。清虚懷道，遐棲世外，故自改名遠遊。與王右軍父子周旋，子猷乃修在三之敬。按手書授六甲陰陽符云，永昌元年年二十三歲，則是永康元年庚申歲生也。而譜云，永和四年秋，絶跡於臨安西山，年四十八。此則永寧元年辛酉生，爲少一年。今以自記爲正，絶跡時年四十九矣。娶吴郡孫宏字彦達女，即驃騎秀之孫。」許邁是許謐同胞兄弟，而本經授予之仙班位秩不高，僅爲地仙。真誥卷四云：「阿映遂能絶志山林，懃心道味，浄神注精，研澄虚鏡，玄渟獨宴，孑棲偶真。乃翁道遠之疇匹，姜伯真之徒也。服炁挹液，卒獲其益，亦至事也。昔又入在臨海赤山中，赤山一名燒山，遇良友王世龍、趙道玄、傅太初者。此數子始以晉建興元年渡江，入東山中學道耳，並與相見。數人之業，皆勝於映矣。映遂師世龍，授解束之道，修反行之法，服玉液，朝腦精，二三年中，面有光華，還顔反少，極爲成道。但恨其所禀不饒，不得高品之通耳。於是司命敕吾舉之，使奏聞上宫，移名東方諸，署爲地仙。」究其原因，許邁所學，乃是鮑靚丹鼎一派，與許謐由天師道而創建上清派，是所謂「道不同不相爲謀」者。此見真誥卷十四小字注釋云：「鮑（靚）即許先生之師也。」

許邁與王羲之頗多交往，故晉書王羲之傳附許邁傳，雲笈七籤卷一百六亦有許邁真人傳，文辭略同，録晉書傳記備參，云：「許邁，字叔玄，一名映，丹陽句容人也。家世士族，而邁少恬静，不慕仕進。未弱冠，嘗造郭璞，璞爲之筮，遇泰之大畜，其上六爻發。璞謂曰：君元吉自天，宜學升遐之道。時南海太守鮑靚隱跡潛遁，人莫之知。邁乃往候之，探其至要。父母尚存，未忍違親。謂余杭懸霤山近延陵之茅山，是洞庭西門，潛通五嶽，陳安世、茅季偉常所遊處，於是立精舍於懸霤，而往來茅嶺之洞室，放絶世務，以尋仙館，朔望時節還家定省而已。父母既終，乃遣婦孫氏還家，遂攜其同志遍遊名山焉。初採藥於桐廬縣之桓山，餌朮涉三年，時欲斷穀。以此山近人，不得專一，四面藩之，好道之徒欲相見者，登樓與語，以此爲樂。常服氣，一氣千餘息。永和二年，移入臨安西山，登巖茹芝，眇爾自得，有終焉之志。乃改名玄，字遠遊。與婦書告别，又著詩十二首，論神仙之事焉。羲之造之，未嘗不彌日忘歸，相與爲世外之交。玄遺羲之書云：自山陰南至臨安，多有金堂玉室，仙人芝草，左元放之徒，漢末諸得道者皆在焉。羲之自爲之傳，述靈異之跡甚多，不可詳記。玄自後莫測所終，好道者皆謂之羽化矣。」

翁道遠

姜伯真 一云在猛山學道採药。二人映之俦侣。

【按】無上秘要卷八十三得地仙道人名品云：「翁道遠、姜伯真，一云在猛山學道採藥，仙人令向日正心；一云在方山北取石腦服之；一云許遠遊之徒。」翁道遠、姜伯真一見於真誥卷四，與許邁同遊，云：「（許邁）乃翁道遠之疇匹，姜伯真之徒也。」其與許邁之關係，即本經小注所説，爲「映之儔侣」；無上秘要誤解爲「許遠遊之徒」。又見於真誥卷五，云：「昔有姜伯真者，學在猛山中，行道採藥。奄值仙人，仙人使平倚日中，其影偏。仙人曰：子知仙道之貴，而篤志學之，而不知心不正之爲失。因教之如此，後遂得道。」卷十三又提到姜伯真數在方山取石腦。

郭聲子

黄子陽 一云魏夫人食桃皮師。二人葛玄常相隨矣。

【按】無上秘要卷八十三得地仙道人名品云：「郭聲子、黄子陽，一云魏人，食桃皮，事司馬季主。一云與葛玄常相隨。」又真誥卷五云：「黄子陽者，魏人也。少知長生之妙，學道在博落山中九十餘年，但食桃皮，飲石中黄水。後逢司馬季主，季主以導仙八方與之，遂以度世。」乃知本經小字注釋「一云魏夫人食桃皮師」有誤，當據無上秘要作：「一云魏人，食桃皮，事司馬季主」。但不詳此錯誤是注釋者誤讀無上秘要，或傳寫之訛。另，真誥卷五云：「晉初有真人郭聲子，在洛市中作卜師。」卷十二云，葛玄「亦恒與謝稚堅、黄子陽、郭聲子相隨」。

葛玄 字孝先，丹陽句曲人，稚川之從祖也。初在〔一〕長山，乘虎使鬼，無處不至，位在太極宫。

【按】無上秘要卷八十三得地仙道人名品云：「葛玄，字孝先，丹陽句容人。初在長山，又入蓋

〔一〕在 秘册彙函本作「存」。

竹山。善於變幻，能乘虎使鬼，無所不至，幾當受職。」此條與第三左位之太極左仙公葛玄重複。據無上秘要，葛玄在上清派真靈譜系中，位秩確實在此處，或閭丘方遠修訂時將其升入第三左位，卻又漏删本條。詳前太極左仙公葛玄條按語。

鄭思遠即葛玄弟子，晉永昌元年入括蒼山。

【按】據無上秘要卷八十三得地仙道人名品，鄭思遠與姜伯子並列，「即葛玄之弟子，晉永昌元年入括蒼山去。」元始上真衆仙記云：「鄭思遠住南霍，常乘虎豹、白鹿，未有職事。」鄭思遠是葛玄弟子，葛洪之師，因屬丹鼎派，故在本經品秩甚低。葛洪抱朴子内篇遐覽略述其事跡，云：「鄭君本大儒士也，晚而好道，由以禮記、尚書教授不絶。其體望高亮，風格方整，接見之者皆肅然。每有諮問，常待其温顔，不敢輕鋭也。」又據仙苑編珠卷上引道學傳云：「鄭思遠，葛洪之師也。嘗於山巖間收得虎子兩頭，其母已死，君餧飼之長大。俄有一雄虎來菴前，乃二虎之父也。三虎出入相隨，駝藥囊經書，隱於括蒼山，仙去。」

無上秘要姜伯子與鄭思遠並列，本經則缺。姜伯子見真誥卷八，云：「陸納兄弟，清真淳一，有姜伯子之風。」當是無上秘要所依據，本經或認爲姜伯子與前姜伯真爲一人，故未取姜伯子。

戴孟本姓燕，名济，字仲微，裴君弟子。

【按】無上秘要卷八十三得地仙道人名品云：「戴孟本姓燕，名濟，字仲微。漢明帝末入華陰山及武當山，受裴君玉珮金鐺經，又受石精金光符，復有太微黄書。能周旋名山，云止得不死，非仙人。」其説本於真誥卷十四，云：「武當山道士戴孟者，乃姓燕名濟字仲微，漢明帝末時人也。夫爲養生者，皆隱其名字，藏其所生之時，故易姓爲戴，託官於武帝耳。而此人少好道德，不仕於世矣。少孤，養母，母喪行服，葬。服闋，遂入華陽山。服朮，食大黄及黄精，種雲母、雄黄、丹砂、芝草。受法於清靈真人，即裴冀州之弟子也，得不死之道。裴真人授其玉珮金鐺經並石精金光符，遂能輕身健行，周旋名山，日行七百里，多所經涉，猶未得成仙人也。」小字注釋云：「戴乃授行玉珮金鐺，而止不死而已，未得神仙，於理爲小難詳。」

謝允

歷陽人，戴猛弟子，晉成帝時得道。

【按】無上秘要卷八十三得地仙道人名品云：「謝允，歷陽人，戴孟弟子，晉成帝時得道。」真誥卷十四云：「戴公拍腹有十數卷書，是太微黄書耳，此人即謝允之師也。」小字注釋云：「謝允，字道通，歷陽人。小時爲人所略，賣往東陽。後告官被誣，在烏傷獄，事將欲入死。夜有老公授其符，又有黄衣童子去來，於是得免。咸康中至襄陽，入武當山，見戴孟。孟即先來獄中者，因是受道。又出仕作歷陽、新豐、西道三縣。所在多神驗，年七十餘猶不老，後乃告終也。」

施存〔一〕

一號婉盆子，孔子弟子三千人數，得道。

【按】無上秘要卷八十三得地仙道人名品云：「施存，一號壺公，又號婉瓫子，孔子弟子三千之

〔一〕存　説郛本無，標注「闕」。

數。得道變化，受行運火符，在中嶽及少室，即費長房之師。」真誥卷十四云：「施存者，齊人也，自號婉盆子，得遁變化景之道。今在中嶽，或少室。往有壺公，正此人也。然未受太上書，猶未成真焉。其行玉斧軍火符，是其所受之枝條也。施存是孔子弟子三千之數。」小字注釋云：「三千之限有此人，而不預七十二者，明夫子不以仙爲教矣。壺公即費長房之師。軍火符世猶有文存。」壺公故事見後漢書方術列傳及神仙傳卷九，叙述費長房師從壺公，屢試不過，遂不得仙。二書不言其姓字。神仙傳云：「壺公者，不知其姓名。今世所有召軍符、召鬼神治病王府符，凡二十餘卷，皆出於壺公，故總名爲壺公符。」真誥始言壺公即施存，無上秘要從之，本經後文張兆期條，小字注釋乃言張是「費長房之師」，恐有訛誤。

劉奉林周時人，服黄連。

【按】無上秘要卷八十三得地仙道人名品云：「劉奉林，周時人，三合丹不成，在委羽山。」據真誥卷五云：「有劉奉林者，是周時人，學道在嵩高山，積四百年。三合神丹，爲邪物所敗，乃行徙入委羽之山。能閉炁三日不息，於今千餘年矣，猶未升仙，猶是試多不過，道數未足故也。此人但服黄蓮，以得不死耳，不能有所役使也。」

張兆期費長房之師。

【按】無上秘要卷八十三得地仙道人名品云：「張兆期，與人共合丹，成不敢服，出山去，後服茯苓爲地仙。」真誥卷五云：「昔毛伯道、劉道恭、謝稚堅、張兆期，皆後漢時人也。學道在王屋山中，積四十餘年，共合神丹。毛伯道先服之而死，道恭服之又死，謝稚堅、張兆期見之如此，不敢服之，並捐山而歸去。後見伯道、道恭在山上，二人悲愕，遂就請道，與之茯苓持行方。服之，皆數百歲，今猶在山中，遊行五嶽。此人知神丹之得道，而不悟試在其中，故但陸仙耳，無復登天冀也。」真誥並未言張兆期即壺公，亦即費長房師，本注疑誤。

周君

二人俱讀素書七卷得道。

【按】無上秘要卷八十三得地仙道人名品云：「周君二弟，俱讀素書七卷，萬遍未畢之時，起看白鹿，還失書，更受餘法得仙。」真誥卷五云：「昔周君兄弟三人，並少而好道，在於常山中，積九十七年，精思無所不感。忽然見老公，頭首皓白，三人知是大神，乃叩頭流血，涕淚交連，悲喜自搏，就之請道。公乃出素書七卷，以與誦之。兄弟三人俱精讀之，奄有一白鹿在山邊，二弟放書觀之，周君讀之不廢。二弟還，周君多其弟七過。其二弟內意或云仙人化作白鹿，呼周視之。周君不應。周君誦之萬過，二弟誦得九千七百三十三過。周君翻然飛仙，二弟取書誦之，石室忽有石爆成火，燒去書，二人遂不得仙。今猶在常山中，陸行五嶽也。」因知此當以「周君二弟」立條，因本經第四右位已有周君，則此處或奪「二弟」字樣。小字注釋亦不符真誥本意，此屬於無上秘要本不誤，改編訛誤。恐是注釋者不解「二弟」之意，遂將原大字之「二弟」臆改爲小字「二人」，即與前條張兆期共爲「二人」也。

雷氏

周氏養龍。

【按】無上秘要卷八十三得地仙道人名品云：「雷，周時養龍，在雷平山東者。」此有脱文，當據真誥卷十三，云：「許長史今所營屋宅，對東面有小山，名雷平山。周時有雷氏養龍，來在此山，後有姜叔茂、田翁亦居焉。」本經小字注釋「周氏」當是「周時」之訛。

姜叔

【按】無上秘要卷八十三、卷八十四皆無此名號，疑是姜叔茂之訛，姜叔茂已見本經第四左位蓬萊左卿姜叔茂，並請參見該條。

田公〔一〕

【按】無上秘要卷八十三得地仙道人名品云：「叔田公先居雷平山北柳汧下，今謂田公泉。」其説本於真誥卷十三，云：「雷平山，周時有雷氏養龍，來在此山，後有姜叔茂、田翁亦居焉。其山北有柳汧水，或名曰田公泉，以其人曾居此山，取此水故也。」同卷又説：「華陽雷平山有田公泉水，飲之除腹中三蟲，與隱泉水同味，云是玉砂之流津也。」田翁、田公當同是一人，無上秘要稱叔田公，疑是將真誥姜叔茂之「叔」字竄入。

劉安之裴君時冀州别駕。

【按】無上秘要卷八十三得地仙道人名品，劉安之與叔田公爲前後兩條，劉安之在前，提行爲叔田公。本經三種版本皆作田公劉安之，或是傳寫訛誤，未必底本如此也，因予恢復爲兩條。無上

〔一〕田公　三本田公與劉安之駢聯爲一條，據真誥、無上秘要等，分割爲兩，各爲注釋。

秘要云：「劉安之，裴君爲冀州時作別駕，棄官相隨。」劉安之見雲笈七籤卷一百五清靈真人裴君傳，言裴君爲冀州刺史，「別駕劉安之，時年四十五，初迎君爲主簿，後轉別駕。亦知仙道，飲食黄精積二十餘年，身輕，面有華光，數與君俱齋静室中」。其後裴君升仙，「別駕劉安之從焉」。

赤魯班即黄初起也。

【按】無上秘要卷八十三得地仙道人名品云：「赤魯，本姓黄，名初平，南嶽赤君也。入金華山尋弟，而改姓易名。」此與本經小異，據神仙傳卷二，皇初平入金華山修道，其兄初起入山尋弟，尋到以後，「便棄妻子，留就初平。共服松脂茯苓，至五千日，能坐在立亡，行于日中無影，而有童子之色」。其後，初平「易姓爲赤初平，改字爲赤松子。初起改字爲魯班」。故本經之赤魯班即皇初起，亦寫作黄初起，正文、注釋皆不誤。

范安遠

【按】無上秘要卷八十三得地真道人名品有此，居荀中侯之前。真誥卷十四提到：「范安遠適云：湛〔一〕子不事齊，齊師伐之。春秋傳曰：湛無禮也。」范安遠事跡不詳。

賈玄道

李叔勝

〔一〕湛　小字注釋已經注意，湛當作「譚」，因與本論無關，故不牽連。

言成生

傅道流 四人並隸司命，主察試學道者，在太山。

【按】無上秘要卷八十三得地真道人名品云：「傅道流，北地人，漢靈帝殿中將軍。言城生，吴人，劉聖公時生，爲武當都尉。李叔勝，涿郡人，漢元帝時生。賈玄道，河東人，周威王時生。此四人並得地真，在泰山支子小陽山中，受東卿司命節度，主試學道者。」其説本於真誥十二，云：「賈玄道、李叔升、言城生、傅道流，往並受東卿君之要也。玄道河東人，周威王之末年生。叔升涿郡人，漢元帝時生。道流北地人，漢靈帝殿中將軍也。城生吴人，後漢劉聖公時爲武當郡尉也。受學至勤，並得真道，今在太山支子小陽山中，此所謂地真者也。」小字注釋云：「此四人隸司命，主察試學道者。所以長史有書與賈，賈即呈司命，司命亦答之，並以在上卷。此諸人名位小，不顯外書。」

真人樊子明

【按】無上秘要卷八十三得地真道人名品云：「真人樊子明，張理禁之師。」據真誥卷十三，張玄賓曾師從樊子明，張後爲理禁伯，故又稱張理禁。真誥引文詳「理禁張玄賓」條。

龍威丈人

【按】無上秘要卷八十三得地仙道人名品云：「龍威丈人，吴王闔閭使入包山洞得五符者。」據太上洞玄靈寶五符序卷上言，大禹治水，得靈寶五符，藏於洞庭包山。後龍威丈人得符以獻吴王闔閭云云。真誥卷十一小字注釋提到，林屋洞天「位在太湖苞山下。龍威丈人所入得靈寶五符處也」。

吴王闔閭得經故事，古已有之，後世道教如靈寶、上清派改編利用而已。其張本大約可以舉古微書引河圖絳象爲代表，云：「太湖中洞庭山林屋洞天，即禹藏真文之所，一名包山。吴王闔閭登包山之上，命龍威丈人入包山，得書一卷，凡一百七十四字而還。吴王不識，使問仲尼，詭云赤烏銜書以授王。仲尼曰：昔吾遊西海之上，聞童謡曰：吴王出遊觀震湖，龍威丈人名隱居，北上包山入靈墟，乃造洞庭竊禹書，天帝大文不可舒，此文長傳六百初，今强取出喪國廬。丘按謡言，乃龍威丈人洞中得之，赤烏所銜，非丘所知也。吴王懼，乃復歸其書。」

劉少翁 華山。

【按】無上秘要卷八十三得地仙道人名品云：「劉少翁，入太華山，拜禮得道。」真誥卷十二云：「昔有劉少翁，曾數入太華山中，拜禮向山，如此二十年。遂忽一旦得見西嶽丈人，授其仙道。」由此知本經小字注釋「華山」，當是「太華山」之訛。

梁伯鸞

【按】無上秘要卷八十三得地仙道人名品云：「梁伯鸞，名鴻，漢末人，遁海濱者。」真誥卷七提到，許長史「何如梁伯鸞乎？」梁伯鸞即梁鴻，見後漢書逸民傳，亦不言其成仙。據雲笈七籤卷二十七天地宫府圖之三十六小洞天，「第十七玉笥山洞，周迴一百二十里，名曰太玄法樂天。在吉州永新縣，真人梁伯鸞主之」。

樊大夫

【按】無上秘要卷八十三、卷八十四皆無此名號。

吴睦長安人，少爲縣吏。

【按】無上秘要卷八十三、卷八十四皆無此名號。真誥卷十四云：「吴睦者，長安人也。少爲縣吏，掌局枉剋民人，民人訟之，法應入死。睦登委叛，遠遁山林。餓經日，行至石室，遇見孫先生在室中隱學，左右種黍及胡麻，室中恒盈食。睦至乞食，經月不去，孫先生知是叛人，初不問之，與食料理及誦經講道，説及禍福。睦聞之，於是心開意悟，因叩頭自搏，列其事源，立身所行，自首事實，求得改往。遂留石室，爲先生掃除驅使。經四十年後，先生受其道。俱採藥服食胡麻，精修經教，得三百二十年，服丹白日升天。」

朱𤞞陝西人，昔作劫盗。

【按】無上秘要卷八十三、卷八十四皆無此名號。真誥卷十四云：「朱𤞞者，陳留人也。爲人無道，專作劫盜。後人發覺收掩，𤞞得逸出，遠他境。至汝南少室山中，見馮先生隱學，云後三年乃受其真仙。留山服食修道三十八年，後入東阮山中，壽百四十七歲。仙人降，將入大有山洞中成真人。」

郭端潁川人，少孤，爲縣吏。

【按】無上秘要卷八十三、卷八十四皆無此名號。真誥卷十四有郭静，事跡與小字注釋正符合，云：「郭静者，潁川人也。少孤無父母，兄弟窮苦，依棲無所。年十六，縣召爲吏。後得罪，仍逃伏。經二月日不出，遇見鄭先生，救度一切，以法勸化之。静遂隨鄭，負簷驅使。經七年，不敢懈怠，遂受其導引之要，餌服山朮、茯苓，得壽三百歲。復於天維山，赤松子降受其二人真道，今在大有洞中爲真人。」

范伯慈

桂陽人，少曾邪病。

【按】無上秘要卷八十三、卷八十四皆無此名號。真誥卷十四云：「范伯慈者，桂陽人也。家本事俗，而忽得狂邪，因成邪勞病，頓卧床蓐經年。迎師解事費用，家資漸盡，病故不愈。聞大道清約無所用，於是意變。聞沈敬作道士精進，理病多驗，乃棄俗事之。得五十日，病疾都愈云云。後詣陸玩之，受真内道。玩之不能入山，伯慈不樂於世，遂辭去入天目山，服食胡麻，精思十七年。大洞真仙司命君下降，受三十六篇經。後服還丹，白日昇天，今爲玄一真人。」

此四條皆見於真誥而不見於無上秘要，真誥四條連續，其後小字注釋云：「又此四人各有所明，一則酷吏，二則凶劫，三則孤煢，四是事俗，並世間薄運，遂能得道，足知心之所造，非關善惡者也。」則此四人在無上秘要中付闕，究竟是傳寫脱漏，或原作者覺得四人不堪爲地仙、地真，尚不能斷言也。

鮑叔陽

王養伯

段季正〔一〕

劉偉惠四人師西靈子都。

【按】無上秘要卷八十四得太極道人名品司馬季主條後，言其有弟子四人云：「一人鮑陽，廣甯人，修劍解，託死於山洞。一人王養伯，太原人，與張良共採藥不反。一人劉偉惠，潁川人，漢景帝公車司馬劉諷也，尸解，託形杖履於桑樹之下。一人段季正，代郡人，本隱士，託形尸解，渡南鄭秦川而溺死。」其中鮑陽，據真誥及本經，當是鮑叔陽之訛；廣甯當寫作廣寧；劉偉惠真誥寫作劉瑋惠。真誥原文及相關議論，皆請見前第三右位之西靈子都與司馬季主條。

宋玄德嵩高山。

【按】無上秘要卷八十三、卷八十四皆無此名號，頗疑與前第四右位中央真人宋德玄同是一人。無上秘要卷八十四得太清道人名品後類云：「宋德玄，周時人，行靈飛之道，中嶽真人。」真誥卷十四云：「九疑真人韓偉遠，昔受於中嶽宋德玄。德玄者，周宣時人，服此靈飛六甲得道。能一日行三千里，數變形爲鳥獸，得玄靈之道，今在嵩高。」太平御覽卷六百六十三引上清六甲經曰：「宋玄德，周宣時人也。服六甲靈飛符，得真靈之道，上嵩高山。」此宋玄德則爲宋德玄，決然無疑。

〔一〕正　説郛本作「叔」。

李東

【按】無上秘要卷八十三得地仙道人名品云：「李東，曲阿人，晉元、明帝時爲祭酒，甚清勤，得道。」並言其與鮑靚「二人文解得道」。真誥卷十三提到，「地下主者，復有三等」，其中以「一等地下主者」地位最低，「散在外舍，閑停無業，不受九宮教制，不聞練化之業，雖俱在洞天，而是主者之下者」。李東即在此等中。真誥本條小字注釋説：「李東，曲阿人，乃領户爲祭酒，今猶有其章本，亦承用鮑南海法。東才乃凡劣，而心行清直，故得爲最下主者使，是許家常所使。永昌元年，先生年二十三，就其受六甲陰陽行廚符。」卷二十亦説：「李東者，許家常所使祭酒，先生亦師之，家在曲阿。東受天師吉陽治左領神祭酒。」「先生」特指許邁，李東既與許家有特殊淵源，位秩卻極爲低下，蓋其爲天師道祭酒，與許謐之上清派，仍屬於「道不同」也。

童初府

蕭閑宮 並男真。

易遷宮 八十三人。

含真臺 僅二百人，並女真。

【按】此四處皆是宮府之名，不詳何以殿第六左位之末。

無上秘要卷八十三得地仙道人名品提到，王少道、范叔勝、李伯山，「此三人童初府、蕭閑堂中學」。又説，劉寬「來爲童初府師正侯」。真誥卷十三云：「又有童初、蕭閑堂二宮，以處男子之學也。」蕭閑堂亦作蕭閑宫，卷十三詩句云：「寢宴含真館，高會蕭閑宫。」無上秘要卷八十三得地仙道人名品提到，張微子、傅禮和，「此二人易遷館、含真臺，女真爲主」。真誥卷十三云：「洞中有易遷館、含真臺，皆宫名也。計今在易遷館東厢中，此館中都有八十三人。」又説：「含真臺是女人已得道者，隸太元東宫中，近有二百人。此二宫盡女子之宫也。」小字注釋説：「前云八十三人，止是易遷耳。含真既爲貴勝，當須遷轉，乃得進入也。」

綜上引文，疑本經某次改編時，將無上秘要「童初府、蕭閑堂中學」，「易遷館、含真臺，女真爲主」等文字剪裁爲獨立條目。本經第二左位、右位之末出現若干宫闕名稱，大約也是同樣原因。

右位

右理中監劉翊

【按】無上秘要卷八十三得地仙道人名品云：「劉翊，字子翔，後漢書云：子翔，穎〔一〕川人，世富，以濟窮爲事，爲陳留太守。去職入山，度名東華，任右理中監職。」劉翊傳見後漢書獨行列傳，謂其字子相，潁川潁陰人，「家世豐産，常能周施而不有其惠」。

據真誥卷十二云：「右理中監，準職如司馬，今有劉翊字子翔者居之。翊本潁川人，少好道德，

〔一〕穎　當作「潁」。

而家世大富，常周窮困爲事，好行陰德密惠。陳留張季札當弔師喪，車敗牛困。翊於汝南界逢之，與語，不示名字，即推車牛與乘之。恤死救窮非一人矣。後都長安，翊舉計掾。到都，帝嘉其心，拜郎中，遷陳留太守。出長安五百里中，斂死恤窮，損己分人。行達陽平，遂遇馬皇先生，告翊曰：子仁感天地，陰德神鬼，太上將嘉子之用情矣，使我來攜汝以長生之道。吾仙官也，爾乃能隨我去不。翊於是叩頭自搏：少好長生，幸遇神仙，乞願侍給。馬皇先生因將翊入桐柏山中，授以隱地八術，服五星之華法。今度名東華，來在洞中，爲定録右理中監。」小字注釋云：「漢書云：翊，字子相，潁陰人，家世豐富，常能周施，而不以爲惠。曾行於汝南界中，有陳留張季札，遠赴師喪，遇寒冰車敗，頓滯道路。翊見而謂曰：君慎終赴義，行宜速達。即下車與之，不告姓名，策馬而去。季札意其子相也，後故到潁陰，還所假乘。翊閉門辭行，不與相見。常守志卧疾，不屈聘命。河南种拂臨郡，引爲功曹。後黄巾賊起，翊救給乏絶，資其食者數百人。鄉族死亡則爲殯斂，鰥寡則助其妻娶。獻帝遷都西京，舉上計掾。爾時道路寇阻，翊夜行晝伏，乃到長安。上嘉其忠勤，拜議郎，遷陳留太守。翊又散珍寶，唯餘車馬，自載東歸。出關數百里，見士大夫病亡道次，仍又以馬易棺，脱衣斂之。又逢故知飢困於路，不忍委去，因殺所駕牛，以救其乏。衆人止之，翊曰：視没不救非志士也。遂俱餓死。此説大同小異，故備載之。論翊字子翔，於字例相得。而翊義亦是相，相作息亮切音，二者未詳孰正。馬皇出列仙傳，黄帝時馬師也。」此漢書即范曄後漢書，與今本文字小異，可以作爲校勘材料。

典柄執法郎淳于斟

【按】無上秘要卷八十三得地仙道人名品云：「淳于斟，字叔顯，會稽上虞人，桓帝時除縣令。後入山服丹，來爲典柄執法郎職。」真誥卷十二云：「定録府有典柄執法郎，是淳于斟，字叔顯，主試有道者。斟，會稽上虞人，漢桓帝時作徐州縣令，靈帝時大將軍辟掾。少好道，明術數，服食胡麻、黄精餌。後入吴烏目山中隱居，遇仙人慧車子，授以虹景丹經，修行得道。今在洞中爲典柄執法郎。」小字注釋云：「易參同契云：桓帝時上虞淳于叔通，受術於青州徐從事，仰觀乾象，以處災異，數有效驗。以知術故，郡舉方正，遷洛陽市長。如此亦爲小異。吴無烏目山，婁及吴興並有天目山，或即是也。」

理禁張玄賓主〔一〕雨水〔二〕之官，亦保命書。

【按】無上秘要卷八十三得地仙道人名品云：「張玄賓，定襄人，魏武時舉茂才，善論空無。入天柱山，來爲理禁伯職。」真誥卷十三云：「張玄賓者，定襄人也，魏武帝時曾舉茂才。歸鄉里，事師西河薊公，服术餌，兼行洞房白元之事。後遇真人樊子明於少室，授以遁變隱景之道。昔在天柱山中，今來華陽内爲理禁伯，理禁伯主諸水雨官也。此人善能論空無，乃談士。常執本無理。」又云：「理禁伯官亦保命之監國也。」即本條注釋「亦保命書」之所依據。張玄賓作理禁伯，故又稱「張理

〔一〕主　原作「王」，據秘册彙函本、説郛本、真誥卷十三改。

〔二〕雨水　秘册彙函本、説郛本、真誥卷十三並作「水雨」；真誥同卷趙威伯條小字注释则作「理禁伯亦主雨水」。

禁」，周氏冥通記頗有張理禁降臨，其尊號見卷一，稱句曲華陽金壇洞天張理禁。同書卷四陶弘景注釋云：「張爲保命府禁伯，主諸雨水，故以問之。事出真誥。」

童初府師上侯劉寬即保命府。

【按】無上秘要卷八十三得地仙道人名品云：「劉寬，字文饒，弘農人，後漢南陽太守，司徒太尉。仁和善政，年七十三，入太華山服丹，來爲童初府師正侯。」真誥卷十二云：「童初府上帥用劉文饒。文饒者，弘農劉寬也。少好道，曾舉漢方正，稍遷南陽太守，視民如子。怒不形顏，口無疾言，行陰德，拯寒困，萬民悅而附之如父母焉。後爲司徒太尉，上賜酒，伏地睡，詔問故，乃答曰：臣任重責大，恒憂心如醉。旦使奴至市買菜，奴盜用錢飲酒，晏乃還，卧於閤内，又不得菜。既醒，乃罵之爲死狗。罵畢，即束帶入。恐奴從後自殺，所以慮之，不覺忽然睡耳。願見哀恕。寬用心仁愛，觸類如此矣。年七十三，一旦遇青谷先生降之於寢室，授其杖解法，將去入太華山，行九息服氣，及授以鑪火丹方。修之道成，今在洞中作童初府帥上侯，主始學道者。」小字注釋云：「後漢書云：劉寬，字文饒，弘農華陰人。父名崎，順帝時爲司徒。寬爲人謹厚，常行有人失牛，乃就寬車中認之，寬無言解駕牛與之，步歸。頃有認者，得牛而送還。慚懼，寬乃謝遣之。桓帝延熹八年爲南陽太守，恒用蒲鞭。靈帝嘉平五年爲太尉。嘗於御坐被酒睡伏，帝問：太尉醉邪。寬仰答：臣不敢醉，但任重責大，憂心如醉耳。嘗有客來詣寬，寬遣奴市酒，迂久大醉而還。客罵爲畜産，寬須臾遣人視奴，疑恐自殺。語左右曰：此是人而罵爲畜産，爲辱孰甚，故吾懼其死耳。後封逮鄉侯六百户，中平二年亡，年六十六。贈車騎將軍特進，謚曰昭討侯。子松嗣。按此説復爲同異，故詳載之。」

丞四人　趙威伯〔一〕主仙籍，並暴雨水。

欒長治主災害。

鄭稚政主考注。

唐公房主其死生〔二〕。

【按】無上秘要卷八十三得地仙道人名品云：「趙威伯，東郡人。欒長治，咸陽人。鄭稚政，戴孟弟子。唐公房，蜀西山人，李八百弟子。此四人丞。」真誥卷十三云：「趙威伯者，東郡人也，少學邯鄲張先生，先生得道之人耳。晚在中嶽，授玉佩金鐺經於范丘林，丘林乃是漢樓船將軍衞行道婦也，學道得仙〔三〕。遂授行挹日月之道，又服九靈明鏡華，遂得仙。昔亦來在華陽内爲保命丞。」其後又

〔一〕趙威伯　三本「丞四人」皆與「趙威伯」相連，其本意趙威伯以下四人爲保命府丞，爲不至混淆，予以分開，書末索引亦僅取「趙威伯」而不用「丞四人趙威伯」爲標目。此條以後，近似情況較多，處理方式不一，皆在注釋中説明。

〔二〕生　秘册彙函本、説郛本並作「者」。真誥作「主生死」，故不改。

〔三〕學道得仙　吉川忠夫、麥谷邦夫之真誥校注，趙益點校之真誥，皆以「學道得仙」屬下句；其後「遂得仙」之「仙」字，真誥校注據俞安期本補，趙益點校本不取。今按，若以「學道得仙」屬上句，則全段通順。白話言之：趙威伯晚年在中嶽從范丘林受玉佩金鐺經，范是漢樓船將軍衞行道之妻，因學道而得仙。范丘林又授趙威伯行挹日月之道，又服九靈明鏡華，遂得神仙。

云：「保命有四丞，此一人主爲暴雨水，及領五芝金玉草。若欲致洪雨者，將可辭詣之也。」趙威伯在周氏冥通記中亦多次出場，皆稱爲「趙丞」。周氏冥通記卷一陶弘景注釋云：「此丞依別自是趙，於保命四丞居大者，名威伯，河東人，主記仙籍並風雨水，領五芝金玉草，事出真誥。」〔一〕

據真誥卷十三，除趙威伯外，「其一丞是咸陽樂長治，東卿司命君鄉里人也，爲小君所舉用。漢桓帝中書郎，晚從中嶽李先生受道，行七元法得仙。」「一人是孟君入室弟子鄭雉正者，孟君所屬用。」「其一人是西山唐房。」唐房應是唐公房之訛，小字注釋云：「此則神仙傳所載，是蜀人，奉事李八百者也。」唐公房附見於神仙傳之李八百傳，別有漢仙人唐公房碑流傳。真誥又云：「樂長治主災害，鄭雉正主考注，唐公房主生死，趙威伯主仙籍，並記學道者，並暴雨水靈芝草。」

明晨侍郎七人比御史中丞。〔二〕

三男真。夏馥，字子恬，陳留人，桐柏真人弟子。二人不顯。

〔一〕此句引文道藏原文多有訛誤，據麥谷邦夫、吉川忠夫之校訂本改正。

〔二〕明晨侍郎七人比御史中丞　三本皆連續，並刻作大字。今參考前「丞四人趙威伯……」例，以「明晨侍郎七人」爲標目，改「比御史中丞」爲注釋小字。其後「三男真……」，「四女真……」，各本皆提行，低一格大字，整理本因之，書末索引，仍取其中夏馥、周夏友、張桃枝爲正式標目。

四女真。周夏友，汝南安城人，河南尹周暢之女。張桃枝，沛人，司隸朱寓之母。二人不顯。

【按】無上秘要卷八十三得地仙道人名品云：「夏馥，字子治，陳留人，桐柏之弟子。周愛友，汝南安城人，河南尹周暢之女。張桃枝，沛人，司隸朱寓之母。此三人明晨侍郎。」此説三人，本經説七人，皆本於真誥卷十二，云：「保命府多女官司，三官官屬有七人，四女三男。明晨侍郎七人，如今世上御史中丞之職，並隸東華方諸宫，保命君總關之耳。」其後則介紹夏馥、周愛友、張桃枝三人，文字與本經小異，云：「明晨侍郎周爰支者，漢河南尹周暢伯持之女也。暢，汝南安成人，好行陰德，功在不覺。曾作河南尹，遭大旱，收葬洛陽城旁客死骸骨萬餘人，爲立義冢祭祀之，應時大雨，豐收。所行多是此輩。太上處以暢有陰行，令爰支從南宫受化得仙，今在洞中。爰支亦少好道，服伏苓三十年，後遇石長生，教之以化遁。化遁，上尸解也。」「明晨侍郎張桃枝者，漢司隸校尉朱寓季陵母也，沛人。寓往與陳蕃俱誅，寓母行陰德，久聞在易遷，始得爲侍郎耳。」「明晨侍郎夏馥字子治，陳留人也。少好道，服朮餌和雲母，後入吴山，從赤須先生受鍊魂法。又遇桐柏真人，授之以黄水雲漿法。得道，今在洞中。馥少時被公府辟召，懸辟書著桑樹乃去，其用懷高邁如此。」此文以後，真誥云：「餘數人不能一二道之，例皆取平貞正直，體隱神清，即侍郎之才，不限男女也。」小字注釋説：「前云有七人，今唯説二女一男。」

監二人〔一〕　**范幽沖**遼西人，漢尚書郎〔二〕。

李整河内人。

【按】無上秘要卷八十三得地仙道人名品云：「范幼沖，遼西人，漢尚書郎，解地理。魏末李整，河内人，常道鄉〔三〕公傅臣，初在洛陽，後來方山採石腦。此二人監。」據真誥，當以范幼沖爲正。真誥卷十云：「范幼沖，遼西人也。受胎化易形，今來在此，恒服三氣。」又云：「范幼沖，漢時尚書郎，□〔四〕解地理，乃以冢宅爲意，魏末得來在此童初中。」卷十三云：「范監者即其人也。昔得爲童初監，今在華陽中。」李整亦見同卷，云：「河内李整，昔受守一法並洞房得道。初在洛陽山，近來入華陽中。又主諸考崇民間之事。整往爲常道鄉公傅，受道入山時，已年六十。」小字注釋云：「不知李作何位，亦應是監職。」

〔一〕監二人　三本皆以「監二人」爲大字，其後「范幽沖」至「河内人」爲小字。今根據無上秘要提示，乃以本經前條「丞四人」格式，取范幽沖與李整爲大字，索引列出正式標目，其餘内容爲小字。

〔二〕郎　原作「即」，據秘册彙函本、説郛本改。

〔三〕鄉　原作「卿」，據文意改。

〔四〕□　原注「缺失一字」，據卷十三小字注釋作「善解地理」。

武解鬼帥者〔一〕 **王延**

范糧

傅晃

除銜四人已度。

【按】無上秘要卷八十三得地仙道人名品云：「王延、范强、傅晃、徐衛，此四人武解得道。」真誥卷七云：「八月六日中，當有一人著平上幘，多髭鬚，長長爾，著紫皮袴褶，將黄娥來，此人是鬼帥王延也。延自爲人作益，爲將娥見人耳。」范糧無上秘要作范强，真誥作范疆。卷七云：「范帥言，不知道誰。」小字注釋云：「應是鬼帥范疆矣。」按，此四位鬼帥，集中見於真誥卷七，小茅君假作（許）玉斧之形，以夢告於（許）虎牙，索要贍信，「以酬四帥之禽鬼者」。其中紙三百，「酬鬼帥王延，近報録書以杵宗會，有功」。油三斗，「酬鬼帥傅晃，近與功曹使者，令勢威照鬼形，使不得暴」。青絹三十尺，「酬鬼帥范疆，近執截百惡，滅訟散禍，有功」。銀叉三枚，「酬鬼帥梁衛，近防護疾者，招魂安神，使冢訟不行，有殊功」。其中梁衛與無上秘要之徐衛及本經之除銜，當是一人，孰爲正確，

〔一〕武解鬼帥者　三本皆以「武解鬼帥者」單獨算一條，與其後之王延等並列，今據無上秘要卷八十三謂「此四人武解得道」，因知「武解鬼帥者」，與前「丞四人」、「監二人」等格式略同，是後四人之總標目，故以王延與「武解鬼帥者」合併爲一條，中間空一格。索引仍將「武解鬼帥」列爲正式標目。此亦與前「文解地上主者」處理方式同。

不可知矣。

關於「武解鬼帥」，真誥卷七解釋云：「地下鬼帥，解下道之武官。文解一百四十年一進，武解二百八十年一進。武解，一解之下者也。」卷十三又云：「鬼帥武解，主者文解，俱仙之始也。」

地仙散位

中嶽仙人宋來子 先爲楚市長，遇冯延壽。

【按】無上秘要卷八十三得地仙道人名品云：「中嶽仙人宋來子，先爲楚市長，遇馮延壽者。」據真誥卷九云：「楚莊公時，市長宋來子恒灑掃一市，久時有一乞食公入市，經日乞，恒歌曰：天庭發雙華，山源彰陰邪。清晨按天馬，來詣太真家。真人無那隱，又以滅百魔。恒歌此乞食，一市人無解歌者。獨來子忽悟，疑是仙人，然故未解其歌耳。乃遂師此乞食公，棄官追逐。積十三年，公遂授以中仙之道。來子今在中嶽。乞食公者，西嶽真人馮延壽也，周宣王時史官也。」

中嶽李先生

【按】無上秘要卷八十三得地仙道人名品云：「中嶽李先生，欒丞之師。」據真誥卷十三，童初府丞欒長治，「爲小君所舉用，漢桓帝中書郎，晚從中嶽李先生受道，行七元法得仙」。

扁鵲〔一〕

【按】無上秘要卷八十三得地仙道人名品云：「扁鵲，治趙太子者。」真誥兩處提到扁鵲，一在卷三，云：「雖盧醫之貢針艾，扁鵲之獻藥石，無以喻也。」此比喻語，與神仙無關。卷十四「莊子師長桑公子」句，小字注釋云：「長桑即是扁鵲師，事見魏傳及史記。」三洞珠囊卷三引登真隱訣提到有「扁鵲起死方」，陶弘景增補肘後方「扁鵲法」條有注釋説：「按此前救卒四方，並後尸厥事，並是魏大夫傳中正一真人所説，扁鵲受長桑公子法。」當即此所謂「扁鵲起死方」。又請參考本經第三右位長桑公子條按語。至於今本道藏有元始天尊説藥王救八十一難經，以扁鵲爲藥王，甚爲晚出，與本經無干。

弟子五人〔二〕　**子容**

子明

子威

子戲

〔一〕扁鵲　三本皆作「扁鵲弟子五人」，而未有單獨之「扁鵲」條目。據無上秘要卷八十三云「扁鵲，治趙太子者」，單獨一行，有别於其後子容等弟子五人，因分割出此條。

〔二〕弟子五人　今既分出扁鵲，則以「弟子五人」爲總標目，將其後之子容提前。

子游

【按】無上秘要卷八十三得地仙道人名品云：「子容、子明、子義、子戲、子游，子容等五人，弟子。」史記扁鵲倉公列傳提到扁鵲治虢太子死，有弟子子陽、子豹參與，更無其他。韓詩外傳卷十則言：「子同搗藥，子明灸陽，子游按摩，子儀反神，子越扶形。」説苑略同，子容搗藥，子明吹耳，陽儀反神，子越扶形，子游矯摩，此皆是弟子五人之張本，文字稍異耳。

趙太子服朮者。

【按】無上秘要卷八十三得地仙道人名品云：「趙太子，受服朮丸者。」同卷又云：「扁鵲，治趙太子者。」史記與韓詩外傳皆言虢太子，説苑則説趙太子。本經之趙太子，當即是此人。三洞珠囊卷三引登真隱訣提到長桑公子服朮方，是否長桑公子以方傳扁鵲，扁鵲授趙太子，未見文獻，且存疑。

將先生支子元之師。

支子元作裴君小時師。

【按】無上秘要卷八十三得地仙道人名品云：「支子元，作道人裴君小時師。蔣先生，支子元師。」本經將先生似爲蔣先生之訛。雲笈七籤卷一百五清靈真人裴君傳云：清靈真人裴玄仁，家奉佛道，年十餘歲，詣佛圖。「佛圖中道人支子元者，亦頗知道，宿舊人傳之，云已年一百七十歲。見君而歡曰：吾從少至老，見人多矣，而未嘗見如子者。乃延君入曲室之中，幽静之房，大設豐餟饌。」支子元以所修秘術傳授裴君，並説：「此長生内術，世莫得知。吾昔遊焦山，及鷩祖之阿，遇仙人蔣先生者，乃赤將子輿也，以神訣五首授吾。奉而行之，於今一百七年矣。氣力輕壯，不覺衰老。但行之不勤，多失真志，不能去世，故雖延年，不得神仙也。」又云：「裴君受支子元服茯苓法，焦山蔣先生所傳。」又云：「裴君受支子元服胡麻法，蔣先生于黄金鷩祖山中授支公也。」

盧生

侯公

石生入東海，爲始皇使。

【按】無上秘要卷八十三得地仙道人名品云：「盧生、侯公、石生，此三人秦始皇使入海者。」史記秦始皇本紀云：「使韓終、侯公、石生求仙人不死之藥。」又使燕人盧生入海，後皆亡去。

林屋仙人〔一〕**王瑋玄**

【按】無上秘要卷八十三得地仙道人名品云：「林屋仙人王瑋玄，楚莊王侍郎，受術於王君，韓左監之師。」真誥卷十二云：「左理中監準大府長史，昔用韓崇以居之。崇，字長季，吴郡毗陵人也。少好道，林屋仙人王瑋玄曾授之以流珠丹一法，崇奉而修之，大有驗。瑋玄語之，子行此道，亦可以出身仕宦，無妨仙舉也。」又云：「王瑋玄是楚莊王時侍郎，受術於玉君。」

〔一〕仙人　説郛本作「先生」。

山圖公子周哀王時大夫，張禁保之師。

【按】無上秘要卷八十三得地仙道人名品云：「山圖公子，周哀王時大夫，張禁保之師。」據真誥卷十二，張激子當爲太極仙侯，無上秘要卷八十四得太極道人名品則云：「張奉，字公先，河内人。先爲東華北河司命禁保侯。」二者不同，可詳本經第三右位太極仙侯張奉條按語。此處注釋稱「張禁保」，仍是依據無上秘要而來。

山圖公子爲張奉之師，見真誥卷十二，引文亦詳太極仙侯張奉條。列仙傳山圖條云：「山圖者，隴西人也。少好乘馬，馬踏之折腳。山中道人教令服地黄、當歸、羌活、獨活、苦參散。服之一歲，而不嗜食，病瘉身輕。追道人問之，自言五嶽使，之名山采藥，能隨吾，使汝不死。山圖追隨之六十餘年。一旦歸來，行母服於家間。期年復去，莫知所之。」

赤須子夏明晨之師。

【按】無上秘要卷八十三得地仙道人名品云：「赤鬚先生，夏明晨之師。」據真誥卷十二，明晨侍郎夏馥「從赤須先生受鍊魂法」。赤須子亦見列仙傳，其略云：「赤須子，豐人也，豐中傳世見之云。秦穆公時主魚吏也，數道豐界災害水旱，十不失一。臣下歸向，迎而師之，從受業，問所長。好食松實、天門冬、石脂，齒落更生，髮墮再出，服霞絶後。遂去吴山下，十餘年，莫知所之。」

青谷先生劉上組〔一〕之師。

【按】無上秘要卷八十三得地仙道人名品云：「青谷先生，劉上師之師。」據真誥卷十二，「童初府上帥用劉文饒。文饒者，弘農劉寬也」，後「遇青谷先生降之於寢室，授其杖解法」云云。本經作「童初府師上侯劉寬」，無上秘要作師正侯。未知孰是，本經此處小字注釋恐亦當作「劉上師」或「劉上帥」。真誥又有小字注釋云：「青谷先生無別顯出。」

惠車子淳于典柄之師。

【按】無上秘要卷八十三得地仙道人名品云：「惠車子，淳于典柄之師。」據真誥卷十二，淳于斟爲定録府典柄執法郎，其人曾在「烏目山中隱居，遇仙人慧車子，授以虹景丹經，修行得道」，小字注釋云：「慧車子無别顯出。」慧車子即此惠車子。

石長生周明晨之師。

【按】無上秘要卷八十三得地仙道人名品云：「石長生，周明晨之師。」據真誥卷十二，明晨侍郎周爰支「亦少好道，服伏苓三十年，後遇石長生，教之以化遁」。

東郭幼平桃北河〔二〕之師。

【按】無上秘要卷八十三得地仙道人名品云：「東郭幼平，秦時人，久隱城山，得道。即桃北河

〔一〕組　秘册彙函本、説郛本作「卿」，無上秘要作「師」，真誥作「帥」。

〔二〕河　原作「阿」，説郛本、秘册彙函本並作「河」，此即「北河司命保禁侯桃俊」，據改。

之師。」桃北河即北河司命保禁侯桃俊，據真誥卷十二，桃俊兼北河司命，「漢末棄世，入增城山中學道，遇東郭幼平。幼平秦時人，久隱增城得道者也」。

鄭子真陽翟山。

【按】無上秘要卷八十三得地仙道人名品云：「鄭子真，云康成孫，在陽濯山。」真誥卷八云：「鄭子真則康成之孫也，今在陽濯山。昔初學時，正患兩腳不授積年，其晚用針灸，兼行曲折祝法，百日都除。」小字注釋云：「鄭玄唯有一兒，爲賊所害，有遺腹子，名小同耳。既不入山，又復不病腳，此子真又非谷口者。進退乖異，莫辯質據。」

鄧雲山

唐覽華山。

西河薊公張理禁之師。

【按】無上秘要卷八十三得地仙道人名品云：「鄧雲山、唐覽。西河薊公，此應是子訓者，亦張理禁之師。」〔一〕真誥卷十云：「昔鄧雲山停當得道，頓兩手不授。吾使人語之，令灸風徊、曲津兩

〔一〕無上秘要此句單獨一段，不易斷句。按照該書前後條，多言某人是某人師，則本條原意或是：「鄧雲山、唐覽、西河薊公，亦張理禁之師。」其中「此應是子訓者」是對「西河薊公」之補充。然根據真誥，僅言西河薊公爲張理禁之師，未涉及前二人，姑且如此標點。

處耳。六七日間，便得作五禽按摩也。」小字注釋言鄧雲山別無顯出。同卷又云：「昔唐覽者，居林慮山中，爲鬼所擊，舉身不授，似如綿囊。有道人教按摩此法，皆即除也。此北帝曲折之法，諸疾有曲折者，用此法皆佳，不但風痺不授而已也。」又云：「唐覽今在華山，得虹丹法，合服得不死。」小字注釋云：「唐覽無別所出。不知何世人也。」至於張理禁事師西河薊公，見真誥卷十三，引文見前「理禁張玄賓」條。

周正時

【按】無上秘要卷八十三得地仙道人名品云：「周正時，方山劉平阿之師。」劉平阿師仙人周正時，見真誥卷十四，引文詳後文劉平阿條。

刁道林龍伯高之師。

【按】無上秘要卷八十三得地仙道人名品云：「刁道林，方山龍伯高之師。」龍伯高師仙人刁道林，見真誥卷十四，引文詳後文龍伯高條。

郭子華

趙叔達

張季連三人在霍山。

【按】無上秘要卷八十三得地仙道人名品云：「張季連、趙叔達、郭子華，此三人在霍山，欲師司命君者。」真誥卷十四云：「仙人郭子華、張季連、趙叔達，晚又有山世遠者，此諸人往來與之遊焉。

昔居武當，今來大霍，欲從司命君受書，故未許焉。」小字注釋云：「山已得爲太和真人，則應居在南陽太和山矣。餘三人不見別顯出也。」

趙公成鶴鳴山。

【按】無上秘要卷八十三得地仙道人名品云：「唐公成，鶴鳴山。」真誥卷十云：「昔趙公成兩腳曳不能起，旦夕常心存拜太上，如此三十年。太上真人賜公成流明檀桓散一劑，即能起行，後遂得道，今在鵠鳴山下。」如此，似當以作「趙公成」爲正。

范丘林女真，趙威伯六甲之師。

【按】無上秘要卷八十三得地仙道人名品云：「范丘林，漢樓船將軍衛行道之婦。保命趙丞受六甲師。」趙威伯師女仙刁道林，見真誥卷十三，引文詳前文趙威伯條。

修羊公化爲白石矣。

【按】無上秘要卷八十三得地仙道人名品云：「脩羊公，漢景帝時臺上化爲白石者。」修羊公出列仙傳，其略云：「脩羊公者，魏人也。在華陰山上石室中，有懸石榻，卧其上，石盡穿陷。略不食，時取黄精食之。後以道干景帝，帝禮之，使止王邸中。數歲道不可得。有詔問：脩羊公能何日發。語未訖，牀上化爲白羊，題其脅曰：脩羊公謝天子。後置石羊於靈臺上。羊後復去，不知所在。」

稷丘子

【按】無上秘要卷八十三得地仙道人名品云：「稷丘子，武帝時在泰山下。」稷丘子亦出列仙傳，其略云：「稷丘君者，太山下道士也。武帝時，以道術受賞賜。髮白再黑，齒落更生。後罷去。上東巡太山，稷丘君乃冠章甫，衣黄衣，擁琴來迎，拜武帝。指帝：陛下勿上也，上必傷足指。及數里，右足指果折。上諱之，故但祠而還，爲稷丘君立祠焉，爲稷承奉之云。」抱朴子内篇金丹提到稷丘子丹法，同書黄白言甪里先生從稷丘子授化黄金法。據雲笈七籤卷二十七洞天福地記，三十六小洞天之第十四爲灊山洞，「周迴八十里，名曰天柱司玄天，在舒州懷寧縣，仙人稷丘子治之」。

崔文子

【按】無上秘要卷八十三得地仙道人名品云：「崔文子，善以藥救人病者。」崔文子亦出列仙傳，其略云：「崔文子者，太山人也。文子世好黄老事，居潛山下，後作黄散赤丸，成石父祠，賣藥都市，自言三百歲。後有疫氣，民死者萬計，長吏之文所請救。文擁朱幡，繫黄散以徇人門。飲散者即愈，所活者萬計。後去，在蜀賣黄散。故世寶崔文子赤丸黄散，實近於神焉。」

商丘子 服菖蒲而不老。

【按】無上秘要卷八十三得地仙道人名品云：「商丘子，高邑人，牧猪，服菖蒲不老。」商丘子亦出列仙傳，其略云：「商丘子胥者，高邑人也，好牧豕吹竽。年七十不娶婦，而不老，邑人多奇之，從受道。問其要，言但食朮、菖蒲根，飲水，不飢不老如此。傳世見之三百餘年。貴戚富室聞之，取而服之，不能終歲輒止，慢慢矣，謂將復有匿術也。」修羊公至商丘子（胥）本是列仙傳中人物，上清派將之納入新構之神仙譜系，太平御覽卷六百七十一引登真隱訣〔一〕提到，修合「雲芝英」，爲去除三尸蟲要藥，「昔修羊公、稷丘子、東方朔、崔文子、商丘子，以協穀而皆得仙也」。

劉根

服甘草。

【按】無上秘要卷八十三得地仙道人名品云：「劉根，善劾召，受服甘草丸。」據後漢書方術列傳，劉根潁川人，隱居嵩山，頗有法術，從者甚衆，爲太守所拘，乃召喚太守之亡父祖及近親數十人反縛堂前，遂得脱。神仙傳卷八叙述尤詳，無上秘要所謂「劾召」云云，大約由此而來。太平御覽卷六百七十一引登真隱訣提到清虚王真人授南嶽魏夫人穀仙甘草丸方，此方由九宫右真公郭少金撰集，「昔少金以此方授介象，又授劉根、張陵等數十人，亦稱此丸爲少金丸」。故知本條小字注釋當爲「服甘草丸」，而非「服甘草」。

介象

【按】無上秘要卷八十三得地仙道人名品云：「介象，吴時人，善氣禁，服甘草丸。」介象見神仙傳卷九，謂其「曾入東嶽，受氣禁之術。能茅上燃火煮雞，雞熟而茅不焦；能令一里内不炊不蒸，雞犬三日不鳴不吠；能令一市人皆坐，不能起；能隱形變化爲草木鳥獸」。雲笈七籤卷五謂：「黄盧子、西嶽公皆受禁虎豹之術；真人介象受乘虎之符。」上清派謂介象服「穀仙甘草丸方」，引文見

〔一〕本條及次條提到太平御覽卷六百七十一引登真隱訣，理由參登真隱訣輯校頁一七三注釋一。

上條。

白羊公不顯姓名。

【按】無上秘要卷八十三得地仙道人名品云：「白羊公，西嶽公弟子。」同卷得九宫道人名品云：「白羊公朱孺子，吴末入赤水山，服菊花、朮餌，受西歸子入室存泥丸法，西王母遣迎在積石臺。」詳前第五散位朱孺子條。西嶽公指黄盧子，可參該條。真誥卷十三亦提到介琰爲白羊公弟子。至於本經後條注釋説此數人「善禁劾」，據傳授三洞經戒法籙略説「東西禁文」條云：「其符，離合三皇文，白羊公、介君所受。制虎豹蟲狼，山川百精之鬼，不敢爲害。故馭虎攖蛇，即其事也，道士秘之焉。」

介琰白羊弟子。

【按】無上秘要卷八十三得地仙道人名品云：「介琰，白羊公弟子，爲孫權所殺，尸解去。入建安方山，並能禁劾。」搜神記卷一云：「介琰者，不知何許人也。住建安方山。從其師白羊公〔一〕。琰嘗往來東海，暫過秣陵，與吴主相聞。吴主留琰，乃爲琰架宫廟。一日之中，數遣人往問起居。琰或爲童子，或爲老翁，無所食啖，不受餉遺。吴主欲學其術，琰以吴主多内御，積月不教。吴主怒，

〔一〕此句後，搜神記有「杜受玄一無爲之道能變化隱形」數字，汪紹楹校注本謂後人據真誥等竄入，其説甚是，雲笈七籤卷一百一十引洞仙傳亦無，故本篇引用時删去。

敕縛琰，著甲士引弩射之。弩發，而繩縛猶存，不知琰之所之。」按，真誥卷十三謂杜契「學道，遇介琰先生，授之以玄白術」，小字注釋云：「琰即禁山符云爲孫權所殺，化形而去，往建安方山，尋白羊公。」

劉綱妻

【按】無上秘要卷八十三得地仙道人名品云：「劉綱妻，善氣禁劾召。」真誥卷十有女仙人劉綱妻口訣，小字注釋云：「綱妻出神仙傳，又虎豹符中。」據神仙傳卷六，劉綱與妻樊夫人俱得道術，皆通「檄召鬼神，禁制變化之道」。

嚴青並善禁氣。已上六人善禁劾。

【按】無上秘要卷八十三得地仙道人名品云：「嚴青，善劾召。」嚴青亦見神仙傳卷七，其略云：「嚴青者，會稽人也。家貧，常在山中燒炭，忽遇仙人云：汝骨相合仙。乃以一卷素書與之，令以淨器盛之，置高處，兼教青服石腦法。青遂以淨器盛書，置高處，便聞左右常有十數人侍之。每載炭出，此神便爲引船，他人但見船自行。後斷穀入小霍山去。」

陳仲林

道君

趙叔道三人蓋竹山中真人。

【按】無上秘要卷八十三得地仙道人名品云：「陳仲林、許道、居林子、趙叔道，此四人以漢末入竹葉山。」其中許道、居林子，與本經之道君，皆源於真誥卷四，云：「竹葉山中仙人陳仲林、許道居、尹林子、趙叔道，此四人並以漢末來入此山。叔道已得爲下真人，仲林大試適過，行復去。此是竹葉山中舊仙人也。」由文字判斷，似以真誥爲正確，無上秘要將許道居之「居」誤屬下字，而脱漏尹林子之「尹」，遂生造出許道與居林子。本經又脱「許」及「林子」三字，將「居」與「尹」合併成「君」，遂有道君之名。然真誥與無上秘要皆説四人，本經脱漏成三人，似可證明本經晚於無上秘要也。

王世龍 許遠遊師。

【按】無上秘要卷八十三得地仙道人名品云：「王世龍，許遠遊之師。」據真誥卷四，許邁（即許遠遊，亦即許映）入山，「遇良友王世龍、趙道玄、傅太初者。此數子始以晉建興元年渡江，入東山中學道耳，並與相見。數人之業，皆勝於映矣。映遂師世龍，授解束之道，修反行之法」。此即本條注釋所本。

趙道玄

傅太初 遠遊之交。

【按】無上秘要卷八十三得地仙道人名品云：「趙道玄、傅太初，此二人渡江，入臨海赤山中，許遠遊後隨之。」據上條引真誥卷四，此二人並是許邁道友。

龔幼節

李開林 遠遊代對者。

【按】無上秘要卷八十三得地仙道人名品云：「龍幼節、李開林，此二人許遠遊之友也。」據真誥卷四，當以龔幼節爲正。真誥謂，許邁遭遇三官考對時，「懼怖失膽」，幸賴「龔幼節、李開林助映爲答對」，此即本條小字注釋説「遠遊代對者」之意。

王少道

范叔勝

李伯山 三人童初府標表。

【按】無上秘要卷八十三得地真道人名品云：「王少道，漢山陽太守王遂兒。范叔勝，北地人，魏文帝黄門郎。李伯山，漢白馬令李沖父。此三人童初府、蕭閑堂中學。」真誥卷十三云：「其童初府有王少道、范叔勝、李伯山。皆童初府之標者。少道，漢時人，王遯兒也，漢時山陽太守。范叔勝，北地人也，魏文帝黄門郎。李伯山，李沖父也。沖，漢時爲白馬令，行陰德，或積世有道，中行所鍾。」

李仲文

傅知禮

【按】真誥、無上秘要卷八十三、八十四，皆無此兩人，亦不詳來歷。疑無上秘要卷八十三李伯山條「李沖父」句，被本經作者誤認爲「李仲文」三字；傅知禮或許源於無上秘要李伯山前一條「傅禮和」，「禮和」二字倒乙、訛寫，遂變成「傅知禮」。是否如此，不敢自信，姑存此説。

女真〔一〕　竇瓊英

【按】「女真」二字三本皆作標目，與前「左位」、「右位」平級，但考察其内容，從竇瓊英至傅（禮）和皆爲女真，而此後之杜契等又是男真，其中又夾有杜契女弟子孫寒華，再以後又以男真爲主。爲使眉目清晰，將「女真」與竇瓊英合併在一行。

無上秘要卷八十三得地真道人名品云：「竇瓊英，竇武妹。」真誥卷十三云：「易遷中有高業而蕭條者，有竇瓊英、韓太華、劉春龍、王進賢、李奚子、郭叔香，此數人並天姿鬱秀，澄上眇邈，才及擬勝，儀觀駭衆。此則主者之高者，仙官之可才。」無上秘要竇瓊英至施淑女十二人，次序皆與本經同，其末説：「此十二人高業才勝者。」與真誥説前六人「有高業而蕭條者」稍有不同，故按語分别條目。真誥卷十三云：「竇瓊英者，竇武妹也。其七世祖有名峙者，以藏枯骨爲業，以活死爲事，故祚及於英身矣。」

韓太華　安國妹，李廣利婦。

【按】無上秘要卷八十三得地真道人名品云：「韓太華，韓安國姊，李廣利婦。」真誥卷十三云：「韓太華者，韓安國之妹也，漢貳師將軍李廣利之婦也。利宿世有功德，利今亦在南宫受化。」小字注釋云：「廣利爲漢武名將，伐大宛時，所殺戮殊不少。以先世功德，遂能消之。韓氏字安國，家福

〔一〕真　説郛本無。

逮，不應闕李相扶。夫妻既同條，恐人脱致疑。是以復標別言之，亦或由因結致此也。」

可注意者，本經缺李廣利，與真誥説「利今亦在南宮受化」顯然不同；推究真誥小字注釋，雖然嫌李廣利「伐大宛時所殺戮殊不少」，而仍然肯定「夫妻既同條」；不特如此，無上秘要卷八十三得地真道人名品亦云：「李廣利，漢貳師將軍，有陰德，行忠孝，得道，在南宮受化。」與前引小字注釋説「夫妻同條」相合。此究竟是本經流傳過程中脱誤，或編撰者有意芟落，或與第七左位之李廣相混淆，不得而知。

劉春龍

【按】無上秘要卷八十三得地真道人名品云：「劉春龍，漢宗正劉奉先女。」真誥卷十三云：「劉春龍者，漢宗正劉奉先之女。」

李奚子

【按】無上秘要卷八十三得地真道人名品云：「李奚子，晉東平太守李忠祖母。」真誥卷十三云：「李奚子者，李忠之祖母也。忠，晉初東平太守。忠祖父田舍人耳，而多行陰德，常大雪寒凍，而不覆積稻，常露穀於園庭，恒恐鳥雀飢死，其用心如此。」

王進賢衍女。

【按】無上秘要卷八十三得地真道人名品云：「王進賢，晉尚書令王衍女，愍太子妃。」真誥卷十三云：「王進賢，王衍女也。」又云：「王衍爲晉武帝尚書令，其女字進賢，爲愍懷太子妃。洛陽亂，劉曜、石勒略進賢，渡孟津河，於河中欲妻之，進賢駡曰：我皇太子婦，司徒公之女，而胡羌小子敢欲干我乎。言畢，即投河中。其侍婢名六出，復言曰：大既有之，小亦宜然。復投河中。時遇嵩高女真韓西華出遊而愍之，撫接二人，遂獲内救。外示死形，體實密濟。便將入嵩高山，今在華陽宫洞内易遷之中。」

郭叔香

王脩母。」

【按】無上秘要卷八十三得地真道人名品云：「郭叔香，王脩母。」真誥卷十三云：「郭叔香者，

趙素臺熙女。

【按】無上秘要卷八十三得地真道人名品云：「趙素臺，漢幽州刺史趙熙女。」真誥卷十三云：「趙素臺在易遷宫中已四百年，不肯徙，自謂天下無復樂於此處也。趙素臺是趙熙女，漢時爲幽州刺史，有濟窮人於河中，救王惠等於族誅，行陰德數十事，故其身得詣朱陵，兒子今並得在洞天中也。熙恒出入在定録府，素臺數微服遊行道巷，盼山澤以自足矣。」

鄭天生鄧艾母。

【按】無上秘要卷八十三得地真道人名品云：「鄭天生，鄧伯母。」真誥卷十三云：「鄭天生，鄧芝母也。」小字注釋云：「鄧芝，字伯苗，南陽新野人，在蜀爲劉禪車騎將軍。後行見蝯抱子行，引弓射殺，因感念而亡。母不知鄭誰之女。」真誥同卷又云：「計與數人共止，最於鄧伯苗母相親愛，餘

亦厚耳。」前後不粘，不解所謂，據注釋，此「鄧伯苗母」亦指鄭天生。本經小注誤鄧芝爲鄧艾；無上秘要則「鄧伯苗母」脱漏「苗」字，成「鄧伯母」。

許科斗長史婦。

【按】無上秘要卷八十三得地真道人名品云：「許科斗，許長史婦，陶成女。」真誥卷二十説許謐「妻同郡陶威女，名科斗。興寧中亡，即入易遷宫受學」。許科斗即陶科斗，真誥中許科斗屢有降辭，大多稱「易遷」，卷八小字注釋説：「易遷即掾母，亡後得入易遷宫，因呼爲號。前所呼亦皆是也。」

李惠姑夏侯玄婦。

【按】無上秘要卷八十三得地真道人名品云：「李惠姑，齊人，夏侯玄婦。」真誥卷十二云：「李惠姑，齊人，夏侯玄婦也。」

張美子

【按】無上秘要卷八十三得地真道人名品云：「張姜子，西州人張濟妹。」真誥卷十二云：「張姜子，西州人張濟妹也。」似應以真誥及無上秘要作張姜子爲正。卷十三還提到，「張姜子等先在第二等中，亦始得入易遷耳」。

施淑女續女。

【按】無上秘要卷八十三得地真道人名品云：「施淑女，山陽人施續女。」真誥卷十二云：「施淑女，山陽人施續女也。」無上秘要從竇瓊英以來十二人，次序皆與本經同，施淑女之後總結説：「此十二人高業才勝者。」按，真誥施淑女之後説：「此數女子昔世有仁行令問，並得在洞中。」無上秘要云云，似化裁於此。

宋漂金母

【按】無上秘要卷八十三得地真道人名品云：「宋金漂女，乞伍子胥食，投水死者。」無上秘要將之與何充、李廣利、辛玄、比干、李善、務光合爲七人，屬於「南宫鍊化者」。真誥卷十六亦作「宋金漂女」，並用作「至貞」之人舉例，有云：「夫至貞者，紛華不能散其正炁，萬乘不能激其名操也。男言之，務光之行有似矣；女言之，宋金漂女是也。」小字注釋説：「宋女恐是子胥所逢，浣沙於漂水之陽者。後既投金以報之，故謂之金漂。漂字或應作溧字耳。」典故出吴越春秋，伍子胥出亡，經溧陽，遇「女子擊綿于瀨水」，因乞食，食竟，女子投水死。其後子胥在吴得志，「過溧陽瀨水之上，乃長太息曰：吾嘗飢於此，乞食於一女子，女子飼我，遂投水而亡。將欲報以百金，而不知其家。乃投金水中而去」。據吴越春秋，此女「獨與母居，三十未嫁」，故不當稱「宋漂金母」，而應以真誥、無上秘要之「宋金漂女」爲正。本經作「宋漂金母」，或是與救濟韓信之漂母混淆。

鮑靚妹

【按】無上秘要卷八十三、八十四皆無此，真誥卷十二云：「鮑靚，靚及妹，並是其七世祖李湛、張慮，本杜陵北鄉人也，在渭橋爲客舍，積行陰德，好道希生，故令福逮於靚等，使易世變練，改氏更生，合爲兄弟耳。根胄雖異，德蔭者同，故當同生氏族也。今並作地下主者，在洞宫中。」此應是本條之依據。

張微子

傅和 二人含真臺主。

【按】無上秘要卷八十三得地真道人名品云：「張微子，漢昭帝大匠張慶女。傅禮和，桓帝外甥，侍郎傅建女。此二人易遷館含真臺女真爲主。」真誥卷十三云：「含真臺洞天中皆有，非獨此也。此一臺偏屬太元府，隸司命耳。其中有女真二人總之，其一女真是張微子，漢昭帝時將作大匠張慶女也。微子好道，因得尸解法而來入此，亦先在易遷中。微子常服霧氣，自云霧氣是山澤水火之華精，金石之盈氣也，久服之，則能散形入空，與雲氣合體。微子自言受此法於東海東華玉妃淳文期，文期，青童之妹也。微子曾精思於寢静，誠心感靈，故文期降之，授以服霧之道也。服霧之道授微子，微子亦時以教諸學在含真、易遷中者。」又云：「其一女真是傅禮和，禮和是漢桓帝外甥，侍中傅建女也。北地人，其家奉佛精進，女常旦夕灑掃佛前，勤勤祝誓，心願仙化。神靈監其此心，亦得來此。久處易遷，今始得爲含真臺主也。常服五星氣以得道。禮和善歌，歌則鳥獸飛聚而聽聲焉。」如此則本經「傅和」，實爲「傅禮和」之脱訛。

山外其東者　杜契〔一〕

【按】無上秘要卷八十三得地真道人名品云："杜契，字廣平，京兆杜陵人，建安時渡江，受行玄白法，能隱形，居大茅山東。"真誥卷十三云："杜契者，字廣平，京兆杜陵人。建安之初，來渡江東，依孫策。入會稽，嘗從之。後爲孫權作立信校尉。黃武二年，漸學道，遇介琰先生，授之以玄白術，隱居大茅山之東面也。"同卷還提到杜契之友，杜契之男女弟子，引文詳後。需說明者，據真誥小字注釋"契音薛，即與舜同。契字四畫，契三畫，分毫有異也"。是"杜契"正寫當作"杜契"。因本經及無上秘要皆作"契"，遂不改。

徐宗度

晏賢生二人契友。

【按】無上秘要卷八十三得地真道人名品云："徐宗度，晉陵人呂悌司馬，善氣禁。晏賢生，步隲外甥。"真誥卷十三云："契與徐宗度、晏賢生合三人，俱在茅山之中，時得入洞耳。或自採伐，貨易衣糧於虛曲，而人自不知之耳。"又說："徐宗度，晉陵人，作孫皓左典軍呂悌司馬，受風谷先生氣禁。"

〔一〕山外其東者　杜契　三本皆連寫作"山外其東者杜契"，據無上秘要卷八十三，杜契至趙熙六人屬於"山外去來者"，真誥卷十三謂杜契"隱居大茅山之東面"，又說"此數子今處茅山之外"。但不論如何，"山外其東者"或"山外去來者"，皆是杜契等六人之標目，不當與杜契相連，因而空格分開。

禁道，故得契俱。晏賢生是步陟外甥，即宗度之弟子也。」

孫寒華女真。

陳世景二人契弟子。

【按】無上秘要卷八十三得地真道人名品云：「(杜契)一女弟子孫寒華，孫賁女。一男弟子陳世景，孫休侍郎。」真誥卷十三云：「契弟子二人，一人孫賁孫女寒華也，少時密與契通情。後學道，受介琰法，又以法受寒華。寒華初去時，先叛入建安，依邵武長張毅，毅即契通親，故得免脱，事平乃歸茅山耳。寒華行玄白法而有少容，今嘗俱處也。」又説：「其一弟子是陳世京。世京，孫休時侍郎，少好道，數入佛寺中，與契鄉里，故晚又授法。契初將寒華入建安之時，時亦同舉，實賴世京濟其密計焉。此數子今處茅山之外，非常在洞中之客也。」又云：「世京今服朮、澤瀉，寒華無所服。」其中，「陳世景」或「陳世京」，未詳孰是。

趙熙

【按】無上秘要卷八十三得地真道人名品云：「趙熙，漢幽州刺史，即素〔一〕父。」並説，從杜契以來，「此六人山外去來者」。趙熙亦見真誥卷十三，爲女真趙素臺之父，「漢時爲幽州刺史，有濟窮人於河中，救王惠等於族誅，行陰德數十事，故其身得詣朱陵，兒子今並得在洞天中也。熙恒出入

〔一〕素　應是「素臺」，詳前趙素臺條。

在定録府，素臺數微服遊行道巷，盼山澤以自足矣。」

方山下洞室主者〔一〕　張祖常

劉平阿

吕子華

蔡天生

龍伯高五人並處方臺。

【按】無上秘要卷八十三得地真道人名品云：「張祖常，彭城人。劉平河，漢末九江人。平河長行醫術救人。吕子華，山陽人，陰君弟子，師東卿。蔡天生，上谷人，少爲嘯父，遇河伯授道。龍伯高，後漢人，本隱士，師定録。此五人方山下洞主者。」其中，劉平河當從本經及真誥作劉平阿。真誥卷十四云：「有張祖常、劉平阿、吕子華、蔡天生、龍伯高，並處於方臺矣。」真誥依次介紹五人事蹟如下，云：「張祖常者，彭城人也。吴時從北來，得入此室。祖常託形墮車而死，故隱身幽館，而修守一之業。師事上黨鮑察者，漢司徒鮑宣五世孫也。察受道於王君。」「劉平阿者，無名姓，名姓不示人也。漢末爲九江平阿長，故以爲號。行醫術，有功德。救人疾病，如己之病。行遇仙人周正

〔一〕方山下洞室主者　三本皆以此單獨一條，據無上秘要及真誥，確定「方山下洞室主者」爲張祖常至龍伯高五人標目，故與張祖常連續，中空格分開。書末索引亦爲「方山下洞室主者」製作標目，以便檢索。

時，授以隱存之道，託形履帽，而來居此室。常服日月晨炁，顔色如玉，似年三十許人。」「呂子華者，山陽人也。陰君弟子，已服虹丹之液，而未讀内經，來從東卿，受太霄隱書而誦之。常以幽隱方臺爲樂，不願造於仙位也。」「蔡天生者，上谷人也。小爲嘯父，賣雜香於野外以自業贍，情性仁篤，口不言惡。道逢河伯少女，從天生市香，天生知是異人，再拜上一簷香。少女感之，乃教其朝天帝玉皇之法，遂以獲仙，託形舄杖，隱存方臺。少女今猶往來之也，天生師之。」「龍伯高者，後漢時人。漢伏波將軍馬援戒其兄子，稱此人之佳可法，即其人也。伯高後從仙人刁道林受服胎炁之法，又常服青餌方，託形醉亡，隱處方臺，師定録君也。」

謝稚堅

王伯遼

繁陽子何苗

馮良

郎宗

五人在鹿跡洞。

【按】無上秘要卷八十三得地真道人名品在鹿跡洞者九人，前六人與本經相同，但將繁陽子何苗分割爲繁陽子與何苗兩人，無上秘要云：「謝稚堅、王伯遼、繁陽子，漢越騎校尉。何苗，字叔達，即何進弟。馮良，南陽冠軍人，年六十乃學道。郎宗，字仲餒，北海安丘人，爲吴令。」真誥卷十四云：「鹿跡山中洞主有謝稚堅、王伯遼。繁陽子，號名耳，是漢越騎校尉何苗叔達也，進之同母弟。少好道，曾居河東繁山之南服食，故自號爲繁陽子。」真誥小字注釋對此亦無異議〔一〕，鑒於陶弘景對真誥内容之熟悉，一般而言，其不會將繁陽子割裂爲兩人，故無上秘要版本非出於陶弘景之手。如果本經確實晚於無上秘要版本，則表明本經作者對前一版本有所修訂。

真誥同卷還提到馮良、郎宗情況如下，云：「馮良，南陽冠軍軍人，少作縣吏，年三十爲尉從佐，迎督郵，自恥無志，因毁車煞牛，裂敗衣幘，遂去。從師受詩、傳、禮、易，復學道術、占候。家中謂已死，十五年乃還。整修志節，抗操嚴恪，州郡禮辟，不就。詔特徵賢良高第，半道委之，還家。時三公争讓位於良，遂不降就。年六十七，乃棄世東渡入山，今在鹿跡洞中。」「又有郎宗者，字仲綏，北海安丘人。少仕宦爲吴縣令，學精道術，占候風炁。後一旦有暴風經窗間，占知京師大火，燒大夏門。遣人往參，果爾。諸公聞之，以博士徵宗。宗恥以占事就，夜解印綬，負笈遯去。居華山下，服胡麻丸得道，今在洞中。」

王叔明

鮑元治

尹蓋婦　三人之外，餘三十人，並北山下絶洞。

【按】無上秘要卷八十三得地真道人名品云：「王叔明、鮑元治、尹蓋婦，此九人鹿跡華山絶洞

〔一〕真誥此段小字注釋只是對何進弟何苗事跡有不同看法，而未否定繁陽子爲何苗。

主者。」無上秘要中王叔明等三人與前郎宗等連續，故言「九人」。真誥卷十四云：「其餘其王叔明、鮑元治、尹蓋婦之徒，復二十餘人，並在北山，不能復一一記之也。此數人是絶洞諸山之主耳。此絶洞仙人，亦思得學道者，欲與之共處於洞室，困時無其人耳。」此見本經小字注釋説「北山」爲正，無上秘要稱「華山」爲謬。

辛玄子

自云禁元〔一〕中郎將，吴越鬼神之司。

【按】無上秘要卷八十三得地真道人名品云：「辛玄，字延期，隴西定谷人，辛隱之子，辛毗七世祖也。好道，行度秦川溺死。西王母、酆都北帝愍之，勑命三官，攝取形骸，還成人，度名南宫。今差領東海侯，禁元中郎將，爲吴越鬼神之司。」在無上秘要中，辛玄與何充、李廣利、宋金漂女、比干、李善、務光合爲七人，屬於「南宫鍊化者」。

辛玄子在真誥中多次降臨賦詩，卷十六乃叙其生平，云：「玄子，字延期，隴西定谷人，漢明帝時諫議大夫，上洛、雲中、趙國三郡太守辛隱之子。玄子少好道，遵奉法戒，至心苦行。日中菜食，鍊形守精，不遘外物。州府辟聘，一無降就。遊山林，棄世風塵，志願憑子晉於緱岑，侶陵陽於步玄，故改名爲玄子，而自字延期矣。不圖先世之多愆，殃流子孫。結眚刊於帝簡，運沉逮於後昆。享年不永，遂没命於長梁之津。西王母見我苦行，酆都北帝愍我道心，告敕司命，傳檄三官，攝取形

〔一〕元　原作「无」，據説郛本、秘册彙函本、真誥卷十六改。

骸，還魂復真。使我頤胎，位爲靈神。於今二百餘年矣。近得度名南宫，定策朱陵，藏精待時，方列爲仙。而大帝今且見差，領東海侯，代庾生。又見選補禁元中郎將，爲吴越鬼神之司。」隋書經籍志有靈人辛玄子自序一卷，兩唐書同，今不傳。

比干在戊山。

李善南陽人。

【按】無上秘要卷八十三得地真道人名品云：「比干，紂之叔父，剖心諫死，在戊山。李善，後漢家客，抱主兒逃難者，在少室。」真誥卷十六説至忠至孝之人，死後「皆受書爲地下主者」，有論云：「至孝者能感激鬼神，使百鳥山獸巡其墳埏也。至忠者能公犯直心，精貫白日，或剖藏煞身，以激其君者也。」並舉例云：「比干今在戊山，李善今在少室。」比干剖心，人所共知，小字注釋提到李善，云：「李善，字次遜，本南陽育陽李元家奴。漢建武中，元家人之死盡而巨富，唯存一孤兒名續祖，尚在孩抱。諸奴復共欲煞之而分其財，善乃密負續祖，逃瑕丘山中，哺養乳，乃爲生計。至十歲餘，出告縣令鍾離意，意於是表薦，悉收其群奴煞之，而立續祖爲家。光武拜善爲太子舍人，後遷日南、九江太守。」

務光

【按】無上秘要卷八十三得地真道人名品云：「務光，不受湯讓，投水死者。」真誥卷十六説至貞至廉之人，死後「受書爲三官清鬼」，經「二百八十年，乃得爲地下主者」，以後漸次升轉云云。其中「至貞」之人，乃以務光及宋金漂女作爲例證，云：「夫至貞者，紛華不能散其正炁，萬乘不能激其名操也。男言之，務光之行有似矣；女言之，宋金漂女是也。」

本經第三右位老聃條按語提到，無上秘要卷八十四得太極道人名品有二十七人「受行飛步之道，非盡太極，猶多有太清者」，認爲此名單與洞真上清太微帝君步天綱飛地紀金簡玉字上經名單有一定關係，後者共三十一人，較無上秘要多黄帝、桓成、務光、彭祖。洞真上清太微帝君步天綱飛地紀金簡玉字上經云：「務光步綱，身超紫庭。」據無上秘要之説，受行步綱之道者，「非盡太極，猶多有太清者」，則務光品秩不至於低至第六右位之最末，推測原因，大約是真誥既然明確將務光作爲死後僅得「受書爲三官清鬼」之舉例，則無上秘要本及本經之編輯者，皆不能無視真誥預設之品秩，將務光提升到更高位置。

第七中位

酆都北陰大帝 炎帝大庭氏，諱慶甲。天下鬼神之宗，治羅酆山，三千年而一替。

【按】無上秘要卷八十三得鬼官道人名品云：「慶甲炎帝，大庭氏，酆都北大帝君。」真誥卷十五謂，「羅酆山在北方癸地」有六宫，其中「鬼官之太帝者，北帝君也，治第一天宫中，總主諸六天宫」。安排酆都職官云：「炎慶甲者，古之炎帝也，今爲北太帝君，天下鬼神之主也。」晚出道經如上清靈寶大法，以北陰大帝爲酆都之主，太上老君説常清静經注謂北陰大帝是元始天尊化身等，皆受真誥，尤其是本經影響所致。

可注意者，與本經同時之别派經典如元始上真衆仙記，則有五方鬼帝之説，其中以「張衡、楊雲爲北方鬼帝，治羅酆山」。真誥卷十六小字注釋云：「又蘇韶傳云：揚雄、張衡等爲五帝。揚、張既非上聖，爵位亦卑，不應得與炎帝爲儔。復當或有小五帝不論耳。揚、張之事亦或不然也。」是知陶弘景亦注意到五方鬼帝之説，而不甚以爲然，可進一步詳五帝上相條按語。

又，國語晉語云：「昔少典娶於有蟜氏，生黄帝、炎帝。」文獻有以炎帝、神農合一人者，亦有各爲一人者；炎帝與大庭氏，是一是二，亦有争論。此涉及古史，皆可置而不論。而以炎帝名慶甲，即炎慶甲之説，今存文獻，似以前引真誥爲最早，疑非楊、許杜撰，或有所本，今亡佚耳。真誥此條有小字注釋云：「炎帝神農氏，造耕稼，嘗百藥，其聖功不減軒轅、顓頊，無應爲鬼帝。又黄帝所伐大庭氏稱炎帝，恐當是此，非神農也。」是知陶弘景已不明文獻出處。路史炎帝紀下乃云：「炎帝慶甲，帝柱之伯也。自帝慶甲至帝臨，書傳蔑記，不得其考。」注引緯書春秋命歷叙云：「炎帝八世，五百二十年。」今存春秋命歷叙佚文亦云炎帝八世，但未見各代名諱。又據路史本條後文批評真誥陶注云：「楊長史手録云：炎慶甲，古之炎帝也。楊君受旨書云：今爲北大帝君。隱居真誥乃疑其爲神農。又謂神農功高，無應而爲鬼帝，當是黄帝所伐大庭氏稱炎帝者。失之。」則羅泌路史所論炎帝慶甲，其所依據，應該就是真誥，而非本於更早之文獻。

左位

北帝上相秦始皇

【按】無上秘要卷八十三得鬼官道人名品云：「秦始皇，北帝上相。」秦始皇以後諸條，多數是上清派爲歷史人物分派之鬼神角色，主要來源於真誥，後世道經亦少採納。真誥卷十六云：「秦始皇今爲北帝上相。」

北帝太傅魏武帝

【按】無上秘要卷八十三得鬼官道人名品云：「曹操，北帝太傅，魏武帝。」真誥卷十六云：「魏武帝爲北君太傅。」此條小字注釋云：「北君則北斗君，周武王也。四明各有賓友，恐北斗君不置此職，當以太傅准之。魏武帝曹操，沛國譙人，英雄撥亂，匡定天下，封魏王，加九錫。獻帝建安二十五年正月病亡，年六十六。此年十月，魏文仍受禪，追贈太祖武皇帝也。」即真誥本意，乃是以曹操爲北斗君之太傅；陶弘景注釋，不以此論爲然，其「當以太傅准之」句，語意未完，似脱類似「北君恐是北帝」之類言論。無上秘要及本經皆取爲北帝太傅，而不遵真誥北君太傅之説。

五帝上相未顯。

【按】無上秘要卷八十三、卷八十四無此名號。此亦出於真誥卷十六，云：「諸有英雄之才，彌羅四海，誅暴整亂，拓平九州，建號帝王，臣妾四海者，既終，受書於三官四輔，或爲五帝上相，或爲四明公賓友，以助治百鬼，綜理死生者，此等自奉屬於三官，永無進仙之冀，坐煞伐積酷害生死多故也。」此五帝指地下之「五方鬼帝」，而上清派既以北陰大帝即北大帝君爲羅酆山最高主宰，並不與東南西中四帝匹配，故陶弘景針對真誥卷十六説上聖之德者死後，將「受三官書爲地下主者」，一千年後乃「轉補三官之五帝，或爲東西南北明公，以治鬼神」，專門注釋説：「酆都中所記，都無頓説五帝者，恐此如北帝之例，復有五耶。所以後言英雄者，爲五帝上相，而北帝有秦皇矣。」又説：「蘇韶傳云：揚雄、張衡等爲五帝。揚、張既非上聖，爵位亦卑，不應得與炎帝爲儔。復當或有小五帝不論耳。揚、張之事亦或不然也。」此則陶弘景爲調和真誥文本之前後抵牾，乃將此處之「五帝上相」曲解爲「小五帝」之上相，但仍不同意其他教派以「揚雄、張衡等爲五帝」。兹附録元始上真衆仙記所記五方鬼帝云：「蔡鬱壘爲東方鬼帝，治桃丘山。張衡、楊雲爲北方鬼帝，治羅酆山。杜子仁爲南方鬼帝，治羅浮山，領羌蠻鬼。周乞、稽康爲中央鬼帝，治抱犢山。趙文和、王真人爲西方鬼帝，治嶓冢山。」

西明公領北帝師周文王比少傅。

【按】無上秘要卷八十三得鬼官道人名品云：「周文王姬昌，西明公，領北帝師。」真誥卷十五云：「文王爲西明公，領北帝師。」小字注釋云：「文王名昌，禮云：年九十七亡。此父子並得稱聖德，而不免官鬼，雖爲煞戮之過，亦當是不學仙道故也。」真誥卷十又提到針灸、按摩數法，説：「酆都北帝有此數法，亦參於高仙家用也。又有曲折經，藏著西明公處。」小字注釋云：「周文王爲酆都西明公也。」

本經注釋西明公周文王「比少傳」，不見於真誥與無上秘要。其説疑本於真誥卷十六辛玄子降辭云：「周伯仁近見用爲西明公中都護，中都護如世太傅之官也。坐選鄧攸不平，左降爲中護，中護准少傅。」周伯仁即隸屬於西明公之「中護軍周顗」，真誥本意是周顗貶降爲中護軍，其秩相當於少傅。此究竟是注釋者訛誤，或「比少傅」三字原加在「中護軍周顗」條之後，傳刻錯簡，不得而知，而秘册彙函本、説郛本刻作「北少傅」，其謬尤甚。

賓友晉宣帝

【按】無上秘要卷八十三得鬼官道人名品云：「晉宣帝司馬懿，賓友。」真誥卷十六云：「晉宣帝爲西明公賓友。」小字注釋云：「司馬懿，字仲達，河内人也。魏世爲大將軍、太傅，嘉平三年病亡，年七十二，贈相國，謚宣文侯。晉武受禪，追謚高祖宣皇帝。」

中護軍周顗

【按】無上秘要卷八十三得鬼官道人名品云：「周伯仁，名顗，晉僕射，中都護。」真誥卷十五云：「周顗爲鬼官司命帥，今以鄧岳、程遐二人代，以其多事故也。」又，卷十六辛玄子降辭云：「周伯仁近見用爲西明公中都護，中都護如世太傅之官也。坐選鄧攸不平，左降爲中護，中護准少傅。」乃知周顗鬼官職位，原是「鬼官司命帥」，現降爲「西明公中都護」，應即本經所言之「中護軍」。卷十五小字注釋提到周顗人間簡歷，云：「周顗，字伯仁，汝南安城人。仕晉，過江位至尚書僕射。元帝永昌元年，王敦南下，遣收於石頭南門，被害，年五十四，追贈光禄開府，謚康侯。」

東明公領斗君師夏啟

【按】無上秘要卷八十三得鬼官道人名品云：「夏啟，禹子，東明公，領斗君師。」真誥卷十五云：「夏啟爲東明公，領斗君師。」句中「斗君」，指所謂「鬼官北斗君」。此條小字注釋云：「禹之子也，姓姒。竹書云：即位三十九年亡，年七十八。自崩滅後至今己卯歲，允二千四百二十五年。按司命説格：在位二千四百年，得上補九宫。如此，則宋元徽四年去矣。」此條注釋本於真誥卷十六，云：「夫有上聖之德，既終，皆受三官書爲地下主者；一千年，乃轉補三官之五帝，或爲東西南北明公，以治鬼神；復一千四百年，乃得遊行太清，爲九宫之中仙也。」此注亦見陶弘景仔細之處，其編注真誥在齊東昏侯永元元年己卯（公元四九九年），上推夏啟之卒，已經過二千四百二十五年，故斷言其在二十五年以前，即元徽四年（公元四七六年）已「得上補九宫」，故特别注言已於「宋元徽四年去矣」。

賓友孫策

【按】無上秘要卷八十三得鬼官道人名品云：「孫策，伯符，權之兄，賓友。」真誥卷十五云：「孫策爲東明公賓友。」小字注釋云：「孫堅長子，字伯符。漢末嗣父領衆，先制江東，乃欲定中國。拜討逆將軍，封吴侯。臨過江，輕獵，爲仇客所射，瘡發而亡，年二十六。弟權代任，後追謚長沙桓王。策初從東出，煞道士干吉，後照鏡見之，驚忿叫，故瘡潰而死。」

右師晨如世中書監。　**許肇**已度九宫位矣。

【按】三本皆以「右師晨」與「許肇」爲兩條，各有小注。據無上秘要卷八十三得鬼官道人名品云：「許肇，右師晨。」卷八十三得九宫道人名品云：「許肇，字阿，仙侯七世祖。先在酆都爲東明公右師晨。」真誥卷十六云：「許肇今爲東明公右帥晨。帥晨之任，如世間中書監。」此證明「右師（帥）晨」是許肇之職官，不當分割。又，卷十六小字注釋云：「許肇，字子阿，即長史七代祖司徒敬也。雖有賑救之功，而非陰德，故未蒙受化。既福流後葉，方使上拔，然後爲九宫之仙耳。此帥晨之官，四明亦並應有之。」則見陶弘景亦認可許肇曾經爲東明公右帥晨。故本經之原本應以「右帥晨許肇」立條，注釋者將之一剖爲二，後世沿誤。今將本經大字恢復原狀，書末索引亦以「右帥晨許肇」立標目，但小字注釋仍各自插入「右師晨」與「許肇」之間。

本經第五右位倒數第二先有許肇條目，此又重出；第五右位倒數第一已有許副條目，本經後文亦重出南彈方侯許副。考無上秘要卷八十三亦在「得九宫道人名品」及「得鬼官道人名品」處兩出許肇、許副，與本經同。安排許肇、許副入九宫，顯然違背真誥原意。卷十六云：「許肇今爲東明公右帥晨。」卷十五云：「許長史父（即許副）今爲彈方侯。」無上秘要卷八十三得九宫道人名品解釋説：「此二人，仙侯既修大洞，今並已上補九宫之仙。」此即兩書重出二許之理由。陶弘景似乎認可這一解釋，故他在卷十六小字注釋中説：「（許肇）既福流後葉，方使上拔，然後爲九宫之仙耳。」陶説稍迂曲，大意是，許肇之福澤蔭澤於許謐、許翽父子，因二許之勳業卓著，許肇作爲遠祖，又返轉受益，遂上升九宫。此與無上秘要説，因爲有許謐修持大洞真經，許肇、許副遂得上補九宫，只是詳略之差。

南明公召奭 一云東明公，已度九宫右保公〔一〕。

【按】無上秘要卷八十三得鬼官道人名品云：「邵奭，南明公，一云東明公。」真誥卷十五云：「邵公奭爲南明公。」而卷十六又云：「邵奭爲東明公，云行上補九宫右保公。」陶弘景亦惑於此，曲爲解釋説：「前云邵爲南明公，今乃是東。若非名號之誤，則東南之差。既尋當遷擢，則必應是啟，中君脱爾云邵耳。亦可是有甘棠之德，故不限其年月耳。」又，卷十五小字注釋云：「邵公名奭，文王庶子，食采於邵，封於燕國。按周公、邵公、太公俱佐命剋紂，公在不殊。而周公有聖德，仙鬼之中，並無顯出。太公執旄秉鉞，威罰最深，乃載出列仙。邵公恩流甘棠，翻爲鬼職，亦復難了。」皆當各緣其根本業分故也。酆都唯有六宫，而周文王父子頓處其三，明周德之崇深矣。進一步討論，可參本經第五右位右保召公奭條注釋。

賓友漢高祖

【按】無上秘要卷八十三得鬼官道人名品云：「漢高祖劉季，賓友。」真誥卷十六云：「漢高祖爲南明公賓友。」小字注釋云：「劉邦，字季，沛郡豐人。起自布衣，伐秦平項，創漢之基。即位十二年

〔一〕公　説郛本、秘册彙函本並作「宫」。

病亡，年六十二。」

北明公吳季札吳王壽夢之子，闔閭之叔，延陵季子。

【按】無上秘要卷八十三得鬼官道人名品云：「吳季札，吳王壽夢之子，闔閭叔，姬[一]，北明公。」真誥卷十五云：「吳季札爲北明公。」。小字注釋云：「吳王壽夢之少子，闔閭之叔父，太伯之後也，亦姬姓。讓國居乎延陵，今季子廟是也。」

賓友荀彧字文若，魏武謀臣，漢尚書令。

【按】無上秘要卷八十三得鬼官道人名品云：「荀彧，字文若，漢尚書令，賓友。」真誥卷十六云：「荀彧爲北明公賓友。」小字注釋云：「荀彧，字文若，潁川人。漢末爲尚書令，有風儀識鑒。初爲魏武謀臣，欲以安漢社稷。被疑懼，服藥自盡，年五十。謚敬侯，追贈太尉。荀之列在賓友，亦如延陵之匹四明，位雖非亞，而德望賢矣。」

趙叔臺

王世卿[二]未顯。

【按】無上秘要卷八十三、卷八十四無此名號，真誥卷一提到此二人云：「昔有趙叔臺、王世卿，

[一] 姬　據真誥，疑應作「姬姓」。

[二] 卿　説郛本、秘册彙函本作「鄉」。

亦言篤學，而竟不如人意，遂爲北明公府所引。」

此四明，主領四方，各治一天宫，在職一千六百年得補仙官，其餘職[一]不得矣。

【按】無上秘要卷八十三得鬼官道人名品中無此語，真誥卷十五云：「鬼官之太帝者，北帝君也，治第一天宫中，總主諸六天宫。餘四天宫，其四明公各在其中治。」又云：「四明公復有賓友四人，然此四公後並當升仙階也，四明主領四方鬼。」至於四明公得補仙官之年限，卷十六説，上聖之德之人卒後，受三官書爲地下主者，經一千年，乃轉補三官之五帝，或爲東西南北明公，「復一千四百年，乃得遊行太清，爲九宫之中仙也」。與本經説「一千六百年」略異。

鬼官北斗君周武王治一天宫。

【按】無上秘要卷八十三得鬼官道人名品云：「周武王，文王子，名發，鬼官北斗君。」真誥卷十五云：「武王發，今爲鬼官北斗君。」小字注釋云：「文王之子周武王也。姓姬名發，伐殷紂而爲天子，即位二年崩。禮云年九十三，竹書云年四十五。」

據真誥卷十五説，羅酆山有六天宫，北帝君與四明公各居其一，另一宫，即第四恬昭罪氣天宫爲鬼官北斗君所居，並説：「鬼官北斗君，乃是道家七辰北斗之考官。此鬼一官又隸九星之精，上屬北晨玉君。」又説：「鬼官之北斗，非道家之北斗也，鬼官别有北斗君，以司生殺爾。」此即小字注

[一] 餘職　説郛本作「他」，秘册彙函本作「餘」。

釋「治一天宫」之意。

三官都禁郎齊桓公姓姜，名小白。

水官司命晉文公姓姬，名重耳。

【按】無上秘要卷八十三得鬼官道人名品云：「晉文公，姓姬，名重耳，水官司命。齊桓公，姓姜，名小白，三官都禁郎。」真誥卷十六云：「齊桓公今爲三官都禁郎，主生死之簡録；晉文公今爲水官司命。」

大禁晨二人，位比尚書令　漢光武帝

孫文臺名堅。

【按】三本皆以「大禁晨二人位比尚書令」單列一行，據真誥，「大禁晨」等語乃是漢光武帝等職官標目，因合併爲一行，中間空格分開，書末索引僅以「漢光武帝」立標目；此後「中禁二人位比中書令監」與「顔懷」，亦作同樣處理，不復詳注。

無上秘要卷八十三得鬼官道人名品云：「劉秀，漢光武，大禁晨。」未提到孫文臺即孫堅，疑是脱漏。真誥卷十五云：「又有大禁晨二人，如今尚書令。漢光武及孫文臺二人居之。」小字注釋云：「光武劉秀，字文叔，高祖八代孫，起兵討王莽、赤眉，平定天下。即位三十三年病亡，年六十三。孫堅，字文臺，吴郡人，策父也。袁術表爲破虜將軍、豫州刺史，討董卓。後伐劉表，初平二年，爲表將軍黄祖部下人所射亡，年三十七。堅雖忠烈而位微，今與天子同職，亦似韓遂之匹玄德也。」

中禁二人，位比中書令監　顏懷字思季。

楊彪字文光。

【按】無上秘要卷八十三得鬼官道人名品云：「顏懷，字思季，中禁晨。」與上條情況一樣，無上秘要未提到楊彪，疑是脱漏。真誥卷十五云：「又有中禁晨，如今之中書令監，有二人，顏懷、楊彪二人居之。懷字思季，彪字文先者。」小字注釋云：「顏懷，字思季，未得此人。楊彪，字文先，弘農人。漢司空楊修父也。值董卓悖亂，扶濟獻帝，東西危苦，備經三司，至魏文黃初六年乃亡，年八十四。」

北帝南朱陽大門靈關侯郗鑒〔一〕先是高明司直，郗鑒今爲之，位比尚書僕射。

【按】三本從「北帝」至「尚書僕射」連爲一句，均作大字，與本經體例不合，推求淵源，似本於無上秘要卷八十三得鬼官道人名品云：「郗鑒，先是北帝南朱陽天門靈關侯，今爲高明司直，晉司空。」故勉强將「北帝南朱陽大門靈關侯郗鑒」作爲大字正文，以「先是高明司直郗鑒今爲之位比尚書僕射」爲小字注釋也。

然本經説法與真誥實有不同，真誥卷十六云：「郗南昌公，先爲北帝南朱陽大門靈關侯，後又轉爲高明司直。昔坐與劉慶孫争，免官。高明司直，如世尚書僕射。」事件見於卷八，云：「小君説

〔一〕郗　原誤作「郄」，據晉書郗鑒傳改，本經後文第七右位重出者亦同改。

言：郗鑒今在三官，爲劉季姜所訟，爭三德事。」其後果見卷十五，云：「南門亭長，今用周撫代郗鑒。」此即卷十六説「爲北帝南朱陽大門靈關侯」，又「昔坐與劉慶孫爭，免官」。至於卷十六説郗鑒「今始當復職也」，究竟復職爲「南朱陽大門靈關侯」，或復職爲「高明司直」，卷十六小字注釋説：「前云郗爲南門亭長，亭長恐即靈關之職。既以周撫代，故得轉司直。而郭長翔靈語亦云：郗公甚屈，爲天門亭長。舊選常用州征二千石，未有三公作也。如此所以得速遷。」是其所復之職似亦應爲「高明司直」，而非「南朱陽大門靈關侯」，本經有誤。

真誥卷十五小字注釋介紹郗鑒説：「郗鑒，字道徽，高平人，即愔父也。永昌元年，率諸流民來渡江東。後討平王敦，封高平公，又爲車騎大將軍、兖州刺史，鎮廣陵，復鎮徐州。蘇峻平，拜司空，改封南昌公，猶鎮京口城。咸康五年病亡，年七十一也，贈太宰，謚文成公也。」

右禁監謝幼輿名鯤，晉官太常。

司馬鄭嶽

【按】無上秘要卷八十三得鬼官道人名品云：「謝幼輿，名鯤，左禁監，晉太常。」無上秘要未見鄭嶽、鄭岳、鄧岳，當是脱漏。其中鄭嶽，真誥寫作鄧岳。真誥卷十六云：「左禁監是謝幼輿，以鄧岳爲司馬。」小字注釋云：「此則准左衞將軍也。幼輿名鯤，即謝安伯，謝尚之父也。爲王敦長史、豫章郡太守。年五十三病亡，贈太常，謚康侯。鄧岳已在前，而云代周顗爲司馬帥耳。」所謂「在前」云云，即真誥卷十五云：「周顗爲鬼官司命帥，今以鄧岳、程遐二人代，以其多事故也。」小字注釋云：「鄧岳，字伯山，陳郡人，討郭默有功，咸康初爲平南將軍、廣州刺史，於州病亡。」並補充説：「辛玄子後云鄧岳爲謝幼輿司馬，此當是已遷也。」

右禁監侍帝晨庾元規名亮，晉時位比侍中，領右衛；又云，元規前爲中衛大將軍。

司馬馮懷字相思，晉太常。

華歆

長史虞翻字長翔，武昌人，庾亮江州引爲上佐，不就。

【按】無上秘要卷八十三得鬼官道人名品云：「郭長翔，武昌人，長史。華歆，魏司徒，太尉司馬。庾亮，字元規，右禁監侍帝晨，晉太尉。司馬馮懷，字祖恩，晉太常。」真誥卷十六云：「庾元規爲北太帝中衛大將軍，取郭長翔爲長史，以華歆爲司馬。此所謂軍公者也，領鬼兵數千人。」然同卷引辛玄子語云：「庾生者，晉庾太尉也，北帝往用爲撫東將軍，後又轉爲東海侯。今又用爲酆臺侍帝晨右禁監。近取馮懷爲司馬。侍帝晨如今世侍中，右禁監如世右衛將軍而甚重。」兩説顯然不同，兩處小字注釋亦折衷其説，一云：「辛玄子所説與此大異，恐是受有前後，或能幾被迴換故耳。」另一處云：「如説，與前大異，當是後遷侍中領衛，便是勝中衛將軍也。帝晨無司馬，此是右禁之職耳。」本經似綜合兩説，以馮懷與華歆皆爲司馬；但未知何故，本經將郭翻寫作虞翻。太平廣記卷三百二十一有郭翻故事，未注出處。故事大意云：晉郭翻，字長翔，武昌人，昔時庾亮欲取爲上佐，不就。死後數日，其少子忽如中惡狀，不復識人，作靈語，音聲如其父，與人問答。此即真誥注釋數次提到之郭長翔靈語。至於本經虞翻，大約是淺人根據三國志吴書有虞翻字仲翔，臆改所致。然虞翻會稽人，年代亦稍早，與郭翻顯非一人。因本經三種版本皆寫作虞翻，故不改動，僅説明如上。

真誥卷十六小字注釋皆提到此數人簡歷，云：「庾亮，字元規，潁川人，咸和中爲征西將軍，江、荆、豫三州刺史，鎮武昌。咸康六年，於鎮病亡，年五十二。贈太尉，謚文康公。未病時，乃獨見陶侃乘輿來讓之，於此得病而亡。」「馮懷，字祖思，長樂人。晉成帝時爲太常散騎常侍，卒追贈金紫光禄階也。」「華歆，字子魚，平原人，爲豫章太守，同孫策。策亡，從魏武帝，歷顯位，爲司徒、太尉，封博平侯。太和五年亡，年七十五，謚敬侯。」「郭翻，字長翔，武昌人，少有高志，庾欲引爲上佐，不肯就。亡後與其兒靈語云：庾公作撫東大將軍，治在東海之東，統十萬兵，取吾爲司馬。問者本欲取謝仁祖，選官以爲資望未足，蔣大侯先取爲都尉，是以拘逼王長豫爲長史，委以軍事，甚有高稱。又云：王丞相爲尚書令，大用事，決萬機。」

後中衛大將軍孔文舉名融。

長史唐周爲吴尚書。

司馬張繡後漢將軍。

【按】無上秘要卷八十三得鬼官道人名品云：「孔文舉，名融，魯國人，後漢中衛大將軍。唐固，長史，吴尚書僕射。張繡，司馬，後漢將軍，中衛大將軍。」其中唐固，據真誥亦作唐固，本經作唐周，疑誤。真誥卷十六云：「孔文舉爲後中衛大將軍，以張繡爲司馬，唐固爲長史。」小字注釋云：「孔融，字文舉，魯人。孔子二十代孫，漢末名士。爲北海太守，後爲曹公所害。張繡，武威人，濟從子也。漢末因亂起兵，後降魏武，爲破羌將軍，從征烏丸，未至柳城亡，謚定侯。唐固，字子正，丹陽句容人，修身謹行，博學儒術，注國語、公羊、穀梁傳。孫權黄武四年，爲尚書僕射，年七十餘病亡耳。」

監海伯治東海、**温太真**位比大將軍。

長史杜預晉征南將軍，注左傳〔一〕。

【按】三本皆以「監海伯治東海温太真位比大將軍」爲大字，與本經前後叙述體例不合，因調整「治東海」、「位比大將軍」爲小字注釋文，書末索引亦取「監海伯温太真」爲正式標目，「温太真」爲參見條目。

無上秘要卷八十三得鬼官道人名品云：「温太真，名嶠，監海開國伯，治東海〔二〕。晉驃騎。杜預，長史，晉安南將軍。」真誥卷十五云：「温太真爲監海開國伯，治東海。近取杜預爲長史，位比大將軍長史。」小字注釋云：「温嶠，字太真，太原祁人，仕晉爲江左平南將軍、江州刺史。

〔一〕注左傳　原作「位左傳」，真誥卷十五小字注釋作「博識多智，注春秋」，説郛本作「注左傳」，據後者改。

〔二〕海　原無，據真誥卷十五正文補。

下平蘇峻，位至驃騎將軍開府，封始安公。咸和四年病亡，年四十二。贈大將軍，謚忠武公。杜預，字元凱，京兆杜陵人。博識多智，注春秋。仕晉，起家尚書郎，位至都督荊州，鎮襄陽。伐吴有功，封當陽侯。太康五年還洛，於鄧縣病亡，年六十三，葬洛陽。贈征南大將軍，謚成侯。」

北帝侍晨八人，位比侍中　徐庶字文直。

龐德字令明。

爰榆字世都。

李廣漢將。

王嘉

解結字叔連。

何晏字平叔。

殷浩字淵源。

【按】三本皆以「北帝侍晨八人，位比侍中」單列一行，據真誥，「北帝侍晨」等語乃是徐庶等職官標目，因合併爲一行，中間空格分開，書末索引僅以「徐庶」立標目。此後「河北侯二人」與「劉備」，亦作同樣處理，不復詳注。

無上秘要卷八十三得鬼官道人名品云：「徐庶，字元直，薦諸葛孔明者。龐德，字令明，魏武將。夏瑜，字世都，晉武中書監。王嘉，蜀人，不臣公孫述者。何晏，字平叔，魏尚書，善老易者。李廣，漢武名將。解結，字仲連，晉尚書。殷浩，字淵源，晉荆揚刺史。」並說：「此八人，北帝侍帝晨。」其中夏瑜本經作爰榆，真誥作爰愉，晉書作爰俞，亦作爰瑜。真誥卷十五云：「侍帝晨有八人，徐庶、龐德、爰愉、李廣、王嘉、何晏、解結、殷浩。並如世之侍中。」小字注釋云：「李廣，漢武驍騎將軍，征匈奴時，被吏譴，憤慨自刎而死。王嘉，蜀郡人，平帝時爲郎中，至王莽，乃棄官還鄉。不肯臣公孫述，伏劍而死。徐庶，字元直，潁川人，薦諸葛亮於劉備。後魏武虜其母，乃歸魏，仕至中丞，明帝太和中病亡。龐德，字令明，南安人，隨張鎮南降魏武，拜立義將軍。屯樊城，爲關羽所害，謚壯侯，迎喪葬鄴，身首如生。爰愉，字世都，濮陽人，有才辨，多術藝。事晉武，辟司徒魏舒府，位至侍中、中書令監。解結，字稚連，濟南人，係弟也。一仕晉黄門侍郎、中丞、荆、豫州刺史、尚書。趙王倫時爲孫秀所害也。」卷十五又云：「殷浩侍帝晨，與何晏對。」小字注釋云：「殷浩，字淵源，陳留長平人。康帝建元初，爲楊州刺史，永和六年，進中軍將軍都督五州。北伐姚襄，敗還，爲桓温所廢。徙東陽，永和十二年以憂亡。善能譚論，故與何晏對也。晏，字平叔，何進孫。善言玄理，位至侍中、尚書。黨曹爽，爲司馬宣王所誅。」

四明公北斗君各有侍帝晨五人未顯姓名。

【按】無上秘要無此句，其說出自真誥卷十五，云：「四明公及北斗君並有侍帝晨五人，其向者八人，是北大帝官隸耳，選用亦同。」意爲東南西北四明公，及北斗君，各有侍帝晨五人，「向者八人」即上條徐庶等北帝之侍帝晨八人。因此二十五人無姓名可稽考，故篇末仍以「四明公北斗君各有侍帝晨五人」爲標目。其後之「脩門郎八人」、「西門郎十六人」皆仿此例，不復注明。

河北侯二人　劉備字玄德。

韓遂

右此職統屬仙官。

【按】無上秘要卷八十三得鬼官道人名品云：「劉備，字玄德，爲蜀帝者。韓遂，字文約，爲魏所伐者。此一人北河侯。」據真誥卷十五正文及注釋，當以「北河侯」爲正；但「此一人」當爲「此二人」。真誥卷十五云：「玄德今爲北河侯，與韓遂對統，今屬仙官。」小字注釋云：「仙官又有北河司命禁保侯，亦司三官中事，乃隸東華宫，保命君領之。此則是北河侯，必是相統屬矣。劉備，字玄德，涿郡人，初起義兵，後遂據蜀，稱尊號，三年病亡，年六十三，謚昭烈皇帝。尋於時同爲三國之主，魏武、孫策，今位任皆高。劉此職雖小而隸仙官，其優劣或可得相匹也。韓遂，字文約，某某人。漢末阻兵，構亂西土。建安二十五年，魏武伐之，奔金城之内，爲其將趨演等所害。遂乃驍雄而未免寇難，乃得與劉備對仕，殊爲不類。兼隸仙官，益復超顯也。」

右位

中厩直事四人，如世尚書　**戴淵**字若思，晉驃騎。

公孫度字叔濟〔一〕，王遼東。

郭嘉

劉封備養子。

【按】三本皆以「中厩直事四人，如世尚書」單列一行，據真誥，「中厩直事」等語乃是戴淵等職官標目，因合併爲一行，中間空格分開，書末索引僅以「戴淵」立標目。

無上秘要卷八十三得鬼官道人名品云：「戴淵，字若思，晉驃騎。公孫度，字昇濟，晉末僭王。劉封，備養子。郭嘉，字奉孝，魏武謀臣。此四人中厩直事。」四人姓名職事皆見真誥卷十五，其略云：「又有中郎直事四人，如世之尚書也。戴淵、公孫度、劉封、郭嘉，今見在職。封者，是玄德之養子。」小字注釋云：「此職應是太帝領僚，如今散曹尚書耳。戴淵，字若愚，廣陵人也，仕晉，歷位至護軍、尚書僕射、驃騎將軍，與周顗俱爲王敦所害，贈光禄，謚簡侯。公孫度，字叔濟，遼東人，淵之祖也。初爲遼東太守，建安中，遂僭號稱王，建天子羽儀，傳國子康，至孫淵，被司馬宣王所煞。劉

〔一〕濟　原字漫漶，據三國志、真誥、無上秘要補。

封，本羅侯寇氏子，劉備未有兒，養爲息。性剛猛，有氣力武藝。後建節度，賜死。此異族爲嗣，亦是仍得襲姓也。郭嘉者，字奉孝，潁川陽翟人，魏武謀臣，爲軍謀祭酒。病亡，年三十八，謚真侯也。」

北帝南門亭長二人　郗鑒

周撫字道和，代郗鑒。

【按】三本皆以「北帝南門亭長二人」單列一行，其中，道藏本、説郛本皆與前「中厩直事四人如世尚書」同例，抵格，秘册彙函本則低一格，今仍以「北帝南門亭長二人」爲郗鑒等職官標目，因合併爲一行，中間空格，書末索引僅以「郗鑒」立標目。此後「北天修門郎二人」、「北斗君天門亭長二人」，情況皆同，不復注明。

關於郗鑒在冥中之職官，可參本經第七左位「北帝南朱陽大門靈關侯郗鑒」條按語；無上秘要卷八十三得鬼官道人名品則以周撫、田銀、虞譚、紀瞻等四人爲北斗南門亭長，亦不全遵從真誥之説。真誥卷十五云：「南門亭長，今用周撫代郗鑒。一門有二亭長，輒有四修門郎，一天門凡八修門郎也。」如此似以本經標目「北帝南門亭長二人」爲妥，然既以「周撫代郗鑒」，則本經周撫與郗鑒並列爲南門亭長，亦不妥帖。此難於究詰，只能仍之。郗鑒事跡見前，周撫則見真誥卷十五小字注釋，云：「周撫，字道和，潯陽柴桑人，周魴子也。先爲王敦將，東下伐都，事敗，與鄧嶽俱走西陽蠻中。敦被殺，赦出，又爲將討蘇峻。後伐蜀平李勢，封建成公，爲鎮西將軍、益州刺史，乃三十許年，興寧三年病亡，贈征西將軍，謚襄公。」

北天脩門郎二人　虞諱

紀瞻

【按】無上秘要卷八十三得鬼官道人名品以周撫、田銀、虞譚、紀瞻等四人爲北斗南門亭長，有云：「周撫，字道和，晉益州刺史。田銀，先亦爲之銀〔一〕，魏河間太守。虞譚，字思奥，晉衛將軍。紀瞻，字思遠，晉驃騎。此四人北斗南門亭長。」真誥卷十五云：「紀瞻本爲撫河將軍司馬，今爲北天修門郎，代田録。瞻與虞潭更直，一日守天門。」本經與真誥相符。本經之虞諱，無上秘要、真誥作虞潭，據晉書，當以虞潭爲正。真誥小字注釋云：「北天猶應是北帝門也。紀瞻，字思遠，丹陽句容人，初仕吴爲中郎將，吴平還洛，舉秀才，稍遷爲會稽太守，還侍中、尚書僕射、驃騎將軍。泰寧三年病亡，年七十二，贈開府，謚穆侯。田録，魏武帝時爲程昱參軍，後爲河間太守。反叛，爲閻柔所破爾。虞潭，字思奥，會稽餘姚人，即虞翻孫也。位至衛將軍、右光禄、開府、武昌侯。咸康八年病亡，年七十，贈光禄，謚孝列侯也。」

本經前後皆缺田銀，似是編書時脱漏。若以真誥爲據，前條北帝南門亭長二人，似可取周撫與

〔一〕先亦爲之銀　據道藏本真誥卷十五，田銀作田録，其後小字注釋亦稱田録，然據三國志曹仁傳，則寫作「田銀」，故疑此句或作：「田銀，先亦爲之録，魏河間太守。」

田銀，蓋真誥言紀瞻代田録（銀），則可以設想田銀已經由北天修門郎升爲南門亭長，與周撫並列，此則可避免郗鑒重出。此或無上秘要以周撫、田銀、虞譚、紀瞻等四人爲「北斗南門亭長」之本意；甚至有可能無上秘要所據之底本，在周撫、田銀後有「此二人北斗南門亭長」句，在虞譚、紀瞻後有「此二人北天修門郎」句，傳寫訛誤，變爲今本在周撫、田銀、虞譚、紀瞻後有「此四人北斗南門亭長」字樣。推測難於坐實，姑附記於此。

脩門郎八人北斗君門亦有此職，姓名並[一]未顯。

【按】無上秘要無此名號，其説殆本於真誥卷十五云：「一門有二亭長，輒有四修門郎，一天門凡八修門郎也。門郎爲天門亭長下官，此是北帝門也。」小字注釋云：「後云，主南北門籥，則一宫有二天門也。蘇韶傳云：修門郎有八人。乃言顔淵、卜商。今見居職，恐此不然。」本經據此不顯諸修門郎姓名。

北斗君天門亭長二人　臧洪字子源。

王放晉中書郎。

【按】無上秘要卷八十三得鬼官道人名品云：「臧洪，字子源，後漢末東郡太守。王波，晉尚書令史。臧洪等二人，北斗君天門亭長。」真誥卷十五云：「北斗君天門亭長今是臧洪，臧洪代隗囂。

〔一〕並　説郛本及秘册彙函本皆無此字。

又一人是王波，新補。」小字注釋云：「臧洪，字子源，廣陵射陽人，慷慨有節義。漢末，洪舉義兵，誅董卓，後爲青州及東郡太守。背袁紹，紹攻圍，食盡被擒，乃害之。隗囂，字季孟，天水人，有才德，爲物所附。前漢末，據隴西自稱王，建武元年，光武伐之，憤逼得病，兼餓，遂亡。王波，渤海人也，晉尚書令史，有才能，投石虎爲中書監，被殺。」隗囂，本經未顯，無上秘要亦缺。王放，真誥及無上秘要皆作王波，據晉書等，當以王波爲正。

期門郎王允之王敦堂弟。

謝鳳

【按】無上秘要卷八十三得鬼官道人名品云：「王允之，王敦同堂弟，期門郎。」無上秘要及真誥皆無謝鳳，疑是謝奉。真誥卷八小茅君降辭云：「欲取謝奉補期門郎，而今已有兼人，北帝故權停之耳。近差王允之兼行得代。奉若服朮酒，可未便恭命也。」小字注釋云：「謝奉，字弘道，會稽人。仕至吴郡丹陽尹、吏部尚書。王允之，敦同堂弟王舒子，有智幹，爲南中郎將、江州刺史，遷衞將軍、會稽内史，封番禺侯。年四十亡，謚忠侯。」

典柄侯范明

周魴字子魚，主察試。

北帝執蓋郎顧和字君孝，晉吏郎尚書。

【按】無上秘要無范明，有後兩人，卷八十三得鬼官道人名品云：「顧和，字君孝，北帝執蓋郎，晉吏部尚書、領〔一〕軍。周魴，字子魚，典柄侯，吴鄱陽太守。」本經乃是綜合真誥本文及注釋而成，真誥卷十五云：「顧和從遼東戍還，有事已散，北帝當用爲執蓋郎。執〔二〕蓋郎范明遷補典柄侯。」小字注釋云：「顧和，字君孝，吴郡人，少孤，有志操，仕晉爲吏部侍郎、御史中丞、吏部尚書、領軍、尚書僕射、尚書令。永和七年病亡，年六十四，贈侍中司徒，謚穆公。外書不顯范明，唯前漢有范明友，恐非是此人。又誥試許先生者，稱典柄侯周魴，主非使者嚴白虎。尋典柄侯，猶應是典柄，呼之脱到爾。周魴，字子魚，吴郡陽羨人，周處父也。仕吴爲鄱陽太守，甚有威惠。」注釋提到「誥試許先生」云云，見卷四，云：「時三官都禁左郎遣典柄侯周魴、主非使者嚴白虎，來於赤山中，即欲執之以去，且詰其罪狀。」

部鬼將軍王廙字世將，晉時荆州刺史。

【按】無上秘要卷八十三得鬼官道人名品云：「王廙，字世將，部鬼將軍，晉荆州刺史。」真誥卷十六云：「王廙爲部鬼將軍。」小字注釋云：「廙，字世將，瑯琊人，修齡父也。多才藝，攻書，善屬文，解音聲。位至平南將軍、荆州刺史。年四十七病亡，贈驃騎，謚康侯也。」

〔一〕領　原作「領」，據文意改。

〔二〕執　原無，據文意補。

殺鬼、地殃〔一〕**、日遊**三鬼，北帝常使殺人，無姓名。

【按】無上秘要卷八十三得鬼官道人名品云：「殺鬼、地殃、日遊三鬼，北帝常使殺人者，無姓名。」其説見真誥卷十五，謂有鮑助其人，偶得叩齒之法，壽命百二十七歲，其間北帝「亦比遣煞鬼及日遊、地殃使取之，而此數煞鬼終不敢近助」。書末索引仍以「殺鬼地殃日遊」爲標目。

西門郎十六人未顯，主天下房廟血食之鬼，亦應隸四明公。

【按】無上秘要無此，其説乃見真誥卷十五，云：「西明郎十六人，主天下房廟鬼之血食。」小字注釋云：「此郎亦應是隸西明公，房廟血食是受命居職者，非謂精邪假附也。」乃知西門郎爲西明郎之訛。

主非使者嚴白虎吴時人，爲孫策所殺。

【按】無上秘要卷八十三得鬼官道人名品云：「嚴白虎，主非使者。」真誥卷四云：「時三官都禁左郎遺典柄侯周魴、主非使者嚴白虎，來於赤山中，即欲執之以去，且詰其罪狀。」卷十五小字注釋云：「嚴白虎者，吴郡人也，以孫策時入山聚衆，策討之，乃散奔餘杭，死。弟名輿，亦勇健，策僞與會，乃戟刺殺之爾。」

〔一〕殃　各本皆作「映」，據真誥、無上秘要改。

南彈方侯許副領威南兵千人已度九宮，未委誰代。

主南門鑰司馬留贊〔一〕長山人，爲吴將。

北彈方侯鮑動領威北兵千人字叔業，魏中丞。

主北門鑰司馬韋遵吴時昭孫。 備門主收執，如世羽林監。

【按】無上秘要卷八十三得鬼官道人名品云：「鮑勛，字叔業，北彈方侯，魏中丞。韋尊，司馬，晉江州刺史。許副，南彈方侯。留贊，司馬，吴將。」其中許副重出，詳第七左位右師晨許肇條按語；留贊，真誥作劉贊，因無上秘要亦作留贊，故不改。此四條皆見於真誥卷十五，有云：「彈方侯有二人，各司南北。許長史父〔二〕爲南彈方侯，劉贊爲司馬；鮑勳爲北彈方侯，韋遵爲司馬；亦各主南北門籥。許領威南兵千人，鮑勳領威北兵千人，大都備門主收執而已，如今世有羽林監。威南、威北兵。如道家天丁、力士、甲卒之例也。」小字注釋云：「北帝咒所謂威南、威北，即謂此兵，當是驍勇者也。」據此，韋遵條小字注釋「備門主收執，如世羽林監」云云，似指南北彈方侯之職司，而非主南北門鑰司馬之責任。

許副事跡已見前，其餘三人小字注釋有云：「許氏事具在別篇。劉贊，字正明，會稽長山人，少

〔一〕贊　説郛本及秘册彙函本皆作「鑽」。

〔二〕父　原無，據真誥意，爲南彈方侯者是許長史之父許副，而非許長史，因添「父」字。

爲部吏，好讀兵書，慷慨有大志。擊黄巾賊傷足，一脚屈，遂自割筋得伸。後爲左護軍，與孫峻征淮南，未至，病困，爲魏將蔣班所逼，被害，年七十三。鮑勳，字叔業，鮑宣九世孫，即鮑信子也。清白有高節，漢建安中，爲中庶子、黄門郎，魏文帝御史中丞。數諫諍忤旨，左遷治書執法，後被誅。韋遵，字公藝，吴人，即韋昭之孫也。博學有文才，善書，仕晉成、穆之世，爲尚書左民郎、中書、黄門侍郎，代王逸少爲臨川郡守，以母憂亡，年六十四也。」

西河侯陶侃字士行，亦領兵數千。

長史先用徐寧，被彈；今用蔡謨，字道明，晉司徒。

【按】無上秘要卷八十三得鬼官道人名品云：「陶偘，字士行，西河侯，晉太尉。蔡謨，字道明，長史，晉揚州司徒。」真誥卷十六云：「陶侃爲西河侯，亦領兵數千，近求滕含自代，猶未許。侃以徐寧爲長史，寧坐收北闕叛將不擒，免官，當以蔡謨代寧。」小字注釋云：「陶侃，字士衡，先自丹陽人，遷居鄱陽，後徙廬江，而屬潯陽柴桑。晉世累經征討，大有功，位至侍中、太尉、都督八州、荆江二州刺史、長沙公。咸和四年，還長沙，亡於樊谿，年七十六。贈大司馬，謚桓公。庾亮代之。而郭長翔靈語云：陶公正有罪謫，未得叙用。」又云：「徐寧，字安期，東海剡人，羨之祖也。初桓彝舉與庾亮爲護軍功曹，稱爲海岱清士，後仕至正員吏部郎、左將軍、江州刺史、順陽簡侯。羨之年少時，嘗來形見，自稱我是汝祖，戒其禍福，後並如言。蔡謨，字道明，陳留考城人，克子也。位至揚州刺史。又授司徒，不受。永和十二年病亡，年七十六，贈司空，謚文穆公。」

盧山侯魏釗會稽人也。

【按】無上秘要卷八十三得鬼官道人名品云：「魏釗，盧山侯，晉左民〔一〕尚書。」真誥卷十五云：「魏釗領盧山侯。」小字注釋云：「釗，字君思，會稽人，仕晉成、穆公世司徒、左長史、丹陽尹，至左民尚書、平壽侯，永和七年病亡矣。」

南山伯蔣濟字子通，魏太尉。

此三任各有封掌。

【按】無上秘要卷八十三得鬼官道人名品云：「蔣濟，字子通，南山伯，魏太尉。」真誥卷十六云：「蔣濟爲南山伯，領二千兵。」小字注釋云：「蔣濟，字子通，楚國平阿人。仕漢魏，歷位至太尉。從宣王誅曹爽，其年亡，謚景侯。爲領軍時，有其婦夢亡兒爲太山五伯，來迎太廟西孫阿爲太山令，求囑阿乞轉在好處。濟即爲仍之，阿亦即亡。後又夢云，已蒙轉録事。」

「此三任各有封掌」，不詳所指，「三任」或指西河侯、盧山侯、南山伯三職位，真誥未詳言，亦無他書可參，且存疑。

泰山君荀顗字景倩。

將軍顧衆字長始，晉丹陽尹、僕射。

〔一〕民　原作「氏」，據文意改。

長史桓範字元則。

司馬曹洪魏武帝操弟，字子廉；又云先用賈誼，前漢人。

【按】無上秘要卷八十三得鬼官道人名品云：「顧衆，字長始，將軍，晉丹陽尹〔一〕、僕射。桓範，字允則，長史。曹洪，字子廉，大司馬，魏武從弟。荀顗，字景籍，泰山君，晉太尉。」真誥卷十六云：「荀顗爲太山君。」小字注釋云：「荀顗，字景倩，或第四子也，博學有詞理，佐命晉世，起家爲黄門郎，遷尚書僕射、司空、太尉、太傅。太始十年亡，年七十，謚曰康公。」

真誥同卷又云：「荀顗取顧衆爲太山將軍，用曹洪爲司馬，桓範爲長史。」小字注釋云：「顧衆，字長始，吴郡人，顧悌孫，顧祕子也。仕晉丹陽尹、領軍、尚書僕射。永和二年亡，年七十三，追贈特進，謚靖伯。曹洪，字子廉，魏武從弟，家大富而儉悋，數征伐，爲驃騎將軍，封樂成侯。太和六年病亡。桓範，字元則，沛國人。有才學籌策，仕魏世，位至太司農，黨曹爽，被誅也。」

本經曹洪條小字注釋「先用賈誼」，出處見真誥卷十五，云：「西明都禁郎賈誼，昔爲治馬融事不當，被黜守泰山，泰山君近請爲司馬，已被可。」小字注釋云：「賈誼，前漢文帝時爲梁孝王傅，憂憤嘔血而死。後云荀顗爲泰山君，用曹洪爲司馬，今當代曹也。」

盧龍公曹仁字子孝，魏武帝弟，位大將軍。

〔一〕丹陽尹　原無，據本經真誥卷十六補。

長史、司馬未顯。

【按】無上秘要卷八十三得鬼官道人名品云：「曹仁，字子孝，盧龍公，魏武從弟，大將軍。」真誥卷十六云：「曹仁爲盧龍公。」小字注釋云：「曹仁，字子孝，魏武從弟，雄勇冠世，善弓馬，數從征伐有功，位至車騎將軍、都督荆揚益州諸軍事、大將軍，封陳侯。黄初四年病亡，年五十六，謚曰忠侯也。」

本經「長史司馬」實爲兩條，指盧龍公之長史與盧龍公之司馬也，因姓名未顯，各本均未分開，書末索引仍以「長史司馬」立條，便檢索也。真誥卷十六云：「領一萬兵鎮處亦有數百處也，領數千兵鎮處亦有數百處，更相統隸耳。皆有長史、司馬。」揆其旨意，四鎮皆配有長史、司馬，不止盧龍公一條，其後之南巴侯、東越大將軍，亦當有之，然不特名字未顯，亦未單獨列條目。

南巴侯何曾字潁考，魏司徒。

【按】無上秘要卷八十三得鬼官道人名品云：「何曾，字潁考，南巴侯，魏司徒。」真誥卷十六云：「何曾爲南巴侯。」小字注釋云：「何曾，字潁考，陳郡陽夏人，何夔子也。性豪侈，而博學孝悌。初仕魏世，稍遷尚書、征北將軍、司徒，封朗陵侯。晉太尉、太保、太宰、朗陵公。太始四年亡，年八十餘，謚曰元公。」世説新語注及晉書等亦説何曾字潁考，本經小字注釋作「潁孝」，三本皆同，故不改。

東越大將軍劉陶字子寄，後魏人。

右號爲四鎮，各領鬼兵萬人，各有長史、司馬〔一〕，復有小鎮數百，各領鬼兵數千人。

【按】無上秘要卷八十三得鬼官道人名品云：「劉陶，字正輿，東越大將軍，晉揚州刺史。」真誥卷十六云：「劉陶爲東越大將軍。」小字注釋云：「漢、魏、晉凡有三劉陶。後漢者字子奇，潁川人也，靈帝侍中、尚書令，後繫獄，閉氣而死。魏世者字季冶，淮南人，劉曄之子也，才辨而無行，曹爽用爲選部郎，後出平原太守，景王誅之。晉初者字正輿，沛國人，永嘉中爲揚州刺史，此三人不知何者是東越大將軍，以意言之，多是正輿耳。」本經小字注釋以後漢劉陶字子奇者是，顯然不與陶弘景意見相同。小字注釋中子寄、後魏，當是子奇、後漢之訛。

「右號爲四鎮」云云，本於真誥卷十六，云：「四鎮皆領鬼兵萬人，中官領兵不過數千。四鎮有泰山君、盧龍公、東越大將軍、南巴侯四官，各領萬人。」小字注釋云：「四鎮非正是四方，今此處並在中國，迴還不過數千里耳。他方復應大有，所以後言數百處也。」

楚嚴公即楚莊王熊旅。

趙簡子此二人先未有職，今方受位。

【按】無上秘要卷八十三得鬼官道人名品有此二人。真誥卷十六云：「其楚嚴公、趙簡子之徒

〔一〕長史司馬　原作「長馬」，據説郛本及秘册彙函本改。

數百人，今猶散息於三官府，未見任也。」不詳小字注釋何以言「今方受位」。

項梁成作鄮都宫頌者。

【按】無上秘要卷八十三得鬼官道人名品有此人物，真誥卷十五提到「項梁城作鄮宫誦」云云，小字注釋云：「蘇韶傳云：鬼之聖者有項梁城，賢者有吴季子。但不知項是何世人也，或恐是項羽之叔項梁，而不應聖於季子也。」

杜瓊蜀人。

【按】無上秘要卷八十三得鬼官道人名品有此人物，真誥卷十五提到「杜瓊作重思賦」云云，小字注釋云：「杜瓊，字伯瑜，蜀人也。博學有才思，注韓詩，兼明數術，逆記魏當代漢。仕劉禪時，爲鴻臚太常。延熙十三年亡，年八十餘耳。」

馬融

【按】無上秘要卷八十三得鬼官道人名品有此人物，真誥卷十五提到「西明都禁郎賈誼，昔爲治馬融事不當，被黜守泰山」云云，小字注釋云：「馬融，字季長，扶風人也，博學有才理，鄭玄之師也。仕後漢爲南郡太守。未嘗按劒殺人，忤梁冀，被徙朔方，於路自刺不死，後赦還，拜議郎，延熹九年病亡，年八十九。融別傳復小異此耳。」

劉慶孫與賈誼争名譽。

【按】無上秘要卷八十三得鬼官道人名品有此人物，真誥卷十五提到郗鑒「昔坐與劉慶孫争，免官」云云，小字注釋云：「劉慶孫，名輿，中山人，劉越石之兄也。才識辯贍，爲東海王越長史。永嘉中病指疽而亡，年四十七。贈驃騎將軍，謚真侯也。」本經小字注釋説劉慶孫與賈謐争名譽，似當從真誥説，與郗鑒相争。

王逸少

【按】無上秘要卷八十三得鬼官道人名品有此人物，真誥卷十六云：「王逸少有事，繫禁中已五年，云事已散。」小字注釋云：「即王右軍也，受時不欲呼楊君名，所以道其字耳。逸少即王廙兄曠之子，有風氣，善書。後爲會稽太守，永和十一年去郡，告靈不復仕。先與許先生周旋，頗亦慕道。至昇平五年辛酉歲亡，年五十九。」王逸少即王羲之，注釋説「受時不欲呼楊君名，所以道其字耳」，意即「羲」字犯楊羲之諱，故改稱王逸少。

鄧攸 此六人，位未顯。

【按】無上秘要卷八十三得鬼官道人名品云：「鄧攸，晉僕射。」真誥卷十六提到周伯仁「坐選鄧攸不平，左降爲中護」云云，小字注釋云：「鄧攸，字伯道，平陽襄陵人，仕晉爲太子洗馬、吏部郎、河東太守，爲石勒所没。後得還江東，爲吴郡太守、吏部尚書。自咸和元年病亡，贈光禄。攸從胡叛還時，乃棄其己兒，自擕亡弟之子來渡江，遂自無兒，絶後嗣。謝安歎曰：天道無知，令鄧伯道無兒。」小字注釋説「此六人」，指項梁成以來六人。

右鬼官，見有七十五職，名顯者凡一百一十九人。

【按】本經第七中位、左位、右位姓名顯者僅八十餘，遠不足一百一十九人之數，職位亦不足七十五，而此前各品之末都無此總結，此究竟是文本脱漏或計算訛誤，不得而知。可注意者，無上秘要於每品之末皆有統計資料，如卷八十三得鬼官道人名品之末云：「右件七十八人，並是鬼官之任。」計算數字亦合。

附録

秘册彙函本靈寶真靈位業圖題記

瑯邪王世貞題陶貞白靈寶真靈位業圖

靈寶真靈位業圖者，華陽陶隱居通明造。大槩依約真誥所傳，而稍編次之，余疑以爲後人傅會書耳。而序辭頗質雅而不快爽，類陶筆，因手書一通，備采翫。中有疑誤者，略拈出之。其第一、第二天主，世所崇奉，如元始天尊、玉晨玄皇大道君是已；其第三天中位，太極金闕帝君李姓，下注「壬辰下教，太平主」者，何人也？考第二天右位首，帝晨後聖玄元道君，下復注「壬辰運當下生」，則是此君，見居右輔，次當補處，如觀自在。而所謂李姓，及玄元號者，非伯陽甫而何？然至第四天中位，太清太上老君，又寧非伯陽甫也？三位之内，栢成子高、蒲衣、支離、被衣、王倪、齧缺、卞隨、華封、北人、子州、善卷、長桑、秦佚、接輿、伯昏、郗間，莊、列之所寓言者，往往皆見；而末乃有老聃，豈不以莊生所紀，有老聃死一條，故耶？是不知老聃之即爲老子，且皆寓言也。葛玄既列第三左位，曰太極左仙公，而復見之第五散仙；赤松子列第二左位，曰左聖左仙公南極南嶽太虚真人，而復見之第四散仙；召公奭既爲第五右位之右保，而復見之第七左位。其更可笑者，吕政爲北帝上相，曹操爲太傅，司馬懿爲賓友，而周文僅與之同列，周武下作部將。中間張繡、韓遂、嚴白虎，盜賊之雄；公孫度、劉封，偏方之劇；何苗賣兄，庾亮召亂，皆非令終，而並列貴職。得非因循真誥之口傳，而不加考訂耶？考通明傳所載著書，在世者一百六十六卷，入山者五十七卷，都不載有此，終恐後人傅會耳。

王世貞又題

余始意第三天中位李君即伯陽父，及得方諸青童王君所撰上清後聖道君列紀云：李諱弘元，一諱玄水，字子光，一字山淵。蓋地皇之胄，以上和七年丙子三月生於北國天剛山李氏家。五歲好道，二十辭親遠蹈，感天帝下教，流光拔粲，授以鬱儀大章、大洞真經，給以曲晨羽蓋，飲以徊水玉精，貽以素羽玄翮。後道成，而紫微上真天帝玉清君遣太景瓊輿下迎，授書爲上清金闕後聖帝君，上昇太清，中遊太極宫，下治十天。唐承之年，積數有四十六丁亥之間，前後在中間鳥獸之世，國祈啟竭，東西稱霸，以扶弱主。主有縱横九一之名，建號光跡昌元。其後甲申之歲，前後種善人，除殘民，役水交其上，兵火繞其下，到壬辰之年三月六日，聖君下臨兆民矣。此語似讖緯，又似受記，不知上和爲赤明、龍漢前後與？所謂壬辰者，今已過耶，爲未過耶？其事不可知。若壬辰後聖，則非伯陽父明矣。王君職爲上相，又有上保大丹宫南極元君、上傳白山宫太素真君、上宰西城宫總真玉君，蓋李君四輔也。一云西城總真即遠遊也。真誥有上相青童大君，而不言姓王，又自有西城王君，此以青童爲遠遊。悮其文，亦似後人筆。

胡震亨識

弇州先生書真靈位業圖云，大槩依約真誥所傳，而稍編次之者。余因搜檢真誥，惟自第七中，位次尊卑，一准闡幽微耳；其上五位所列仙真，真誥雖十半載之，都無位次可准；至玉清三元宫，則了不見録矣。然道書汗漫，難遽尋校。偶閲玉檢大籙所載二十七道君名號，則此圖自元始以及左位五靈七明、東明、西華、北玄、南朱，右位三元上元老、三元四極、三元晨中黄，皆出其中。是未必一准真誥也。又謂赤松既爲南嶽太虚真人，不應復作第四散仙；召公奭既爲第五右保，不應復作第七左位。此説則又真誥所謂，上聖既終二千四百年，乃得遊行太清；其高士逸民以七百年，至貞至廉以五百六十年，至忠至孝以二百八十年，得進仙階。蓋前在散地，後補上清；初爲四明，後佐九宫。故不妨兩載耳。此即張奉爲太極仙侯，復領九宫尚書；許肇爲東明右司晨，更進第五散位例也。召公奭之下已有明注，原無可疑。但周公旦爲西明公、北帝師，葛玄爲太極左仙公，則隱居真誥自注云：周公有聖德，仙鬼之中並無顯出。又注云：葛玄地仙耳，靈寶所云太極左仙公，於斯妄乎。乃知此圖所列，別准葛洪枕中記也。其爲後人附益，誠有如弇州所言者。其他若元始天王在第四左位，按玉檢大籙，當在元始下一位，及第三右位又有老聃，是皆錯簡衍文，不辯可知，竢深于玄籙者定之。海鹽胡震亨識。

沈士龍靈寶真靈位業圖引

夫含丹漱液，理必資於百修；躡景登霞，義亦遵乎三善。此靈宗之極軌，真笈之上旨也。乃探觀是圖，校其升降，則雖虛無自然之精，勳華協契之聖，固已首出萬靈，神遊群帝。至於德淪荒穢，輙据尊膴；功深幽贊，僅參陪貳。譬諸壞朝除目，奸魁與譽夫比跡；盲司放牓，駿流揖駑輩先路。豈玄格之所推，非世檢之能測。當是譎詐畢生，適究彼之智慧；功名振代，卒謂天之小人。若然，則太霄之上，溷於泥塗；真聖之班，雜於市販。即使藥藏峋漏，寧返逡巡之駕；海淺蓬萊，不膺揭厲之什矣。繡水沈士龍書。

四庫全書總目提要

真靈位業圖一卷。舊本題梁陶宏景撰。宏景有真誥，已著録。真誥見於唐宋志，朱子謂其竊佛家至鄙至陋者，此書杜撰鑿空，又出真誥之下。其用緯書靈威仰、赤熛怒、曜魄寶、含樞紐之名，已屬附會；而易叶光紀爲隱侯局，尤爲無據。至以孔子爲第三左位太極上真公，顏回爲明晨侍郎，秦始皇爲酆都北帝上相，曹操爲太傅，周公爲西明公，比少傅，周武王爲鬼官北斗君，則誕妄殆不足辨。王世貞、胡震亨乃取真誥及玉檢大録諸書詳爲考核，殆亦好奇之過矣。

人名索引

説　明

一、本索引所列人名詞條包括本經正文出現的尊號和少數官觀名稱，以及按語中出現的尊號、神靈簡稱、其他人名。

二、本索引以詞條首字音序排列。

三、凡出自本經正文中的尊號，無論長短，皆照録原文，不分節，並加黑標注，所在頁碼亦加黑。

四、爲方便檢索，某些重要人物之姓名皆列詞條，並指出亦見某條；偶有重要人物尊號及姓名既已構成詞條，其單獨之尊號或姓名又構成另一詞條。

C

E

F

G

H

J

K

L

M

N

P

Q

R

S

T

W

X

Z